Evangelización total

Damy Ferreira

Traducido por
Luis Magin Alvarez

Editorial Mundo Hispano

EDITORIAL MUNDO HISPANO

7000 Alabama Street, El Paso, TX 79904 EE. UU. de A.

www.editorialmh.org

Nuestra misión: Producir y distribuir los mejores recursos que ayuden a la persona que los utilice en su formación de los valores cristianos y su aplicación a la sociedad en la cual participa.

Ediciones: 1996, 2000, 2001, 2006
Quinta edición: 2007

Clasificación Decimal Dewey: 269.2

Temas: Obra de evangelización

ISBN: 978-0-311-13860-9
EMH: 13860

1 M 4 07

Impreso en Colombia
Printed in Colombia

DEDICADO

"... al Rey de los siglos, al inmortal, invisible y único Dios, sean la honra y la gloria por los siglos de los siglos. Amén."

A mi esposa, Doriza Fernandes Ferreira, compañera fiel y colaboradora incansable de mi ministerio.

A mis hijos: Dalel, Davis, Doneivan y Dorine, mis grandes y sinceros estimuladores y admiradores.

Prefacio: Un manual indispensable

Una de las explicaciones que se suelen dar para explicar el crecimiento de los bautistas en Brasil, es su fervor evangelístico. Tenemos, sin embargo, que reconocer que ese entusiasmo por la obra de evangelización adolece muchas veces de una buena comprensión bíblica. Nos hacía falta una obra que contagiara ese fervor evangelístico al mundo hispano y, al mismo tiempo, corrigiera el empirismo de muchos y que llamara la atención a una de las numerosas fallas existentes en nuestro trabajo de evangelización, y que al mismo tiempo aconsejara formas mejores de hacerlo, mostrándonos nuevos horizontes en cuanto a la visión evangelizadora de la iglesia.

Esta falla ya ha sido remediada por este libro del pastor Damy Ferreira. Debo también decir que él es lo que se podría llamar un especialista en la materia. Antes de ingresar al Seminario, como joven predicador en las calles, ya se destacaba en el trabajo evangelístico y como seminarista se superó todo el tiempo. Después vinieron los pastorados en tres Estados de Brasil y las campañas de evangelización en varios lugares del territorio nacional. Son más de 30 años de actividad pastoral, siempre inspirando a sus iglesias y a sus miembros en la tarea de la evangelización. A estas experiencias en Brasil, Damy Ferreira añade las vividas en el exterior, pues tuvo la oportunidad de predicar y fundar iglesias en otros países. Además de sus muchos logros académicos, tanto en Brasil como en los Estados Unidos de Norteamérica, posee el saber "que da la experiencia", para repetir la frase del gran poeta de la lengua. Damy Ferreira ha escrito ahora un libro que consideramos completo. En él se encuentra todo lo que podría imaginar o desear en cuanto a la evangelización. Es una verdadera enciclopedia.

Resaltamos lo que el libro dice acerca del estudio bíblico en los hogares, uno de los mejores recursos que tenemos a nuestra disposición para llevar a las personas primero a Cristo y después a la iglesia. Otro recurso, en nuestra opinión el mejor para la conquista de las almas, es la evangelización personal. Nos satisface ver que el autor le dedica varias decenas de páginas a este aspecto del trabajo de evangelización. Quisiera Dios que tuviéramos la bendición de que todos los miembros de nuestras iglesias se convirtieran en evangelizadores personales. Este libro puede contribuir a que algo tan maravilloso se produzca.

Una buena idea sería que las iglesias se beneficiaran de este libro, estudiándolo por lo menos durante una semana, y que los miembros adquirieran esta obra para leerla cuidadosamente. Estamos seguros de que en cualquier iglesia el estudio de este libro significará un verdadero despertamiento en cuanto a la evangelización.

J. Reis Pereira

INDICE

PARTE III: Evangelización urbana, evangelización de niños, evangelización en las universidades, evangelización por la radio, evangelización por teléfono y por medio de tratados

PARTE IV: Evangelización de grupos especiales (adictos, prostitutas, homosexuales), Evangelización de discapacitados (ciegos, parapléjicos, sordomudos y otros)

APENDICE

¿Qué es vuestra vida?
    (Módulos de estudio bíblico para grupos especiales)

Estudios dramatizados de los evangelios
    (Módulos de estudio bíblico para estudiantes)

INTRODUCCION

La idea del evangelismo total se encuentra en el Nuevo Testamento, y representa un desafío para todo el pueblo de Dios, que tiene la responsabilidad de ir por todo el mundo y predicar el evangelio a toda criatura (Marcos 16:15).

Cuando examinamos cuidadosamente el Nuevo Testamento, bajo este prisma de la "totalidad" del alcance evangelístico, descubrimos dimensiones maravillosas.

Totalidad geográfica

La primera idea que aparece es la de su extensión geográfica. Juan el Bautista "anduvo por toda la región alrededor del Jordán, predicando el bautismo del arrepentimiento para perdón de pecados" (Lucas 3:3). Jesús es mencionado varias veces "recorriendo" regiones enteras. En Mateo 4, leemos: "Jesús recorría toda Galilea enseñando en las sinagogas de ellos, predicando el evangelio del reino y sanando toda enfermedad y toda dolencia en el pueblo" (v. 23).

Uno de los pasajes más hermosos en este sentido es el de Mateo 9: "Jesús recorría todas las ciudades y las aldeas, enseñando en sus sinagogas, predicando el evangelio del reino y sanando toda enfermedad y toda dolencia. Y cuando vio las multitudes, tuvo compasión de ellas; porque estaban acosadas y desamparadas como ovejas que no tienen pastor" (v. 35, 36).

Cuando los doce apóstoles fueron enviados a predicar, dice Lucas que "saliendo, pasaban de aldea en aldea, anunciando el evangelio y sanando por todas partes" (Lucas 9:6).

En el trabajo misionero de Pablo, encontramos también la idea de totalidad. En Hechos 16:6, se lee que recorrió la región de Frigia y de Galacia; mientras que según Hechos 18:27, Pablo viajó a Acaya.

Todo ello estaba de acuerdo con la orden de Jesús dada en Hechos 1:8: "(...) y me seréis testigos en Jerusalén, en toda Judea, en Samaria y hasta lo último de la tierra". Conviene notar las expresiones "toda Judea" y "hasta lo último de la tierra". La narración de Marcos muestra que Jesús mandó que los discípulos fueran "por todo el mundo" y predicaran el evangelio "a toda criatura" (Marcos 16:15). Ese debe ser el propósito de la iglesia de hoy en cuanto a todo barrio y ciudad, y en cuanto a todas las personas.

Totalidad poblacional

En el Nuevo Testamento hay también la preocupación por la totalidad de la población. La comisión dada a los discípulos en Mateo fue: "haced discípulos a todas las naciones" (Mateo 28:19).

En la empresa misionera de Pablo, notamos su preocupación por alcanzar a todas las personas, de todos los lugares. Uno de los registros más significativos en este sentido está en Hechos 19:10, en el cual Lucas dice que, durante dos años, "todos los que habitaban en Asia, tanto judíos como griegos, oyeron la palabra del Señor". Note las expresiones: "todos los que habitaban en Asia" y "tanto judíos como griegos".

Totalidad de los segmentos de la sociedad

Dentro del todo geográfico y del todo poblacional, el Espíritu Santo busca alcanzar segmentos específicos de la sociedad. Uno de los pasajes más importantes en cuanto a esta preocupación de Jesús, se halla en la parábola del gran banquete (Lucas 14:15-24). En cierto momento, el padre de familia ordena: "Vé pronto a las plazas y a las calles de la ciudad y trae acá a los pobres, a los mancos, a los ciegos y a los cojos" (v. 21). Es la totalidad del evangelismo en la totalidad de los segmentos sociales.

El apóstol Pablo, escribiendo a los filipenses, dice: "Quiero que sepáis, hermanos, que las cosas que me han sucedido han redundado más bien para el adelanto del evangelio. De esta manera, mis prisiones por la causa de Cristo han sido conocidas en todo el Pretorio y entre todos los demás" (Filipenses 1:12, 13). Y por sus saludos al final de la misma epístola, se observa que Pablo, debido a su prisión, alcanzó con el evangelio a muchas personas en el palacio del emperador (Filipenses 4:22).

Totalidad del mensaje: el mensaje completo

Notamos, también, que hay ciertos elementos esenciales que deben formar parte del mensaje de salvación. Cuando analizamos los mejores sermones del Nuevo Testamento, nos damos cuenta de la preocupación de los predicadores de introducir en su presentación del plan de salvación ciertos elementos fundamentales de conocimiento amplio y bien fundamentado.

Totalidad de los medios de comunicación: "para que de todos modos"

Pablo dijo: "A todos he llegado a ser todo, para que de todos modos salve a algunos" (1 Corintios 9:22b). La expresión "para que de todos modos" es muy significativa. En aquellos tiempos, nuestro hermano Pablo no conocía los medios de comunicación de masas que tenemos hoy, tales como: radio, televisión, teléfono, periódicos, revistas, y otros. Tampoco existía la imprenta de tipos móviles. Ya en aquel tiempo Pablo tenía la visión de aprovecharse de todos los medios para intentar salvar a algunos.

Totalidad del hombre: el hombre total

En Marcos 12:30, leemos una cita del Antiguo Testamento que da la idea del hombre total: "Y amarás al Señor tu Dios con todo tu corazón, con toda tu alma, con toda tu mente y con todas tus fuerzas." Según lo enseña este texto, el ser humano debe amar al Señor con toda la totalidad de su ser y de sus energías. Es un hombre total.

Ahora bien, sabemos que cuando una motivación religiosa toca sólo las emociones de una persona, ésta se vuelve fanática porque no practica la religión con la mente, sino con las emociones. Pero la Biblia advierte que las emociones son engañosas, y nosotros sabemos que es así. Por otra parte, cuando una persona practica su religión sólo en el espíritu, de manera meramente intuitiva, cae en el misticismo. Cuando la persona practica su religión apenas con la mente, cae en el racionalismo y se vuelve sólo un religioso intelectual. En todos estos casos, el ser humano estaría siendo tocado sólo parcialmente en cuanto a la experiencia religiosa.

Todo esto está sucediendo en nuestros días. De una forma u otra, intencionalmente o sin proponérselo, ciertos grupos religiosos están practicando un abordaje evangelístico puramente emocional, que está creando un ambiente religioso ficticio, y que no está llevando a las personas a una integración perfecta con Cristo, a través de la conversión. Un segundo grupo es el de los grupos que actúan con un mero intelectualismo, dando origen a una religiosidad únicamente racional; aquí se encuentran los llamados "teólogos liberales" que ya casi no creen la Biblia. Un tercer grupo es el de los que se vuelven místicos, que viven introvertidamente, en una "santidad de clausura", de mera contemplación, que a nadie edifica.

Nuestro propósito con este libro es tratar de despertar al pueblo de Dios a alcanzar al hombre total, en la totalidad del espacio geográfico, en la totalidad poblacional y en la totalidad de los diversos segmentos de la sociedad, con el mensaje total de salvación, para que se vuelvan totalmente a Dios.

A pesar de que hemos hablado de *totalidades* como ideales a ser alcanzados por la evangelización, quedaremos debiendo a los lectores interesados en el evangelismo algunos temas que debieran aparecer en un libro como éste. El lector observará que hemos tratado de ofrecer, aunque en forma elemental, una metodología para la evangelización de ciertos segmentos, tales como: grupos específicos, hospitales, personas minusválidas y otros.

El material aquí ofrecido ayudará al pueblo de Dios a ampliar su visión y sus posibilidades, ayudado por el Espíritu Santo, en la gloriosa tarea de ir "ir por todo el mundo y predicar el evangelio a toda criatura" (Marcos 16:15).

1

EVANGELIO,

EVANGELIZACION,

EVANGELISMO

Para una comprensión básica en cuanto a lo que significa el evangelismo, es preciso examinar los conceptos de "evangelio" y "evangelización", para así tener luego un conocimiento razonable en cuanto a "evangelismo". Sin embargo, al ocuparnos de este asunto, no tenemos la intención de dar la definición académica más aceptada. Por el contrario, nuestra preocupación es hallar una comprensión más adecuada del tema, basándonos en definiciones de diversos autores y en la comprensión del texto original.

EVANGELIO

La palabra *evangelio* aparece 72 veces en el Nuevo Testamento; 54 de ellas se encuentran en los escritos de Pablo.[1]

El término proviene del griego *euanguélion* que significa literalmente "noticias gozosas" o "buenas nuevas" (Marcos 1:1, 15; 16:15). Aquí se trata de un sustantivo, mientras que en Lucas 2:10 encontramos el *euanguélion* en acción: "os doy buenas nuevas".[2]

El significado correspondiente en hebreo es "proclamar buenas nuevas", "traer nuevas de victoria".[3]

En la versión griega del Antiguo Testamento llamada Septuaginta, principalmente en las referencias a Isaías 52:7-9, 41:27 y 49:9, encontramos la misma idea.

Thayer trata de conceptuar al término *euanguélion* como "noticias alegres de salvación a través de Cristo; la proclamación de la gracia de Dios garantizada en Cristo".[4]

Estudios históricos revelan que entre los antiguos griegos la palabra *euanguélion* era utilizada para dar "buenas noticias de campos de batalla". La noticia podía llegar por barco, a caballo o por un mensajero a pie, y era proclamada a la ciudad que, ansiosa, esperaba las noticias. El mensajero era el *euanguélos*, que significaba: "el mensajero sagrado".[5]

Pero el evangelio es más que buenas nuevas. Delcyr de Souza Lima, en su libro *Doutrina e Prática da Evangelizaçâo* (Doctrina y práctica de la evangelización), comenta: "En otras palabras, para Jesús, el evangelio tenía el sentido de su presencia real entre los hombres, cumpliendo los designios de Dios, con el fin de salvarlos."[6]

---

[1] David Watson, *I Believe in Evangelism*. Michigan. William B. Eerdmans Publishing Co., 1984, p. 32.
[2] Ferguson, Wright, Packer, *Nuevo Diccionario de Teología*. El Paso, Casa Bautista de Publicaciones, 1992, p. 383.
[3] Gerhard Kittel, *Theological Dictionary of the New Testament*. Michigan, Wm. B. Eerdmans Publishing Co., 1978, Vol. II, p. 707.
[4] Joseph Henry Thayer, *Greek-English Lexicon of the New Testament*. Edinburgh, T & T Clark, 1958, p. 257.
[5] Gerhard Kittel, *op. cit.*, p. 707.
[6] Delcyr de Souza Lima, *Doutrina e Prática da Evangelizaçâo*. Río de Janeiro, edición del autor, 1989, p. 11.

Podemos, entonces, aventurarnos a dar una definición sencilla pero inclusiva de todo cuanto hemos tratado ligeramente: El evangelio es Jesús, todo cuanto él hizo y enseñó, con el fin de salvar al pecador perdido.

Para fines prácticos, podemos resumir el evangelio en cuatro palabras, que forman cuatro frases:

- Jesús vino al mundo para buscar y salvar lo que se había perdido (Lucas 19:10). Este es el sentido histórico de Jesús.
- Jesús murió por nuestros pecados (1 Pedro 3:18). Este es el sentido teológico de Jesús.
- Jesús resucitó (1 Corintios 15:1-8).
- Jesús regresará a este mundo (Hechos 1:9-11). Este es el sentido escatológico del evangelio.

EVANGELIZACION

Evangelización es, concretamente, la acción de evangelizar.

La palabra evangelizar aparece 52 veces en el Nuevo Testamento, de las cuales 25 corresponden al evangelio de Lucas y 21 a los escritos de Pablo.[7]

En su exhaustiva investigación sobre el término "evangelizar", David B. Barret dice en cierto momento: "La palabra es utilizada por primera vez en su sentido típicamente bíblico en el Salmo 40:9 (Salmo 39:10 en la Septuaginta), traducido como: 'A todos les he dado la Buena Noticia de que perdonas los pecados de los hombres' (*La Biblia al Día*). En el Salmo 92:2 es 'anunciar tu misericordia'; en Isaías 52:7, 'anunciar la salvación'; y en Isaías 60:6, 'proclamar las alabanzas de Jehovah'. Este uso judaico de la palabra continuó hasta los tiempos del Nuevo Testamento, por Filón de Alejandría (c. 25 a. de J.C - c. 50 d. de J.C), el historiador Flavio Josefo (37-95 d.C) y otros."[8]

Cierto autor famoso dio la siguiente definición de evangelización: "Evangelizar es un mendigo diciendo a otro mendigo dónde conseguir comida."[9] El episodio de los cuatro leprosos en la entrada de la puerta de Samaria, que se introdujeron al cam-

---

[7] David Watson, *op. cit.*, p. 26.
[8] David B. Barrett, *Evangelize*. Birmingham, Alabama, New Hope, 1987, p. 10.
[9] D. T. Niles, *That They May Have Life*. New York, Harper & Brothers Publishers, 1953, p. 96.

pamento de los sirios encontrando allí mucha comida y bebida en una época de mucha hambre en la ciudad (2 Reyes 7:3-9), es realmente una viva ilustración de lo que es evangelizar. De ahí que puede decirse que la evangelización es la acción de comunicar el evangelio, con el fin de llevar a los perdidos a Jesús para que sean salvos por él.

La técnica de la evangelización es la acción; y es acción que se hace efectiva. La palabra evangelizar es diferente de la palabra predicar. No toda predicación es evangelización.

La idea fundamental de la evangelización es transmitir el evangelio a alguien, de tal manera que éste se arraigue profundamente en la persona. Siendo así, debe entenderse que el mero proselitismo y la comunicación de las enseñanzas de alguna religión o secta no es evangelización.

EVANGELISMO

La palabra *evangelismo* no aparece en el Nuevo Testamento. Sin embargo, ella hace posible la acción de evangelizar.

La partícula *ismo* indica sistema. Así pues, ante todo, el evangelismo incluye los principios, los métodos, las estrategias y las técnicas utilizadas en la acción de evangelizar. O sea, el evangelismo da a la evangelización las condiciones para que éste logre sus objetivos.

Veamos algunos elementos esenciales de una buena definición de evangelismo.

Delos Miles, en su libro *Introduction to Evangelism* (Introducción al evangelismo), utilizado como libro de texto en algunos seminarios norteamericanos, habla del tema. Damos, seguidamente, un resumen de sus ideas:

1. El centro de la definición
Este debe ser las buenas nuevas sobre el reino de Dios; las buenas nuevas de que Jesús es el Señor de todo: del universo físico, de la historia, de los líderes de las naciones, y sobre todo de nosotros.

2. Alcance global
Que alcance a la persona en su todo, con la totalidad del contenido del evangelio, con la totalidad de Cristo, por la totalidad de la iglesia, en la totalidad del mundo, en la totalidad del tiempo y de la eternidad. Es decir, el evangelio global en el hombre global.

16

3. Sentido teológico

Ejemplo: Si la definición no presenta a Jesús como el Hijo de Dios, como redentor, como salvador, no tendrá sentido. La teología de la liberación, por ejemplo, no tiene como fin el nuevo nacimiento.

4. El sentido de castigo para quien no acepta la salvación (Romanos 1:18)

El evangelismo es como un arma de doble filo: abre la puerta de la salvación y puede también abrir otra para la condenación (Juan 3:18).[10]

Pero esto no es todo en cuanto al concepto de evangelismo. Examinemos brevemente algunas de sus definiciones, llamadas clásicas, utilizadas por diferentes autores.

(1) Definición Anglicana de 1918: "Evangelizar es presentar a Cristo Jesús en el poder del Espíritu Santo, a fin de que los hombres puedan llegar a poner su confianza en Dios a través de él, aceptarlo como su Salvador y servirlo como Rey en la fraternidad de su iglesia."[11]

(2) Definición del Concilio Internacional Misionero de 1938: Esta definición es la misma Anglicana de 1918, pero dándole un sentido ecuménico y cambiando la palabra "Rey" por "Señor".[12]

(3) D. T. Niles, de 1951: "Evangelizar es un mendigo diciéndole a otro mendigo dónde encontrar comida."[13]

(4) Definición del Congreso Internacional de Evangelización Mundial, realizado en Lausana, Suiza, en 1974 (Es el llamado Pacto de Lausana):

"Evangelizar es extender las buenas nuevas de que Jesucristo murió por nuestros pecados y se levantó de entre los muertos de acuerdo con las Escrituras, y que como Señor reinante ofrece ahora perdón de los pecados y la dádiva libertadora del Espíritu a todo aquel que se arrepiente y cree. Nuestra presencia cristiana en el mundo es indispensable

---

[10] Delos Miles, *Introduction to Evangelism*. Nashville, Broadman Press, 1983, pp. 47-48.
[11] Ibíd., p. 35.
[12] Ibíd.
[13] D. T. Niles, *op. cit.*, p. 96.

para la evangelización, y de la misma manera lo es toda clase de diálogo cuyo propósito sea escuchar, poniendo todos sus sentidos para poder entender. Pero la evangelización en sí misma es la proclamación del Cristo histórico y bíblico como Salvador y Señor, con la mira de persuadir a las personas a venir a él personalmente y de esa manera reconciliarse con Dios. Al publicar la invitación del Evangelio, no tenemos libertad alguna para esconder el costo del discipulado. Jesús llama a todo aquel que le quiera seguir a negarse a sí mismo, tomar su cruz e identificarse con su nueva comunidad. Los resultados de la evangelización incluyen obediencia a Cristo, la incorporación en su Iglesia y el servicio responsable en el mundo."[14]

(5) En una reciente investigación histórica sobre el concepto de evangelismo, David B. Barrett comenta la definición de J. S. Robertson, secretario general de la primera Sociedad Misionera Anglicana: "Evangelismo es un término genérico que describe las diferentes actitudes y maneras a través de las cuales se lleva a cabo la actividad de la evangelización."[15]

(6) C. E. Autrey, en su libro The Theology of Evangelism (La teología del evangelismo) define de esta manera al evangelismo: "Evangelismo es el esfuerzo extensivo de la iglesia, por medio de la confrontación con el evangelio de Cristo a los hombres, con la intención de llevarlos a una entrega personal a él, mediante la fe y el arrepentimiento en Cristo, como Señor y Salvador."[16]

(7) Donald McGavran debe ser mencionado aquí con un comentario especial. Hijo de padres misioneros, McGavran nació en la India y formó parte de la tercera generación de misioneros de su familia en ese país, en el cual trabajó por más de 30 años bajo el movimiento denominado Discípulos de Cristo. Según él, evangelismo es "todo lo que pueda conducir a los hombres y a las mujeres a que tengan una relación personal con Jesucristo, a un compañerismo con él y a una relación responsable con la Iglesia". Esta notable definición quedó consagrada a partir de 1977, en el libro *Diez pasos para el crecimiento de la iglesia*, donde se lee: "Evangelismo es proclamar a Jesucristo

---

[14] Ferguson-Wright-Packer, *op. cit.,* p. 386.
[15] David B. Barrett, *op. cit.,* p. 69.
[16] C. E. Autrey, *A Teologia do Evangelismo.* Río de Janeiro, JUERP, 1980, p. 12.

como Dios y Salvador, y persuadir a las personas a convertirse en sus discípulos y miembros responsables de su iglesia."[17]

(8) El profesor Delcyr de Souza Lima, define al evangelismo de la manera siguiente: "Evangelismo es la acción cuyo propósito es llevar a los hombres a que reconozcan su condición de pecadores perdidos y a que conozcan el plan de Dios para su salvación; conducirlos a que acepten a Jesucristo como Hijo de Dios, Señor y Salvador, y a integrarlos a la vida cristiana."[18]

Desde mi punto de vista, todas estas definiciones son válidas para los fines didácticos y académicos, pero no definen completamente lo que significa evangelismo.

Para comenzar, la definición de evangelismo tiene que ajustarse debidamente al concepto de *evangelización* y de *evangelio*. Algunas de las definiciones aquí presentadas confunden evangelización con evangelismo, y viceversa. A la luz de lo que hemos dicho, deseo dar una definición que se aproxima más a la realidad del término:

> **"Evangelismo es el sistema basado en principios, métodos, estrategias y técnicas extraídas del Nuevo Testamento, mediante los cuales se comunica el evangelio de Cristo a todo pecador, bajo la dirección y en el poder del Espíritu Santo, con el propósito de persuadirlo a aceptar a Cristo como su Salvador personal, de acuerdo con la comisión de Jesús dada a todos sus discípulos, llevando, al final, a los que creen, a integrarse a la iglesia mediante el bautismo, preparándolos para el regreso de Cristo".**

Analicemos brevemente esta definición:

Por el evangelismo hacemos que el evangelio —el contenido de las enseñanzas y de las motivaciones de Cristo— llegue al pecador y actúe en él.

---

[17] Delos Miles, *op. cit.,* p. 39.
[18] Delcyr de Souza Lima, *op. cit.,* p. 18.

Los métodos son sólo dos: el evangelismo personal y el evangelismo de masas.

La estrategia para alcanzar a las personas depende del contexto en que estén, ya se trate de una sola o de varias. Por ejemplo, la estrategia del Espíritu Santo para alcanzar al eunuco, ministro de la reina Candace, fue dirigir a Felipe al camino de Gaza, por donde el eunuco pasaba (Hechos 8:26-40). La estrategia de Jesús para alcanzar a la mujer samaritana y a varias otras personas de su aldea fue pasar por aquel pozo y quedarse allí sentado, para entablar una conversación con ella (Juan 4:1-42).

De modo que, dependiendo del tipo de persona y de las circunstancias que la rodean, el evangelizador utilizará la técnica más adecuada. La técnica de Felipe con el eunuco fue acercarse al carro donde éste viajaba y comenzar a hablar con él, partiendo del punto en que se encontraba el hombre: leyendo al profeta Isaías. La técnica de Jesús con la mujer fue pedirle agua, porque estaba sediento. La técnica es el recurso material que utilizamos, el cual es utilizado por el Espíritu Santo, y éste utiliza a hombres que, a su vez, utilizan los recursos dados por Dios.

Notamos, por lo tanto, que es el evangelismo el que dispone y organiza todo este movimiento operacional, proveyendo a la evangelización de los recursos que ésta necesita para alcanzar al pecador con el mensaje del evangelio. Por consiguiente, evangelismo no es la simple proclamación del evangelio, sino todo un sistema que permite la proclamación del evangelio.

A estas alturas, llamamos la atención del lector en cuanto al uso de los términos *evangelismo* y *evangelización*. Como he dicho, el evangelismo se refiere más bien a la sistematización, a la acción de evangelizar; mientras que la evangelización, la acción de evangelizar, recurre al evangelismo para hacerlo. Los autores, sin embargo, utilizan ambos términos indistintamente. Por ello, a pesar de que hemos señalado la diferencia entre evangelismo y evangelización, más que todo por razones académicas, en los próximos capítulos usaremos también ambos términos indistintamente, ya que en términos prácticos no hará mucha diferencia.

2

EL EVANGELIZADOR

La palabra *evangelista* aparece sólo tres veces en el Nuevo Testamento: En Hechos 21:8, Efesios 4:11 y 2 Timoteo 4:5.[1] En el primer pasaje, la encontramos junto al nombre de Felipe, considerado como evangelista. En Efesios, la mención es en cuanto a los dones espirituales; mientras que en 2 Timoteo, el joven pastor es llamado a hacer obra de evangelista.

Hay dos observaciones muy importantes que deseo hacer comenzando con este tema. Tenemos aquí lo que podríamos llamar el evangelista de función y el evangelista de oficio.

---

[1] Ferguson, Wright, Packer, *op. cit.*, p. 386.

El evangelista de función es llamado así porque su trabajo es diferente del trabajo de un apóstol. El *Diccionario Teológico del Nuevo Testamento*, editado por Kittel, dice en cuanto a esto:

"El evangelista del Nuevo Testamento no es el que declara los oráculos, como entre los griegos, sino el que proclama las noticias alegres, el evangelio. El evangelista, en su forma original, indica la función, más que el oficio, y podría haber una leve diferencia entre apóstol y evangelista. Todo apóstol podía ser evangelista, pero no todo evangelista era apóstol. En los tres pasajes del Nuevo Testamento (donde aparece la palabra evangelista), los evangelistas están subordinados a los apóstoles."[2]

Este es el sentido estricto del término evangelista.

En otro sentido, sin embargo, el término es extensivo a todos los creyentes. Todos los cristianos son evangelizadores, testigos de Cristo, y predican el evangelio con el fin de conducir a las personas a Cristo.

Pero lo que nos interesa enfatizar en este capítulo es la persona del evangelizador —las características o calificaciones que debe cultivar. Esto es lo que estudiaremos seguidamente.

EXPERIENCIA DE CONVERSION

Parece absurdo mencionar este hecho, pero el evangelizador tiene que tener, indudablemente, conciencia de que es una persona convertida. Es muy fácil que alguien nazca en el seno de una familia cristiana; que participe de las cosas de la iglesia y de su sistema; que aprenda educación religiosa; y que por ello se considere salva. Pero esto es un engaño terrible, pues cada quien debe tener su propia experiencia personal con Dios. Es posible que la experiencia de conversión sea diferente entre una persona y otra, pero siempre habrá la convicción única de que ha sido convertida y de que es salva. Si alguien no ha nacido de nuevo, no le puede hablar a nadie de la necesidad de ser convertido. Y no importa que esa experiencia se haya producido en la infancia, en la adolescencia, en la juventud o siendo un

---

[2] Gerhard Kittel, *Theological Dictionary of the New Testament.* Michigan, Wm. B. Eerdmans Publishing Company, 1978, Vol. II, p. 737.

adulto. Lo que importa es que todo aquel que evangelice pueda decir con convicción que Cristo lo salvó y que es una nueva criatura (2 Corintios 5:17).

SELLADO POR EL ESPIRITU SANTO

Otra convicción que debe estar presente sin duda alguna en el evangelizador es su relación con el Espíritu Santo. Hoy encontramos muchos movimientos confusos sobre la doctrina del Espíritu Santo. Tenemos que entender, de una vez por todas, que no hay creyentes sin el Espíritu Santo; que no hay conversión sin el Espíritu Santo (Juan 16:7-11). Tampoco nadie puede tener una tercera, o dos terceras partes, de Dios. Si alguien tiene al Padre, tiene al Hijo y tiene también al Espíritu Santo. Cuando una persona se convierte, se arrepiente de sus pecados y cree en Jesús como su Salvador personal, recibe el don del Espíritu Santo, que es el mismo Espíritu Santo (Hechos 2:37-39; Juan 7:37-39). La persona es sellada por el Espíritu Santo (Efesios 1:13, 14); el Maligno no la toca (1 Juan 5:18); nadie la arrebata de las manos del Señor (Juan 10:28); y viene a ser morada del Espíritu Santo (1 Corintios 6:19, 20). Además, le es dado el Espíritu Santo como garantía de vida eterna, y esta es una promesa irrevocable.

Hoy son muchas las personas que están viviendo una fe que es un abismo de dudas e incertidumbres. Tales personas creen que pueden perder la salvación y por ello viven una vida de desconfianza. Por tanto, el evangelizador tiene que tener convicción de su relación con Dios, con el Espíritu Santo y con su Hijo Jesús. Necesita estar lleno de la presencia de Dios y donde quiera que fuere tiene que creerlo así. Su vida es un templo y cuenta con la garantía divina para llevar a cabo su ministerio.

EL EVANGELIZADOR Y LA SANTIFICACION

La salvación es un acto sellado por el Espíritu Santo, pero la santificación es un proceso. Esto es algo que podemos notar sin ninguna dificultad en el Nuevo Testamento, examinando el modo y el tiempo del verbo utilizado en las expresiones sobre la salvación, que indican acción realizada; mientras que la santificación es mencionada como una acción continua. La santificación es el proceso que mantiene al "cuerpo en santificación y honor" (1 Tesalonicenses 4:4) y es ella la que comunica al Espíritu Santo las condiciones necesarias para que éste use al creyente de una manera poderosa.

EL EVANGELIZADOR Y LA BIBLIA

El evangelizador tiene que convivir con la Biblia de tal manera que pueda, por medio de ella, apropiarse de la Palabra de Dios. Pero el evangelizador no sólo debe tener un vasto conocimiento de ella, sino que también debe alimentarse de ella. Por lo tanto, recomiendo cinco cosas que deben ser tomadas en serio por el evangelizador en relación con la Biblia:

1. El evangelizador debe leer constantemente la Biblia (Apocalipsis 1:3; 1 Timoteo 4:13)
Hoy hay mucha gente poco familiarizada con la Biblia, y muchos creyentes nunca han leído la Biblia completa, por lo menos una vez en toda su vida. Pero el evangelizador debe darse a la tarea de leer, por lo menos una vez, toda la Biblia, aunque lo ideal sería que la leyera completa cada año. Yo tuve durante muchos años el privilegio de hacerlo, compitiendo con mi padre, y ello me resultó muy saludable.

2. El evangelizador debe leer la Biblia en voz alta (Romanos 10:17; Apocalipsis 2:29; Eclesiastés 5:1)
Cuando leemos con la vista podemos distraernos y hasta leer sin prestar mayor atención a un punto que debiera ser resaltado. Pero cuando oímos podemos ser despertados a aspectos nunca antes notados por nosotros. La lectura de la Biblia en voz alta debe ser cultivada en los cultos, y sería bueno que hubiera cintas grabadas con voz solemne y con fondo musical para escuchar el mensaje bíblico. La iglesia puede elaborar programas de lectura de la Biblia a fin de hacerla más viva; y la lectura de la Biblia por parte de grupos, en forma poética o recitada, puede ser una actividad sumamente edificante.

3. El evangelizador debe, asimismo, memorizar la Biblia (Salmo 119:11; Deuteronomio 6:6; Proverbios 7:1-13)
El evangelizador debe saber de memoria muchos textos, no sólo para utilizarlos en la evangelización, sino también para echar mano de ellos en sus momentos de luchas y conflictos espirituales. En el pasado, los padres creyentes acostumbraban

enseñar a sus hijos textos largos de la Biblia y tenían el orgullo de mostrar, a cualquiera que visitara su hogar, la capacidad que tenían sus hijos de recitar de memoria los textos bíblicos. Pero hoy esta costumbre tan saludable está desapareciendo en las familias. De cualquier forma, el evangelizador debe ser el primero en hacerlo, y sobre todo debe aprender de memoria todos los versículos que puedan servir para presentar el plan de la salvación de manera práctica y sencilla.

Yo he tenido la experiencia de hablar al oído de pacientes que han estado muriendo, en circunstancias que no habría habido tiempo ni para abrir una Biblia. En casos así, resulta de mucha ayuda haber aprendido de memoria el plan de la salvación y repetirlo pausadamente al oído del paciente que, a pesar de estar en estado de coma, puede recibir el mensaje.

4. El evangelizador, sobre todo, debe estudiar la Biblia (Hechos 17:11; 2 Timoteo 2:15)

El estudio bíblico resultará, evidentemente, más provechoso si el estudiante de la Biblia la ha leído completa ya, por lo menos una vez, pues el conocimiento del todo ayuda a la comprensión de las partes.

Si la persona puede leer la Biblia en los idiomas originales en que fue escrita, debe ir primero a ellos, pero eso no es indispensable, pues las traducciones son, por lo general, dignas de confianza.

También el estudiante de la Biblia deberá leer otras versiones y hacer un estudio comparativo de las mismas, y sólo después debe consultar los comentarios. A veces damos un valor demasiado grande a los comentarios. Estos son buenos, pero aun los grandes comentaristas caen en errores y hasta en herejías. Tenemos que acostumbrarnos a estudiar la Biblia con la Biblia misma. El evangelizador tiene que conocer la Biblia y por tanto debe estudiarla en todos sus aspectos, y después de conocerla razonablemente bien debe estudiarla en relación con otros campos del conocimiento humano y con las religiones comparadas.

5. El evangelizador debe meditar en la Palabra de Dios (Salmo 1:2; Josué 1:8; Salmo 119:48)

La meditación es un arte y debemos cultivarlo. La mejor ilustración que conozco para explicar en qué consiste la meditación es la rumia del buey. Durante cierto tiempo, el buey come su alimento. Después deja de hacerlo y el alimento es traído de nuevo a la boca para ser debidamente triturado y aprovechado por el organismo. De la misma manera, en la meditación, la persona trata de traer a la mente todo lo que su memoria ha acumulado durante el día o los días anteriores, poniéndolo "en la mesa" para revisión y comparación, extrayendo de ello lecciones. Nuestra inteligencia está preparada para hacer comparaciones y para sacar conclusiones.

Nuestro mundo actual no tiene tiempo para meditar. Lo característico de nuestros días es la emoción, no la razón; la estridencia, no el silencio. Hasta nuestros cultos son ruidosos y emocionales, lo que genera el bloqueo de la línea de transmisión a nuestro espíritu, impidiéndole que se alimente. Pero en la meditación, la mente está en reposo y el canal de enriquecimiento espiritual queda libre para permitir el paso a todo cuanto el alma necesita. Es por eso que la misma Palabra de Dios recomienda la meditación. El evangelizador necesita dedicar tiempo a la meditación, sin la cual la Palabra de Dios tendrá poca efectividad en su vida. Es en el silencio, no en medio del bullicio, que Dios habla (1 Reyes 19:8-15). Fue precisamente por esto que Jesús acostumbraba orar en los montes, en los desiertos y en los lugares apacibles, tales como el huerto de Getsemaní.

EL EVANGELIZADOR Y LA ORACION

La oración debe ser parte de la vida del evangelizador. Este debe tener un programa personal de oración, combinando este programa con su programa de santificación. El evangelizador debe tener una mente de oración. Es por la oración que estamos en la presencia de Dios y, en la comunión con él, es como asimilamos su maravillosa manera de ser.

El evangelizador debe hacer de la oración su estilo de vida; y puesto que va a enfrentarse al poder de las tinieblas al evangelizar, debe estar debidamente fortalecido espiritualmente para la lucha, y es por la oración que se obtiene la fortaleza. Pero no sólo debe el evangelizador cultivar una vida de oración para mantener su poder espiritual, sino que también debe orar por las personas que pretende alcanzar para Cristo e igualmente por las que ya está evangelizando. Y su vida de oración será transmitida a los que gane para Cristo, pues éstos serán sus imitadores.

EL TESTIMONIO PERSONAL DEL EVANGELIZADOR

El evangelizador debe tener una vida personal irreprochable; una exigencia, por cierto, para todo siervo de Cristo (1 Corintios 1:8; Efesios 1:4; Filipenses 2:15; 1 Tesalonicenses 3:13; Colosenses 1:22). Esto significa que el evangelizador debe tener una vida moral moderada. Naturalmente, no se le exige que sea perfecto, porque eso sería imposible. Pero el evangelizador sí tiene que ser una persona digna, de carácter sólido, y de costumbres sanas. No debe ser dado a las bebidas alcohólicas ni a otros vicios; no debe ser mundano; debe tener buenas relaciones familiares y comportarse de tal manera que no cause escándalos (1 Corintios 10:31, 32; 2 Corintios 6:1-3). Una de las cosas que más han perjudicado al evangelio es la mala conducta de los evangelizadores y de los ministros en general. El líder que predica la Palabra de Dios debe tener una vida de ponderación, para que nadie tenga razones para criticar a un siervo de Dios.

EL EVANGELIZADOR DEBE SER SABIO

Esta era una de las cualidades de Felipe, el evangelista, y de los demás diáconos (Hechos 6:3). Sin embargo, sabiduría no debe confundirse con educación. Una persona puede tener muchos títulos universitarios y a pesar de ello no ser sabia. Aquí se trata de una sabiduría que viene de Dios. La presencia del Espíritu Santo en la vida le da al creyente la capacidad de hacer juicios de valor, examinar bien todas las experiencias y quedarse con lo bueno. Como recomendó Pablo: "Más bien, examinadlo todo, retened lo bueno" (1 Tesalonicenses 5:21).

Pero este aspecto de la sabiduría en el evangelizador lo llevará también a ser un buen observador de la vida para extraer sus lecciones. La Biblia dice que Salomón fue el hombre más sabio de su tiempo (1 Reyes 4:31). Realmente, fue lo que le pidió a Dios: sabiduría. Pero notemos qué hacía Salomón: era un observador del mundo a su alrededor. Constantemente notamos en sus escritos, como en el caso de Proverbios y de Eclesiastés, la expresión: "Y vi...". Esto indica observación (Proverbios 24:32; Eclesiastés 2:13, 14; 4:15).

El evangelizador debe, igualmente, ser un observador de la vida. Es aquí donde Dios le dará el material, los argumentos y le abrirá las puertas para el trabajo de evangelización.

EL EVANGELIZADOR DEBE SER UNA PERSONA OPTIMISTA

En un momento de debilidad y pesimismo, un evangelizador puede arruinar todo su trabajo de testimonio por Cristo.

Escuché la historia de cierto líder evangélico que, por la mañana, tuvo un malentendido con su esposa en su casa, y al salir apresuradamente en su automóvil para ir al trabajo, chocó contra otro vehículo. En vista de lo sucedido, y siendo que él había tenido la culpa, se vio obligado a retrasar su llegada al trabajo a fin de buscar un taller —junto con el conductor del otro vehículo— para que hicieran una evaluación y pagar los daños. Al hablar con el mecánico, el líder evangélico estaba lleno de amargura y pesimismo, y le dijo:

—Vea, amigo, este ha sido un día terrible para mí. Salí de casa peleado con mi mujer y ahora choco el carro. Estoy perdiendo mi tiempo y no tengo cómo pagar. Estoy arruinado.

Cuando acabó de contar sus penas, el mecánico, que era un creyente en Jesús, le puso la mano sobre el hombro, y sin saber que estaba hablando con otro creyente, le dijo:

—Lo entiendo, amigo. Lo que usted está necesitando ahora mismo es aceptar a Cristo como su Salvador para cambiar su vida.

Entonces aquel líder vio claramente su situación y se dio cuenta del error que estaba cometiendo.

El evangelizador nunca debe demostrar pesimismo, de modo que si algo no marcha bien debe saber cómo encarar la situación, pues Dios tiene sus planes y sus propósitos para sus siervos.

LECTURA SUGERIDA:

Jim Petersen, *Evangelización: un estilo de vida*. El Paso, Casa Bautista de Publicaciones, 1989. Especialmente los capítulos 12, 13 y 18.

3

METODOS, ESTRATEGIAS Y TECNICAS

METODO

La palabra *método* proviene del griego *metá* y *hodós*, que significa *en el camino*. Es, entonces, "la dirección que se imprime a los pensamientos con el fin de investigar y demostrar la verdad".[1]

---

[1] Estêvâo Cruz, *Compêndio de Filosofía*. Río de Janeiro, Editora Globo, 1954, p. 347.

En términos prácticos, método es el camino que se utiliza para llegar a un determinado objetivo; la manera de hacer algo. Siendo así, si deseo alcanzar a las personas con el mensaje de Cristo, puedo hacerlo de persona a persona, y entonces hago *evangelismo personal*; o puedo hacerlo hablando a un grupo de una sola vez, y en ese caso tendré un *evangelismo de masas*.

Para fines didácticos, resultará más conveniente que nos concentremos en estos dos métodos de evangelismo: el evangelismo personal y el evangelismo de masas, y al hacerlo distinguiremos entre método, estrategia y técnica.

En cualquiera de los dos métodos, podemos utilizar dos formas de razonamiento para el trabajo de evangelización: el método deductivo y el método inductivo.[2]

El método deductivo de abordaje evangelístico es el que va de lo general a lo particular. En este caso, el evangelizador comienza hablando del plan de la salvación, para luego aplicarlo al problema particular que el pecador está enfrentando. Por ejemplo: el pecador está deprimido y no tiene paz. En este caso, para argumentar deductivamente, el evangelizador comenzará hablando del plan de la salvación diciendo que si el pecador lo acepta podrá librarse de la falta de paz, que debe ser consecuencia del pecado en su vida.

En la argumentación inductiva, el evangelizador comienza con el problema de la persona hasta llegar al plan de la salvación, el cual, una vez aceptado, puede ayudar a la persona en su problema. Un caso típico de este ejemplo es el diálogo entre Jesús y la mujer samaritana. El comenzó hablando de los problemas de la mujer: de la sed, de los pecados que ella tenía, y finalmente le presentó el agua de vida (Juan 4).

ESTRATEGIA

Estrategia es un término militar. En principio se refiere al arte, a la organización y a la planificación de las operaciones de guerra. Pero la idea es utilizada en general para cualquier plan de acción, buscando la manera mejor y más adecuada de alcanzar los objetivos perseguidos.

---

[2] Delos Miles, *Introduction to Evangelism*. Nashville, Broadman Press, 1983, pp. 253-254.

La estrategia tiene que ver, por lo tanto, con la parte operativa del método. En Lucas 9, Jesús envía a sus doce apóstoles a predicar. El método pudo haber sido el evangelismo personal o de masas, simultáneamente. La estrategia fue el envío de los doce al mismo tiempo; fue una campaña. En Juan 4 encontramos el hermoso episodio del encuentro de Jesús con la mujer samaritana. El método de evangelismo que él utilizó fue el evangelismo personal, y la estrategia fue pasar por Samaria, para ir a Jerusalén, deteniéndose junto al pozo de Jacob.

En nuestros días, un culto al aire libre es una estrategia, y el método de evangelismo será de masas. Un grupo de estudio bíblico en los hogares es una estrategia; también una serie de conferencias es una estrategia.

TECNICA

La técnica es el recurso material que utilizamos para poner en práctica el método; es la manera como abordo a la persona; es la manera como presento el plan de salvación. Si utilizo el argumento deductivo, o el inductivo, esas son técnicas; contar historias a los niños con franelógrafos es una técnica. Utilizar diapositivas en una conferencia evangelística es una técnica. Utilizar folletos tales como: *Me gustaría presentarte a mi amigo*, o *Permíteme decirte 5 cosas*, y otros semejantes, es también una técnica. Jesús comenzó a hablar con la mujer samaritana utilizando el tema del agua: "Dame de beber." Esta fue una técnica.

No estaremos totalmente equivocados si llamamos a todo ello métodos de evangelismo. Sin embargo, para los fines didácticos, a pesar de que las estrategias y las técnicas forman parte de la ejecución del método, en términos específicos cada parte de la ejecución tiene su propio nombre.

Al utilizar estos conceptos, es necesario que entendamos el espíritu del Nuevo Testamento en cuanto a metodología. Podemos extraer del Nuevo Testamento diferentes tipos de métodos, estrategias y técnicas. Sin embargo, notaremos que hay una diferencia muy grande entre un caso y otro. Notamos que el Espíritu Santo utilizaba una gran variedad de recursos. Pero no podemos evitar la percepción de que el Espíritu Santo utilizaba a los discípulos como seres humanos y no como seres "celestiales".

Es quizás dentro de esta percepción que el respetable y renombrado autor Michael Green, expresó lo siguiente en su libro *Evangelism in the Early Church* (Evangelismo en la Iglesia Primitiva):

> "Cuando pensamos hoy en los métodos evangelísticos, viene inmediatamente a nuestra mente la predicación en grandes templos o estadios. Pero debemos librarnos de tales ideas preconcebidas al pensar en el evangelismo entre los cristianos primitivos. Ellos no sabían nada de cómo hablar siguiendo ciertos patrones homiléticos dentro de las cuatro paredes de una iglesia. En verdad, por más de 150 años, ellos no tuvieron templos, pero había una mayor variedad de formas de predicación y una mayor predicación evangelística cristiana."[3]

Ello no elimina, sin embargo, la importancia de conocer el mayor número de recursos metodológicos, ya que, como hemos dicho, el Espíritu Santo trabaja con nosotros y nos lleva a utilizar "herramientas" que están a nuestra disposición para que podamos realizar mejor su maravilloso trabajo.

Partiendo de estos principios, haríamos un buen ejercicio yendo al Nuevo Testamento para analizar los textos que tienen que ver con la evangelización, identificando el método, la estrategia y la técnica utilizados en cada caso.

Hacer evangelismo dentro de esta noción ayuda a la creatividad. Hemos tratado de demostrar que los días modernos exigen estrategias y técnicas adecuadas a cada contexto cultural. No podemos simplemente utilizar recursos traídos de otras partes y copiarlos en nuestros países. El evangelizador tiene que estar capacitado, tanto espiritual como intelectualmente, para crear programas de acuerdo con el nuevo contexto en que se ha introducido.

LECTURA SUGERIDA:

G. William Schweer, *La Evangelización Personal para Hoy*, El Paso, Casa Bautista de Publicaciones, 1992. Leer especialmente el capítulo 5.

---

[3] Michael Green, *Evangelism in the Early Church*. Michigan, William B. Eerdmans Publishing Company, 1987, p. 194.

4

EL EVANGELISMO Y EL PROCESO DE LA COMUNICACION

He descubierto, cada vez más, que el conocimiento del proceso de la comunicación es de gran ayuda tanto para el evangelizador como para el predicador. Evidentemente, este es un asunto profesional del área de la comunicación, pero el evangelizador no deja de ser un comunicador. Si bien es cierto que el evangelizador está dotado de la unción especial de Dios y no está sujeto a técnicas, el conocer cómo funciona la comunicación le resultará de mucha ayuda. Esta es la razón por la cual me ocupo de ella en este libro, aunque muy brevemente y casi en forma resumida.

La palabra *comunicación* proviene del latín *comunicare*,[1] que significa *hacer común*. De aquí se origina el concepto de que "comunicación es el proceso mediante el cual un individuo transmite estímulos a otros individuos, con el propósito de modificar su comportamiento". Pero en un sentido más amplio, la comunicación sugiere la idea de comunión, del establecimiento de una relación con otras personas, del compartimiento de información, ideas y sentimientos. Como puede verse, todo ello coincide con la naturaleza del evangelismo y de la predicación.

TIPOS DE COMUNICACION EN CUANTO A SU NATURALEZA

1. Comunicación exclusivamente verbal
Esta se refiere a la voz humana, sea cual fuere el medio a través del cual ella se propague. Es el caso de la predicación tradicional, en la que el predicador utiliza su voz. Es también el caso de la conversación evangelística.

2. Comunicación exclusivamente visual
Aquí se incluye la escrita, las señales luminosas, o ambas a la vez. En la comunicación escrita se incluye todo aquello que se puede decir por medio de libros, revistas, folletos, panfletos y otros.
En el grupo de las señales luminosas están las señales de tránsito y de navegación, así como las señas manuales, el lenguaje gestual —importante método utilizado por los sordomudos, muy difundido últimamente. Algunas iglesias acostumbran tener un intérprete para estas personas, para que puedan entender el mensaje. Este es un tipo de comunicación muy valioso.

3. Comunicación verbal-visual
Ejemplos comunes de este tipo de comunicación son: el teatro, la televisión, el cine, la conversación y la conferencia. No hace falta reafirmar que todos los métodos de este tipo pueden ser utilizados con gran provecho en la comunicación del evangelio, siempre y cuando sean debidamente aplicados. El teatro,

[1] Nélio Parra, *Técnicas Audivisuais de Educação*. Sâo Paulo, Editora Edibell Ltda., 1972, p. 11.

principalmente, puede convertirse en un eficiente método de comunicación del evangelio.

TIPOS DE COMUNICACION EN CUANTO A LOS OBJETIVOS

1. Comunicación informativa
Aquí se incluyen principalmente los reportajes y el periodismo de un modo general. También abarca el área educativa.

2. Comunicación persuasiva
Esta quizás sea de más interés para el evangelizador. La persuasión busca modificar, fortalecer o destruir las convicciones del receptor. En el área profesional se incluye la propaganda. En el área del evangelizador se incluye la argumentación del mensaje. La persuasión es uno de los principales instrumentos de trabajo del evangelizador en su tarea de comunicar el evangelio.

3. De entretenimiento
Este tipo de comunicación trata de proporcionar experiencias divertidas al receptor. Incluye principalmente el humor. Naturalmente, este no es el papel del evangelizador, ya que éste jamás utilizará medios para entretener a su auditorio. El evangelizador tiene un propósito con su mensaje, un mensaje que será siempre urgente. Dios no utiliza pasatiempos con su pueblo. Sin embargo, si se trata de evangelización de niños, en este tipo de comunicación se encuentra el teatro de títeres, que no deja de ser también de entretenimiento.

COMPONENTES DEL PROCESO DE LA COMUNICACION

Entramos ahora en una parte que será más útil al evangelizador, en la cual deseo detenerme un poco más.

1. El emisor o la fuente
El emisor, en nuestro caso, es el evangelizador, quien es el comunicador, la fuente de donde fluirá el mensaje dirigido a alcanzar sus objetivos.

(1) Destrezas comunicativas. En este particular, deseo resaltar algunas de las destrezas comunicativas que debe poseer y desarrollar el emisor.

a. La escritura - El comunicador que se comunica por medio de la escritura debe saber escribir bien. Obviamente, no todos los evangelizadores acostumbran escribir sus sermones o discursos. Pero no es raro. Esto se acostumbraba en el pasado y puede ser muy útil hoy. Los libros de sermones pueden tener una gran utilidad, y los evangelizadores pueden valerse de folletos, panfletos y otros materiales semejantes. El evangelizador debe desarrollar la capacidad de comunicarse por medio de la palabra escrita, principalmente los que predican por radio, quienes deberán escribir siempre sus sermones.

b. La palabra - La palabra es algo muy importante en la vida del evangelizador, quien debe antes que nada saber utilizarla acertadamente en todo razonamiento y pensamiento. Las palabras deben ser del conocimiento común de los oyentes, ya que de nada sirve utilizar palabras difíciles que resulten ininteligibles al auditorio. Existe actualmente un cierto interés por parte de algunos evangelizadores de utilizar palabras difíciles, lo cual no está bien. Lo mejor es utilizar palabras de uso común por parte del pueblo sin descender, por supuesto, a la jerga de los bajos fondos o al ridículo.

Por otra parte, la palabra debe ser pronunciada con claridad y corrección. Hay evangelizadores y pastores que tienen la costumbre de "tragarse" la última sílaba de ciertas palabras. Otros disminuyen la intensidad de la voz al pronunciar ciertas palabras, de manera que nadie entiende y tienen que adivinar lo que el evangelizador ha dicho, lo cual perjudica la comprensión y la comunicación. El evangelizador, por lo tanto, debe articular bien sus palabras.

También es importante el tono de la voz, es decir, el grado de elevación con que se pronuncian las palabras. El tono debe ser audible y agradable. Hay evangelizadores que tienen la costumbre de predicar gritando. Este es un método que fatiga a los oyentes. Los momentos de entusiasmo en la predicación deben producirse espontáneamente. Por lo tanto, si un evangelizador grita todo el tiempo con la misma intensidad y con el mismo tono de voz, el sermón se volverá insoportable para el auditorio.

c. La lectura - El evangelizador debe saber leer bien, si tiene que hacerlo cuando predica; y aun cuando no leerá su sermón, el leer audiblemente la Biblia muchas veces significa una buena introducción para un sermón. Hay predicadores que no saben leer la Biblia: no le dan expresión a la lectura, no le comunican vida al sentido que tienen sus palabras; tropiezan aquí y allá, y a veces pronuncian confusamente ciertas palabras que no se aseguraron bien en cuanto a cómo debían pronunciarlas, como es el caso, por ejemplo, de palabras tales como "estábanos" (en lugar de "estábamos"), "áustero" (en vez de "austero"), "sórbida" (en lugar de "sorbida"), "intérvalo" (en vez de "intervalo") y otras semejantes.

d. El sentido de audición - El sentido de audición del comunicador debe ser adecuado, ya que si no oye bien tendrá la tendencia a hablar demasiado bajo o demasiado alto. El no saber controlar el volumen de la voz puede crear problemas al auditorio.

e. El razonamiento - El razonamiento es la capacidad de pensar de manera ordenada. Los pensamientos del mensaje deben estar bien organizados y coordinados, pues si el evangelizador no sabe cómo organizar sus pensamientos —lo que desea comunicar— difícilmente habrá comunicación. La facultad de pensar con claridad o de saber ordenar con claridad los pensamientos es muy importante para el comunicador. Esto exige también del evangelizador un conocimiento de su auditorio y de sus oyentes, lo que le permitirá saber hasta dónde serán ellos capaces de entender los razonamientos que les está presentando.

(2) Actitudes. Otro aspecto muy importante del comunicador es su actitud como tal. Podemos abordar este asunto bajo tres aspectos:

a. La actitud para consigo mismo - El comunicador debe ser optimista y creer en sí mismo, ya que él comunica con su propia presencia. Si el comunicador es una persona que tiene confianza en sí mismo, y que está consciente de lo que es y de lo que hace, podrá automáticamente transmitir seguridad a sus oyentes. Esto significa, en el fondo, que el comunicador debe saber lo que hace; debe tener conciencia de que sabe hacer lo que está haciendo. Por ello, el evangelizador jamás debe pedir disculpas por haber predicado mal. El siempre predica bien, aunque no lo haya sentido así. Hubo días en mi vida en los que, debido al cansancio físico y mental, me sentía extenuado durante todo el sermón y al final casi me sentía tentado a no hacer ningún llamamiento porque me parecía que no había predicado bien. Pero lo hacía, y veía entonces pasar al frente a un gran número de personas. El evangelizador, más que cualquier otro comunicador, debe tener la certeza de que obtendrá resultados porque "todo lo puedo en Cristo que me fortalece".

b. Actitud para con el tema - El comunicador debe creer en el tema que está presentando. Imagine a un predicador que no crea en el mensaje que está entregando. En los Estados Unidos de Norteamérica ocurre a veces que un pastor de cierta denominación es llamado a pastorear, durante algún tiempo, a una iglesia de una denominación diferente. Escuché, en cierta ocasión, el testimonio de un pastor bautista que estaba ayudando a una iglesia presbiteriana, y que estaba teniendo problemas con su congregación debido al bautismo. Imaginen a aquel pastor bautista, que bautizaba por inmersión, teniendo que bautizar por aspersión. Al dar este ejemplo, no es para criticar al presbiterianismo, sino para referirme a las emociones de alguien que tiene ciertas convicciones y que, por circunstancias especiales, tiene que hacer lo contrario a lo que le indica su fe. El comunicador cristiano tiene que creer en el mensaje que predica. Por ejemplo, si predica sobre el cielo, debe alimentar en sí mismo la esperanza de que él también irá al cielo algún día.

c. Actitud para con el receptor - El receptor, que está en el otro extremo de la comunicación, es el punto más importante en la tarea de comunicar. Por ello, el evangelizador debe tomar en consideración su status social y económico, su cultura —poca o mucha— sus necesidades y su capacidad de recibir su comunicación.

(3) Nivel de conocimientos. Especial atención merece el nivel cultural y de conocimientos del comunicador frente al nivel cultural y de conocimientos del receptor. Hay tres niveles en cuanto a esto:

a. Menos conocimientos que el receptor - Este conocimiento se refiere, naturalmente, al área en que la persona está involucrada en el proceso de comunicación. Sin embargo, sea lo que fuere, el comunicador debe tener más conocimientos que el receptor en cuanto al tema que le está comunicando. En el caso del evangelizador, éste debe tener más conocimientos que la gente que lo escucha, pues de lo contrario no habrá comunicación. Es evidente que la gente puede tener más alto nivel de conocimientos en otras áreas, pero aquí se trata de un área específica de la materia que se está comunicando, en este caso, de la religión, del mensaje de Dios.

Y aquí ocurren cosas interesantes. Recuerdo el caso de cierto pastor que fue invitado a dirigir un culto de graduación de médicos, y que en vez de llevar un mensaje de la Palabra de Dios, gastó parte del tiempo consultando libros de medicina y hablando sobre un tema específico del área de la medicina. Esto fue algo que estuvo mal desde todo punto de vista. En primer lugar, su nivel de conocimientos en cuanto a la materia era poco o nulo en relación con el de sus receptores. En segundo lugar, éstos estaban cansados de cuestiones relativas a la medicina, y en aquel día necesitaban escuchar algo diferente, que viniera de Dios.

b. Exceso de conocimientos - En el área de la teología, todo conocimiento es poco. Sin embargo, cuando el nivel intelectual del evangelizador es mucho más elevado que el de su auditorio, correrá el riesgo de no poder comunicarse. Este es el caso de los doctores en teología que van a predicar a la provincia y se valen de términos técnicos de la teología. Así jamás alcanzarán a su auditorio. Si el comunicador está consciente de que su nivel cultural es mucho más elevado que el de sus oyentes, deberá, por lo menos, hacer el esfuerzo de descender a un nivel que pueda ser entendido. Este asunto de la comunicación en relación con el nivel de conocimientos de los oyentes es más o menos parecido a alimentar jirafas y ovejas. Si alguien pone el alimento a la altura de la oveja, la jirafa podrá comer también, porque ésta tiene la capacidad de bajar o de subir la cabeza. Pero si alguien pone el alimento a la altura de la cabeza de la jirafa, la oveja jamás podrá alcanzar el alimento.

c. Conocimiento equilibrado - O el comunicador tiene un conocimiento equilibrado en relación con su receptor, o deberá desarrollar una gran capacidad para descender a su nivel, cuando sea necesario hacerlo. Este conocimiento, sin embargo, no significa que el evangelizador debe saber todo lo que sabe el oyente, pero sí saber más que él en cuanto a religión, para poder comunicarle algo nuevo.

d. Contexto sociocultural - Uno de los grandes secretos de la comunicación, en cuanto al comunicador, es el conocimiento que debe tener del contexto sociocultural de sus oyentes. Por ello, se hace necesario una cierta adaptación del comunicador al contexto.

Para ser competente, el comunicador debe involucrarse lo más posible en la cultura del pueblo al cual comunica su mensaje, para poder hablar el lenguaje de ellos. Cuando participé en "Transtotal 2" (una actividad de la Junta de Misiones Nacionales de la Convención Bautista Brasileña, realizada en Rodovía Transamazónica, en 1974), llevé conmigo un *jeep* nuevo. Mis planes eran utilizar al vehículo durante la campaña de evangelización y al final del mes entregarlo al misionero establecido en Altamira. De modo que me encontraba allí, vestido a la usanza de la gente del Estado de Pará, tratando con gente campesina, muy humilde, y trabajando con pantalones de dril ordinario, con una tosca camisa de mangas cortas y de una sola pieza, y con sombrero de paja. Pero, en un verdadero contraste con aquella gente humilde, yo manejaba un *jeep* nuevo. Aquel día estacioné el vehículo a la entrada de una cabaña. El dueño de la casa era un nordestino de la Amazonia. Como la cabaña no estaba cercada, me adentré con el vehículo en el terreno y comencé a hablar con el hombre, pero éste permanecía callado. Entonces le pregunté la razón por la cual no deseaba conversar conmigo. Finalmente me dijo que no le gustaban los ricos. Le dije que yo no era rico; que era un pastor. Entonces señaló al *jeep* y dijo: "Mire ese auto nuevo."

Entonces me costó mucho trabajo explicarle que el vehículo había sido traído para un misionero farmacéutico, que a veces tenía que transitar de noche por la selva para socorrer a alguien. Sólo entonces aquel hombre comenzó a confiar en mí. Después de mi explicación lo entendió, pero con dificultad.

2. El receptor

No hablaremos, sin embargo, del receptor desde el punto de vista del mismo, sino desde el punto de vista del emisor, que es lo que nos interesa para nuestros propósitos evangelísticos. El emisor debe conocer, lo más posible, al receptor. El trabajo del emisor será preparar el material de su mensaje y llevarlo al mundo del receptor. Pero, para que ello se produzca, "el mundo del receptor" debe ser muy bien conocido por el emisor. No es el receptor el que debe ser transformado para recibir el mensaje, sino que el emisor debe adaptarse al receptor para alcanzarlo.

(1) El nivel cultural del receptor. El evangelizador debe tener cierto conocimiento o información en cuanto a la situación cultural promedio de su auditorio, pues ello lo ayudará a utilizar algo muy importante llamado *código*, que veremos más adelante. El propósito es utilizar el lenguaje y la terminología apropiados. ¿Cuál es el nivel promedio de escolaridad del pueblo? ¿Primario? ¿Secundario? ¿Universitario? No hay que llegar a los más mínimos detalles, pero sí es necesario tener un conocimiento mínimo acerca del receptor.

(2) Contexto cultural. Por contexto cultural quiero decir el tipo de vida que tiene el pueblo; lo que hacen en el lugar donde viven. ¿Está su actividad dirigida principalmente a la actividad agrícola? ¿Entenderá la gente la utilización de ilustraciones sobre siembra, semilla, o cosecha? ¿O, está su vida más dedicada a la cría? ¿Entenderán las ilustraciones y pensamientos en cuanto a ganado vacuno, caballos y ovejas? ¿O, tendrán más bien un tipo de vida industrial? ¿Son personas que viven en la gran ciudad? ¿Conocen el lenguaje de los problemas económicos? ¿O, viven de la pesca en el litoral?

(3) Situación religiosa del receptor. Sin duda, este punto pertenecería al primer aspecto abordado: el cultural. Pero lo he dividido porque hay aspectos muy especiales. Saber la situación de la mente y de la conciencia religiosa de los receptores es importante, ya que el evangelizador podría entrar con "mal pie" si ignora las tradiciones religiosas de sus oyentes. Con ello no quiero decir que el evangelizador debe tener miedo ante la situación y dejar de predicar la verdad del evangelio, pero sí deberá saber cómo abordar mejor el asunto. Hay una ciudad en el Estado brasileño de Goiás en la que toda la población es espiritista, de modo que si alguien comienza a predicar allí de la resurrección o del amor cristiano, puede que no le vaya muy bien. Es muy importante saber lo que cree el pueblo y tener la habilidad de sacarle provecho a ello. ¿No fue eso, acaso, lo que hizo Pablo en Atenas? (Hechos 17:15-34). El comenzó en un punto curioso: el altar vacío (v. 23) y a partir de allí elaboró su argumentación en cuanto al Dios verdadero y a Jesús, el Salvador.

(4) Ir donde está el receptor. El buen comunicador entrega el mensaje precisamente en el lugar mismo donde se encuentra el receptor. El receptor es el objeto del interés del comunicador,

y no importa dónde él se encuentre. Jesús fue a Zaqueo. Puso de lado a la multitud y vio a Zaqueo trepado al árbol, y allí le habló (Lucas 19:1-9). Con la mujer samaritana comenzó exactamente en el punto en que ella estaba sacando agua, y desde allí inició su argumentación hasta llegar a lo más íntimo de su corazón (Juan 4:1-30). Felipe fue enviado al desierto donde se encontraba un hombre buscando la verdad. Se acercó al carro, conversó con el hombre precisamente de lo que a éste le interesaba en ese momento, que era la lectura del profeta Isaías, y a partir de allí le anunció a Jesús (Hechos 8:26-39).

3. El mensaje

Hasta ahora nos hemos referido al proceso de la comunicación y estudiamos, en líneas generales, al emisor y al receptor. Veamos ahora el mensaje.

El mensaje es el contenido que se desea colocar en el receptor; lo que se desea transferir a su esfera mental y espiritual. Veamos seguidamente algunos de los aspectos que integran al mensaje:

(1) *El contenido.* Es la esencia de lo que se desea transmitir al receptor. Por ejemplo: si deseo comunicar a mi auditorio que Jesús es el Salvador, tengo que tener cuidado de que el contenido sea preciso.

(2) *El código.* Para transmitir el contenido, que hasta ahora está sólo en mente y bajo mi poder, necesito valerme de algo. En esta fase, el factor más importante se denomina *código*, es decir, el símbolo o grupo de símbolos que voy a utilizar. El código puede estar representado por la escritura, el lenguaje gestual o por las señales luminosas. Sin embargo, debo saber si mi código es conocido también por mi receptor, es decir, si entiende los símbolos que deseo utilizar. Por ejemplo: si alguien conoce el código Morse, utilizado en la telegrafía, entonces puedo enviar señales y ser inmediatamente comprendido; si alguien sabe leer, puedo escribir y mi receptor me entenderá; si alguien conoce el lenguaje gestual de los sordomudos, seré entendido si utilizo este medio de comunicación. Es decir, mi codificación debe estar de acuerdo con mi receptor, para que éste pueda "decodificar", es decir, interpretar mi mensaje.

Si para comunicarme utilizo palabras, debo construir ideas que tengan sentido para la mente del pueblo. Si voy a una tribu de indios que aún no conocen la televisión, éstos no podrán utilizar la idea involucrada con televisión. O si vamos a la provincia, donde nadie ha escuchado hablar de computadoras, no podemos decir, por ejemplo, que "todos nuestros pecados están registrados en la base de datos de la computadora de Dios".

(3) El tratamiento. Por tratamiento quiero decir el "empaquetamiento" del mensaje, o sea, la manera como lo dispondré para que llegue al receptor. Esto se refiere a la organización del material del mensaje, al orden del sermón o discurso, al tema, a la introducción, a la discusión y a la conclusión, todo ello colocado dentro de un orden lógico.

4. El canal

Ya nos ocupamos del emisor, que está en primer extremo; y del receptor, que está en el otro extremo. Pero, para ser alcanzado, el receptor necesita de un canal.

El canal puede ser visto desde el punto de vista del emisor y desde el punto de vista del receptor.

(1) El canal desde el punto de vista del emisor.

a. *Canal exclusivamente verbal:* la voz humana, la radio, el teléfono.

b. *Canal exclusivamente visual:* la escritura, las señales luminosas, el lenguaje gestual, la música.

c. *Canal oral-visual:* el teatro, la televisión, la conversación, el cine, el discurso a viva voz.

(2) El canal desde el punto de vista del receptor. Aquí los canales pertenecen todos a la propia naturaleza humana. Son los siguientes:

a. *La audición* - Este es uno de los principales canales de comunicación. Si una persona no puede oír, entonces tendrá que comunicarse por medio del lenguaje gestual. El comunicador deberá saber si su receptor está escuchando bien. Puede ser que éste no tenga problemas de audición, pero que el ambiente presente algún problema. Puede ser que el receptor esté muy alejado del emisor, o que haya alguna interferencia que no le permita escuchar bien.

b. La visión - La visión es otro canal importante para la comunicación. Si la persona está escuchando, entenderá mejor el mensaje de su emisor si también puede verlo. El lugar en que la persona esté sentada es, entonces, muy importante para la buena comunicación. Por ello, una cierta diferencia de nivel entre el piso y la plataforma del púlpito, en el caso del predicador, será de gran ayuda para una buena visibilidad.

La combinación de lo auditivo con lo visible origina lo que conocemos como proceso audiovisual, de gran ayuda para la comunicación. En éste se basa, por ejemplo, la televisión. En la misma línea de recursos está la utilización de diapositivas y franelógrafos.

Exclusivamente visual es el método del lenguaje gestual. Los sordomudos desarrollan una gran rapidez en cuanto a ver y captar las señas hechas con las manos del comunicador que, en realidad, utiliza diferentes partes del cuerpo, además de las manos y los dedos, para comunicar su mensaje.

c. El tacto - Este es un canal muy importante. El tacto es para el ciego lo que la visión para el sordomudo. Es por medio del tacto que los ciegos pueden leer el sistema Braille. Siendo tan grande el número de ciegos en el mundo, el tacto es un canal muy importante para esa población de receptores. Naturalmente, los ciegos pueden utilizar también su sentido de la audición, y en ellos este canal se desarrolla más para compensar su falta de visión.

d. Gusto y olfato - Dos canales menos importantes son el olfato, que nos permite percibir los olores; y el gusto, que nos permite apreciar los sabores. La comunicación a través de estos sentidos sólo se da en casos muy peculiares. Por el olfato uno puede reconocer a cierta persona que utiliza siempre el mismo perfume, o notar que alguien, por ejemplo, está cocinando carne; y por el gusto, uno puede únicamente reconocer ciertas comidas o bebidas. De modo que el gusto y el olfato no son muy importantes en nuestro caso.

EL RUIDO

Un factor muy importante en el proceso de la comunicación es el llamado *ruido*. Ruido es toda interferencia que puede afectar, deformar, desviar, interrumpir o neutralizar un mensaje.

Aquí resulta un tanto difícil especificar situaciones. Son los ruidos: el llanto de un niño, los movimientos que se producen en el auditorio, una lámpara defectuosa, el parpadeo, una silla desnivelada —que hace difícil el acomodo del cuerpo—, una corbata torcida en el cuello del evangelizador, un traje desabotonado, y otros detalles parecidos. Cualquiera de estas cosas puede distraer la atención del receptor, cerrando su mente para la comunicación. Por ello, el evangelizador debe ser muy cuidadoso en cuanto al ambiente de la predicación.

Nunca me olvido de un profesor, amigo mío, que se presentó en el aula llevando puestas unas medias de colores diferentes. Al sentarse, sus piernas quedaron a la vista de todos, y éstas llamaron la atención de los estudiantes durante todo el tiempo que duró la clase. El quizás nunca se enteró, pero la clase de aquel día no fue asimilada por los que estaban sentados en la parte anterior del aula. Hasta los anillos del predicador pueden llamar la atención y convertirse en ruido para la comunicación. Recuerdo a un predicador laico, que usaba tres anillos: dos en una mano, y uno en la otra. Pero los anillos eran tan grandes que llamaban la atención. Uno de ellos tenía un brillante, de suerte que, cada vez que gesticulaba entusiastamente, el brillante reflejaba la luz y turbaba la visión de su auditorio. Esto puede ser ruido. Y es muy importante vigilar estas cosas.

RETROALIMENTACION

Finalmente, en todo proceso de comunicación hay la llamada retroalimentación, que es la respuesta que obtiene la comunicación. Es decir, la retroalimentación es el medio por medio del cual el comunicador comprueba si su mensaje llegó o no al otro extremo. El predicador puede saber si se está produciendo retroalimentación, observando el semblante de las personas y su actitud. El predicador podrá percibir si el auditorio le está prestando atención y si está siendo entendido, a través de sus gestos de aprobación, y cuando es así esto le produce satisfacción al evangelizador. Pero si éste no "codificó" bien, no obtiene "decodificación", pudiendo deberse también la no captación del mensaje a cualquier tipo de ruido que se esté produciendo. En este caso, el comunicador debe tratar de corregir la situación inmediatamente.

Si el lector desea más detalles en cuanto a esta materia, puede consultar a David Berlo.[2] Actualmente son varias las universidades que incluyen la comunicación en su currículo. Sin embargo, al incluir aquí esta materia lo hice sólo para dar una pequeña ayuda al estudiante de evangelismo.

GRAFICOS EXPOSITIVOS

1. Gráfico resumido para la memorización del proceso

FUENTE	MENSAJE	CANAL	RECEPTOR
Habilidades comunicacionales	elementos	visión	Habilidades comunicacionales
actitudes	estructura	audición	actitudes
conocimiento	código	tacto	conocimiento
contexto social	contenido	olfato	contexto social
cultura	tratamiento	gusto	cultura

[2] David K. Berlo, *O Processo da ComunicaÇâo*, Sâo Paulo, Livraria Martins Fontes Editora Ltda., 1985, pp. 53-54. Seguimos simplemente el esquema de Berlo, pero sin citarlo textualmente.

2. Gráfico indicativo del funcionamiento del proceso

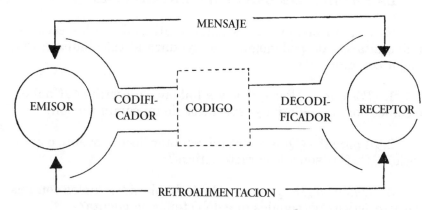

Esta es una manera de representar gráficamente el proceso de la comunicación, pero el estudiante puede confundirse con los términos técnicos. Por ello, presentamos otro tipo de gráfico.

3. Gráfico con interpretación simplificada

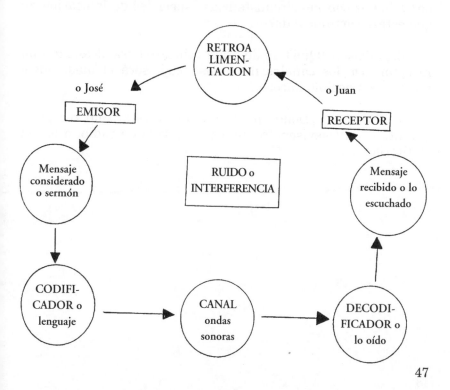

LA PRUEBA DE LAS SIETE PREGUNTAS

Este es un pequeño cuestionario, utilizado en las escuelas universitarias de pedagogía, que ayudará al estudiante a una mejor comunicación:

1. *¿Por qué?* - ¿Por qué voy a hablar o a escribir? ¿Cuál es, o cuáles son, los objetivos específicos de mi comunicación?

2. *¿A quién?* - ¿Quién será mi receptor (lector, oyente o auditorio)? ¿Cuáles son sus características?

3. *¿Quién?* o *¿De quién?* - ¿Quién hablará? ¿Cuáles son mis características personales que debo tener en cuenta?

4. *¿Qué?* - ¿Qué contenido tendrá mi mensaje? ¿Qué tema? ¿Qué quiero comunicar?

5. *¿Cuándo?* - ¿Cuándo es el momento oportuno o apropiado? ¿Cuáles son las circunstancias especiales de la ocasión en que estaré comunicando?

6. *¿Cómo?* - ¿Qué tipo de canal utilizaré para alcanzar a mi receptor? De los canales humanos, ¿cuál será el más conveniente? ¿Es posible hacerlo?

7. *¿Dónde?* - ¿Dónde hablaré o dónde estará mi receptor? ¿Frente a un televisor, frente a un aparato de radio, o en un auditorio?

5

*EL ESPIRITU SANTO
Y EL EVANGELISMO*

Empleamos el término *evangelismo* en vez de *evange-lización* con toda intención, pues queremos tratar el asunto de un modo más inclusivo, yendo más allá de la "acción de evange-lizar", para llegar a la propia sistematización que hace posible esa acción.

Ya hemos hablado lo suficiente de métodos, estrategias y técnicas, pero todo esto debe ser liderado por el Espíritu Santo. Si examinamos el movimiento de evangelización llevado a cabo en los tiempos del Nuevo Testamento, encontraremos esos recursos materiales, pero también descubriremos, sin mucho esfuerzo, que fueron utilizados por personas que estaban revestidas del Espíritu Santo para la obra de evangelización. Siendo así, debemos comprender los diversos aspectos de esa actuación por parte del Espíritu Santo.

Queremos advertir a los lectores que no nos detendremos en una discusión doctrinal acerca del Espíritu Santo. Pero sí deseamos tratar aspectos más prácticos, que puedan concientizar al evangelizador en cuanto a la necesidad de estar dependiendo siempre del Espíritu Santo para hacer la "obra de evangelista" (2 Timoteo 4:5).

EL ESPIRITU SANTO EN EL CREYENTE

Antes que todo, el creyente debe tener conciencia de la presencia del Espíritu Santo en su vida. El siguiente resumen presenta algunas características de esa presencia:

1. El don del Espíritu Santo

En Hechos 2:1-13 encontramos el relato de la venida del Espíritu Santo, "para que esté con vosotros para siempre", conforme a la promesa. En Hechos 2:37-39 hallamos la pauta de Pedro en cuanto a cómo recibir el don del Espíritu Santo que, según el mismo texto, es "para cuantos el Señor nuestro Dios llame" (Hechos 2:39b). Esta idea se encuentra reforzada por el testimonio de Juan 7:37-39. El creyente, por tanto, necesita entender que, si él es realmente un verdadero creyente, tiene el Espíritu Santo.

2. La garantía sellada

Uno de los pasajes más significativos en este sentido es Efesios 1:13, 14. Conviene transcribirlo en su totalidad, para que el lector no deje su lectura para más tarde: "En él también vosotros, habiendo oído la palabra de verdad, el evangelio de vuestra salvación, y habiendo creído en él, fuisteis sellados con el Espíritu Santo que había sido prometido, quien es la garantía de nuestra herencia para la redención de lo adquirido, para la alabanza de su gloria." Note particularmente las expresiones "habiendo creído en él", "fuisteis sellados" y "quien es la garantía de nuestra herencia".

El creyente debe entender que ha sido sellado, cerrado,

para Dios. Esta es la garantía de que es salvo, la garantía de su herencia eterna.

En resumen: el creyente tiene el Espíritu Santo, con el cual ha sido sellado, y que le ha sido dado como garantía de vida eterna. El Espíritu Santo que le fue dado habita en él, y el creyente puede tener conciencia de ese hecho, siendo Pablo quien también nos lo afirma: "El Espíritu Santo da testimonio juntamente con nuestro espíritu de que somos hijos de Dios" (Romanos 8:16). Es la garantía sellada, de la cual tenemos plena conciencia.

EL ESPIRITU SANTO EN LA VIDA DEL EVANGE-LIZADOR

Ya hemos visto, de modo general, la condición bajo la cual el Espíritu Santo se relaciona con todos los creyentes. Ahora queremos concentrarnos en la actividad específica del Espíritu Santo en el creyente como evangelizador, o en la actividad evangelística.

1. El poder del Espíritu Santo

En Hechos 1:8 encontramos la gran promesa: "Pero recibiréis poder cuando el Espíritu Santo haya venido sobre vosotros, y me seréis testigos en Jerusalén, en toda Judea, en Samaria y hasta lo último de la tierra."

Testificar de Cristo, evangelizar, hacer discípulos, son actividades especiales que exigen un poder especial. Sólo el Espíritu Santo puede proporcionar ese poder, y si el creyente recibió el Espíritu Santo, ya tiene ese poder. "Recibiréis poder cuando el Espíritu Santo haya venido sobre vosotros" —es el Espíritu Santo que ya vino al evangelizador, si éste es, realmente, un creyente. El evangelizador necesita creer en el Espíritu Santo para la realización de su tarea, y no debe tratar de sustituir esa convicción por nada de este mundo.

2. La motivación

Los textos de Hechos 21:4 y 2 Pedro 1:21, hablan de creyentes que fueron motivados por el Espíritu Santo. El evangelizador, el misionero, el pastor, son motivados por el Espíritu Santo, quien opera sobre la voluntad de ellos. Así es como el Espíritu Santo trabaja en nosotros.

Por cierto, son muchos los que, quizás por la influencia de

tanta superstición reinante, tienen la tentación de pensar que, para poder ser utilizados por el Espíritu Santo, tiene que haber un ambiente espectacular, de fuego caído del cielo, de "monte humeante", como en el Sinaí, o algo parecido. Pero lo cierto es que, una vez que hemos sido sellados por el Espíritu Santo y éste habita en nosotros, lo más natural y normal es que el Espíritu actúe en nosotros. La actuación del Espíritu se incorpora a nuestro mecanismo de percepción y comprensión, y todo se produce normalmente, sin que tengamos conciencia de que el Espíritu Santo nos haya hablado.

Es en este sentido que podemos entender las palabras de Hechos 16:6, 7, donde Lucas dice que a los misioneros "les fue prohibido por el Espíritu Santo hablar la palabra" en determinado lugar. Lo mismo podemos observar cuando, en Atenas, el espíritu de Pablo se enardecía dentro de él al ver que la ciudad estaba entregada a la idolatría (Hechos 17:16). No hay ninguna duda de que el Espíritu Santo en nosotros nos mueve y motiva para las cosas del evangelismo. Es como si fuéramos dos personas —y la verdad es que así es— que andan juntas todo el tiempo, pensando en nada más, y planificando sólo la salvación de las almas perdidas. Y eso es lo que sucede con el evangelizador. No sin razón Pablo dijo que tenemos la mente de Cristo (1 Corintios 2:16). ¿Y no es precisamente eso lo que Jesús quiso decir en Juan 17:21: "Para que todos sean una cosa, así como tú, oh Padre, en mí y yo en ti, que también ellos sean en nosotros; para que el mundo crea que tú me enviaste"? Note particularmente las expresiones: "que también ellos sean uno en nosotros" y "para que el mundo crea que tú me enviaste". Aquí está el secreto: la Santísima Trinidad, que es una unidad, se entrelaza con nosotros y forma una unidad con nosotros: con cada uno de nosotros. Por consiguiente, si somos realmente creyentes, convertidos, portadores del Espíritu Santo, no trabajamos solos, ¡sino que siempre trabajamos juntamente con él!

Un estudiante alegó en cierta ocasión que, si yo preparaba mis sermones consultando los textos griegos y hebreos, los comentarios bíblicos y los diccionarios teológicos, no le estaba dando al Espíritu Santo la oportunidad de actuar en mí, a lo cual respondí:

"Por el contrario, estoy trabajando con el Espíritu. Los dos trabajamos siempre juntos. El me ayuda en mi preparación, trabajando con mi razonamiento, y me alegro por este gran privilegio de trabajar juntos."

3. Dirección

El evangelizador es, asimismo, dirigido por el Espíritu Santo, quien lo guía a toda la verdad (Juan 16:13), y quien también guía nuestros esfuerzos evangelísticos y misioneros (Hechos 16:6-10). En Troas, vemos cómo el Espíritu Santo actuó en el juicio de Pablo para dirigirlo a Macedonia, por la expresión: "... teniendo por seguro que Dios nos había llamado para anunciarles el evangelio" (Hechos 16:10). Igualmente, el gran evangelista Felipe fue dirigido por el Espíritu Santo para encontrarse con el eunuco en el camino de Gaza. El Espíritu Santo nos dirige día a día en la evangelización; así debe ser siempre; debemos aprender a depender siempre de él.

EL TRABAJO DEL ESPIRITU SANTO EN EL PECADOR

El apóstol Pablo dijo con mucha razón que el hombre natural "no acepta las cosas que son del Espíritu de Dios, porque le son locura" (1 Corintios 2:14). Es precisamente por esto que el Espíritu Santo trabaja a través de la instrumentalidad del creyente, del evangelizador, que sí comprende las cosas del Espíritu de Dios.

1. El Espíritu Santo despierta el interés

Un hermoso pasaje bíblico en este sentido es Hechos 16:14, el cual dice: "Entonces escuchaba cierta mujer llamada Lidia, cuyo corazón abrió el Señor para que estuviese atenta a lo que Pablo decía." El evangelizador necesita de esta ayuda, sin la cual no obtendrá resultados.

2. La comprensión de las Escrituras

El Espíritu Santo le comunica a las personas la capacidad de creer en las Escrituras, de manera que no hay evangelización, ni mucho menos evangelismo, sin el trabajo de la Palabra de Dios. En Lucas 24:45, Jesús abrió el entendimiento de sus discípulos para que pudieran comprender las Escrituras. Esta es una comprensión que tiene que producirse siempre. Enfatizo esto, porque hay muchas personas trabajando en un evangelismo meramente emocional, y la emoción no lo es todo; la razón tiene que estar presente en el proceso.

En Berea, muchos judíos fueron a las Escrituras para examinar lo que Pablo y Silas predicaban, "para verificar si estas cosas eran así" (Hechos 17:11). Es el trabajo mental de confrontación, de comparación, para llevar a la persona a un juicio de valores y a la comprensión.

3. El trabajo de persuasión

En Juan 16:7-11 leemos que el Espíritu Santo convence al mundo de pecado, de justicia y de juicio. Por lo tanto, en el proceso de persuasión no valen las simples técnicas humanas. Mediante los argumentos humanos nadie se convencerá jamás de que es pecador. El alegato más común esgrimido es: "Todo el mundo lo hace", o "Esto es bien visto por la sociedad". Pero es cuando el Espíritu Santo toca la mente del pecador, que éste se lamenta por sus pecados. En este proceso, el Espíritu Santo trabaja en ambas direcciones: del lado del evangelizador, dándole la manera de presentar sus argumentos; y del lado del pecador, ayudándole a "decodificar" el mensaje y a quebrantarse por la convicción que tiene de sus pecados cometidos.

En este proceso el Espíritu Santo actúa respetando la libertad de la persona. Es por esto que la persona debe aceptar voluntariamente el mensaje.

Después de haber sido persuadido, el pecador está en libertad de aceptar o rechazar el mensaje. Si lo acepta, se produce el arrepentimiento. Frente al deseo del pecador de "cambiar de mente", el Espíritu Santo actúa en el pecador. El arrepentimiento no es un proceso de maniobras psicológicas, ni de cambio de mente por la educación, ni de algún otro proceso humano, sino que es una operación del Espíritu Santo. El evangelizador pone en la mente del pecador la "palabra viva" y el Espíritu Santo se encarga de la operación necesaria para que se produzca el cambio (1 Pedro 1:23-25).

Con esto volvemos al punto inicial de lo dicho hasta aquí: el Espíritu Santo es un don que nos es dado libremente, y que todo creyente debe tener (Hechos 2:37-39).

LECTURA SUGERIDA:

J. D. Crane, *La Reproducción Espiritual,* El Paso, Casa Bautista de Publicaciones, 1965. En especial el capítulo 3.

6

*PRINCIPIOS
GENERALES DEL
EVANGELISMO*

El término *principios* está utilizado aquí en el sentido de fundamentos, normas o preceptos, con la observación de que, a pesar de que existe la posibilidad de que en materia de evangelismo haya diversos métodos, estrategias y técnicas, hay ciertas normas que son invariables y que deben orientar toda la metodología de la evangelización.

El conocimiento y la habilidad para trabajar con este material le proporcionará al evangelizador las condiciones para actuar con la debida flexibilidad y versatilidad, dependiendo del contexto cultural en el cual trabajará.

Veamos algunos de estos principios:

1. El principio de la motivación
(1) La conversión. La motivación para hacer evangelización comienza con la experiencia de la conversión, pues sólo un convertido puede evangelizar a otra persona. Nadie puede dar lo que no tiene.

Quien haya tenido una experiencia de conversión no puede permanecer callado sin compartir esta experiencia con los demás; y si alguien no es convertido, de nada servirá que se le estimule a evangelizar, de modo que si lo hace será algo muy artificial.

(2) Pasión por las almas. Una vez convertido y persuadido de su salvación, el creyente es motivado por la certidumbre de que él pertenece a Dios y que todo el mundo está bajo el maligno (1 Juan 5:19).

Es entonces cuando se produce la pasión por las almas. El verdadero creyente tiene la seguridad de su salvación, pero lo aflige el hecho de que el mundo esté bajo el maligno, de modo que hará todo lo posible para cambiar esta situación. En realidad, nadie se pondrá a evangelizar a alguien por simple heroísmo o espíritu de aventura. Lo que nos lleva a la gran empresa evangelizadora y misionera es precisamente esta doble convicción: nuestra posición espiritual y la condición del mundo.

2. El principio de la comisión
Ya convertido y persuadido del estado de perdición del mundo, el creyente es comisionado por Jesús a ir por todo el mundo y predicar el evangelio a toda criatura (Marcos 16:15, 16). Para sentirse seguro en su trabajo de evangelización, el creyente tiene que tener conciencia de que fue comisionado por Jesús, es decir, tiene que saber que fue el propio Jesús quien lo envió a evangelizar. El creyente es un siervo de Jesús y está trabajando para su reino; no es el simple proselitista de una religión, sino un enviado de Aquel que vino al mundo para salvar a los pecadores.

3. El principio de la capacitación

Para que el creyente pueda tener éxito con el mensaje del evangelio, en términos de testimonio, Jesús le da el poder del Espíritu Santo: "Pero recibiréis poder cuando el Espíritu Santo haya venido sobre vosotros, y me seréis testigos en Jerusalén, en toda Judea, en Samaria y hasta lo último de la tierra" (Hechos 1:8). Esta promesa se cumplió cabalmente en Hechos 2:38. En consecuencia, siendo que no hay ningún creyente que no tenga el Espíritu Santo, y que sin el trabajo del Espíritu Santo la conversión resulta imposible, todo creyente está capacitado para evangelizar.

4. El principio del aprendizaje

Antes de enviar a sus discípulos a evangelizar, Jesús los preparó, discipulándolos, y después mandó que ellos hicieran lo mismo con todas las naciones (Mateo 28:16-20). Todo creyente debe aprender la mejor manera de testificar y de hacer discípulos. De modo que el creyente no sólo debe conocer métodos, estrategias y técnicas de evangelización, sino también el mensaje y tener de éste un dominio total. Siendo así, el creyente debe dedicarse a aprender, a estudiar, a capacitarse. Nadie piense que aquellos discípulos de Jesús andaban tras de él sólo para hacer turismo en Palestina. Ellos trabajaban duro todo el día.

5. El principio de la ubicación del perdido a ser alcanzado

La orden es predicar el evangelio por todo el mundo, pero el Espíritu Santo, a través de diversos medios, indica a cada creyente dónde ubicar a la persona que será alcanzada. Jesús sabía que tenía que pasar por Samaria (Juan 4:4). Felipe fue enviado por el Espíritu Santo a un etíope en el desierto (Hechos 8:26, 27). Una visión en Troas envió a Pablo a predicar a Macedonia (Hechos 16:8-10), y así sucesivamente.

Dios siempre tiene a alguien en algún lugar a quien debemos alcanzar, y el evangelizador debe estar en armonía con la voluntad y con los planes de Dios para descubrirlo. De un modo general, tenemos que predicar a todo el mundo, en todo tiempo, pero también sabemos por la Biblia y por la experiencia, que el Espíritu Santo tiene ciertos planes para ciertas personas y aun para ciertas comunidades. En Hechos 16:6-10, observamos que el Espíritu Santo guiaba totalmente la obra liderada por Pablo. Primeramente, les impidió ir a Asia; y después, tampoco les permitió ir a Bitinia. Finalmente, viene la visión que les llama a ir a Macedonia.

El evangelizador debidamente sintonizado con la autoridad del Espíritu Santo sabrá siempre a quién ir.

6. El principio del mensaje completo de evangelización

Siendo evangelizar la "acción de comunicar el evangelio de Cristo", el mensaje de evangelización debe tener los elementos esenciales del evangelio para que la persona pueda ser llevada a arrepentirse y a creer. Así pues, todo abordaje o tentativa de evangelización debe contener los siguientes elementos, de alguna manera o de otra:

(1) *La idea de pecado y de que la persona es pecadora.*

(2) *La idea de las consecuencias, principalmente espirituales, del pecado en el ser humano: la condenación eterna.*

(3) *El plan providencial de Dios para salvar al pecador: el haber enviado a su Hijo al mundo.*

(4) *El deseo voluntario del ser humano de apropiarse de la salvación.*

Un ejemplo de mensaje completo de evangelización es el encuentro de Felipe con el eunuco. El que estaba siendo evangelizado estaba tan dispuesto, que quiso ser bautizado inmediatamente (Hechos 8:26-40).

Estos cuatro aspectos, por lo menos, deben estar presentes en cualquier conversación evangelística o sermón evangelístico. Naturalmente, el evangelizador podrá utilizar técnicas diferentes en el orden de presentación de estos cuatro aspectos.

Son muchas las personas intentando evangelizar sin dar al pecador la más mínima orientación sobre la salvación y cómo obtenerla. Es bueno hablar del poder de Jesús para curar, para hacer maravillas y para resolver problemas. Pero, por encima de todo esto, la persona tiene que ser llevada a aceptar a Jesús como su Salvador personal.

7. El principio del momento de hacer el abordaje evangelístico

La persona a ser evangelizada debe ser abordada en cualquier oportunidad que se nos presente. La evangelización comienza con la persona donde ésta se encuentra desarrollando sus actividades normales. La mujer samaritana fue abordada por Jesús cuando ella buscaba agua; el eunuco, cuando viajaba y leía al profeta Isaías; Lidia y las otras mujeres, a la orilla de un río, cuando ella vendía púrpura; y así sucesivamente.

Es imprescindible que las personas sean abordadas (1 Timoteo 4:2), ya que muchas veces no tendrán una nueva oportunidad de escuchar el mensaje del evangelio.

La historia evangélica registra innumerables experiencias de creyentes que dejaron escapar la oportunidad de hablar a alguien y, poco después, se enteraron de la muerte de esa persona. Lo contrario también es cierto: sabemos de muchos que aprovecharon la oportunidad de evangelizar y poco después murió la persona evangelizada, pero fue salva.

8. El principio de adecuar el mensaje al contexto de cada persona que está siendo evangelizada

A los que se dedicaban a la agricultura, Jesús les habló del sembrador (Marcos 4); a los pescadores, les dijo: "... os haré pescadores de hombres" (Mateo 4:19); a los que sabían de impuestos y se oponían a éstos, Jesús les habló de la "moneda" (Mateo 22:19); a un grupo de religiosos, Pablo les habló del "dios no conocido" (Hechos 17:15-24); y hay otros ejemplos en este sentido en el Nuevo Testamento. El mensaje, por lo tanto, debe ser puesto en el lenguaje adecuado a la persona, en su contexto cultural, para que lo entienda. En el capítulo titulado "El proceso de la comunicación" ya considerado anteriormente, este aspecto se halla discutido con mayor extensión, por lo cual remito al lector al mencionado material.

9. El principio del llamado a tomar una decisión

Toda persona que escuche la exposición del evangelio debe ser apremiada a tomar una decisión por Cristo. En su grandioso sermón de Hechos 2:14-36, Pedro instó: "Sed salvos de esta perversa generación" (Hechos 2:40). Más tarde, el mismo apóstol rogaría: "Por tanto, arrepentíos y convertíos para que sean borrados vuestros pecados; de modo que de la presencia del Señor vengan tiempos de refrigerio" (Hechos 3:19). Pablo suplicaba: "Rogamos en el nombre de Cristo: ¡Reconciliaos con Dios!" (2 Corintios 5:20). Esto significa el llamamiento a una toma de decisión para que se complete la experiencia que está en proceso. El llamamiento es muy importante para la coronación de la experiencia. En otro capítulo donde se trata este asunto, comentaremos con mayor extensión el tema.

10. El principio de la responsabilidad del creyente

Siendo que hay una diferencia entre *predicar* y *evangelizar*, la tarea de predicar puede ser sólo de quienes tienen el llamamiento, pero la de testificar de Cristo es de todos los creyentes. No todos pueden preparar un sermón estructurado homiléticamente, pero toda persona puede contar a los demás quién es Jesús y cómo fue salvada por Cristo. Esto es evangelizar.

La responsabilidad de transmitir las buenas nuevas a todo el mundo es de todos los creyentes, no sólo de los pastores o de otros oficiales de la iglesia. Esta es una tarea que está unida al don general del Espíritu Santo. Todo creyente tiene el don del Espíritu Santo, que es el Espíritu Santo mismo. Hay otros dones especiales para ciertos tipos de ministerios, pero no hay que confundir esto con el deber de testificar de Cristo, que es responsabilidad de todos los creyentes. Por cierto, es oportuno recordar que, al comienzo de la expansión del cristianismo, como sucedió en Antioquía y Samaria, los que fueron dispersados y que predicaban no eran apóstoles, sino laicos (Hechos 8:4; 11:19, 20). Más tarde, vinieron los oficiales a la iglesia para dar continuidad al trabajo (Hechos 8:14; 11:22). Es, pues, tarea de todos los creyentes, evangelizar o testificar de Cristo.

11. El principio de la integración al cuerpo de Cristo

Toda persona convertida debe ser integrada a la iglesia—el Cuerpo de Cristo— para crecer espiritualmente (Efesios 4:10, 16). El día de Pentecostés, cerca de 3.000 personas fueron "añadidas", unidas, a la iglesia (Hechos 2:41). Pablo tuvo la ayuda de Bernabé para ser integrado a la iglesia de Jerusalén (Hechos 9:26-28). Forma parte de esta integración el bautismo, mediante el cual la persona públicamente se declara seguidora de Cristo, convirtiéndose en miembro de la iglesia local.

En una iglesia pequeña, las personas que se convierten

pueden ser fácilmente integradas a ella en un proceso completamente natural. Pero en una iglesia grande, situada en una comunidad compleja como son, por ejemplo, las grandes ciudades, el trabajo de integración debe estructurarse bien. Hoy existe un gran contingente de personas que podrían formar parte de nuestras iglesias, pero que no lo hacen por falta de un programa de integración bien elaborado. En cuanto a esto, remito al lector al capítulo de este libro que trata de la integración a la iglesia.

12. El principio del crecimiento espiritual

Toda persona que se convierte necesita crecer espiritualmente. Pedro, el primer apóstol que predicó un mensaje evangelístico después de Pentecostés (Hechos 2:14-36), diría más tarde: "Desead, como niños recién nacidos la leche espiritual no adulterada, para que por ella crezcáis para salvación" (1 Pedro 2:2). Si una persona sólo se convierte, pero no es enseñada a crecer espiritualmente, vivirá una vida cristiana raquítica.

CONCLUSION

Si se desarrollan debidamente estos principios que han sido formulados brevemente, abrazan todo el programa de evangelismo. Hoy, como nunca antes, debemos saber cómo volver versátil nuestro evangelismo, es decir, cómo poder adaptarlo a cada época, a cada contexto social, a cada circunstancia. No podemos simplemente entregar un folleto, con un tema cualquiera, e intentar aplicarlo a las personas. Tenemos que saber si la técnica que estamos utilizando es aplicable al caso concreto que tenemos frente a nosotros. El evangelizador que dispone apenas de unos cuantos modelos cuenta con un número limitado de posibilidades para evangelizar bien, pero el que conoce los principios generales y sabe utilizarlos y adaptarlos tendrá muchas más posibilidades de éxito. Evidentemente que tanto en un caso como en otro, la dirección será del Espíritu Santo.

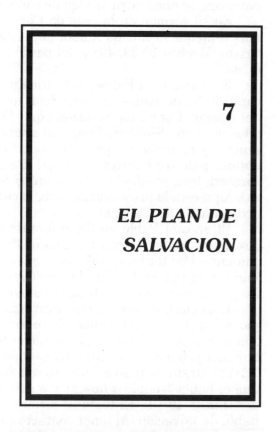

7

EL PLAN DE SALVACION

Para evangelizar es indispensable conocer el llamado *plan de salvación*, es decir, la manera ordenada de exponer el programa de Dios al pecador. Hay ciertos elementos esenciales que el pecador debe conocer y entender, sin los cuales no habrá una completa evangelización.

Si observamos cuidadosamente a los predicadores del Nuevo Testamento, por lo menos en aquello que fue escrito, notaremos algunas líneas generales. Naturalmente, el orden no es siempre el mismo, mas sí los elementos.

Pedro, por ejemplo, en su magnífico sermón el día de Pentecostés, habló de la muerte y resurrección de Cristo en favor del pecador (Hechos 2:29-33). Ante la reacción del pueblo a su mensaje, él dijo: "Arrepentíos y sea bautizado cada uno de vosotros en el nombre de Jesucristo para perdón de vuestros pecados" (v. 38). Aquí se nota el elemento "pecado". Más adelante advierte: "¡Sed salvos de esta perversa generación!" (v. 40). Aquí, entonces, se encuentra la idea de condenación y salvación.

En su sermón en la casa de Cornelio, la línea de Pedro es más o menos la misma: habla de la muerte y resurrección de Cristo (Hechos 10:39, 40) y del perdón de los pecados por la fe (v. 43).

El evangelista Felipe, al evangelizar al eunuco, se vale del capítulo 53 de Isaías que éste leía, que hablaba precisamente del pecado. Comenzando desde aquí, Felipe le anunció a Jesús (Hechos 8:35). Sin duda Felipe, al anunciar a Jesús, habló de su muerte y resurrección por el pecador. Más adelante, cuando el eunuco pide ser bautizado, Felipe le exige fe: "Si crees de todo corazón, bien puedes" (v. 37, *Santa Biblia,* versión Reina-Valera). Aquí está la presencia de la fe, la cual, necesariamente, está acompañada de arrepentimiento.

El apóstol Pablo no fue diferente en sus sermones. En el Areópago destacó la resurrección de Jesús y habló del arrepentimiento. Por tanto, incluyó el elemento de pecado y habló del juicio, que incluía la idea de condenación. Al final, algunos de los que lo escucharon se hicieron creyentes (Hechos 17:15-34).

Esta clase de predicación provenía, naturalmente, del propio Señor Jesús, quien antes de morir enfatizó esos elementos. Aunque estuviera haciendo algún milagro de sanidad, Jesús hablaba primero a la gente del perdón de los pecados (Marcos 2:1-12). Basta citar su encuentro con Zaqueo. Allí Jesús declaró que él había "venido a buscar y a salvar lo que se había perdido" (Lucas 19:10). El texto se refiere a la perdición, y por ello habla de salvación. Al tener contacto con Jesús, Zaqueo confesó sus pecados y demostró que creía en el plan de salvación de Jesús, al prometer que daría la mitad de sus bienes a los pobres y que devolvería lo robado (Lucas 19:1-10). Finalmente, Jesús declaró: "Hoy ha venido la salvación a esta casa." Notamos aquí, por tanto, todos los elementos del plan de salvación.

Citaremos un ejemplo más: el ladrón que fue salvo en la cruz. Aquí observamos que éste reconoció su pecado, se dio cuenta de su condenación espiritual, confesó a Jesús como Salvador, se arrepintió de sus pecados y clamó a Jesús por su salvación. Este fue escuchado por Jesús y recibió la salvación. Y puedo imaginar, que en aquel mismo día, pocos momentos después, Jesús entró con el malhechor, ahora salvo, en el paraíso (Lucas 23:33-48).

Haciendo un ligero análisis de los textos que hemos mencionado, podemos precisar un esquema más o menos lógico en cuanto al orden del plan de salvación. Hay, por lo menos, cuatro elementos principales que no pueden estar ausentes en una presentación evangelística:

1. *El pecado*
2. *Las consecuencias del pecado*
3. *El plan providencial de Dios para el problema del pecado: el haber enviado a Jesús para salvar al pecador*
4. *Lo que el pecador debe hacer para apropiarse de la salvación: arrepentirse y creer*

Este es el orden lógico del plan de salvación. Sin embargo, notamos que la sabiduría del Espíritu Santo utilizó un orden más apropiado —en vista de la reacción natural del pecador— partiendo de lo positivo, no de lo negativo. A nadie le gusta que le comiencen a hablar del pecado, y por ello vemos que todos los predicadores del Nuevo Testamento comenzaban con la muerte y la resurrección de Cristo, para después, casi al final de la exposición, hablar del pecado.

Lo dicho más arriba es el orden básico. No obstante, podemos utilizar otro orden al hacer la presentación del mensaje, siempre y cuando los elementos fundamentales estén presentes en el mensaje. Actualmente han aparecido muchas técnicas diferentes para presentar el plan de salvación, cuando se hace la evangelización personal.

Algunos necesitan ser explicados. Obviamente, no es nuestra intención hacer una disertación teológica, pero sí aclarar algunos términos por razones de carácter práctico. Esto es lo que intentaremos a continuación.

EL PECADO

De las palabras originales utilizadas para designar al pecado, hay dos que son sumamente importantes. La primera es *chata*,[1] que significa "no dar en el blanco". La segunda es *pasha*,

---

[1] B. A. Copass, *Manual de Teologia do Velho Testamento*. Sâo Paulo, Empresa Batista Editora, 1958, p. 99.

que significa "transgredir", "traspasar la cerca". De esto se desprende que, al pecar, el ser humano ha fallado en el objetivo verdadero de la vida; se ha convertido en un alienado; vive una vida desordenada. O bien, para utilizar la explicación del segundo significado, al desobedecer, la primera pareja "traspasó la cerca" y el ser humano pasó a vivir en un ambiente que no era el que había sido creado originalmente para él.

La transgresión de la pareja original produjo consecuencias inevitables para la raza humana. Por eso dice la Biblia: "Porque todos pecaron y no alcanzan la gloria de Dios" (Romanos 3:23). En otro lugar dice: "No hay hombre que no peque" (1 Reyes 8:46). La ciencia se interesa por los defectos que aparecen en las estructuras más primitivas del ser humano, y por ello la ingeniería genética se preocupa por seleccionar *genes* más perfectos para mejorar la especie humana. Naturalmente, la ciencia no comprende las cosas espirituales y sigue caminos equivocados que jamás conducirán a la verdad de las cosas.

Por ello, el pecado funciona como una voluntad mala. Pablo habla de esto en el capítulo 7 de Romanos, llamándolo "ley". "Por lo tanto, hallo esta ley: Aunque quiero hacer el bien, el mal está presente en mí... pero veo en mis miembros una ley diferente que combate contra la ley de mi mente y me encadena con la ley del pecado que está en mis miembros" (Romanos 7:21, 23).

Esta ley funciona como una voluntad, algo parecido a lo que sucede con las leyes fisiológicas. Por ejemplo, necesitamos del alimento para nuestro organismo. La naturaleza nos dotó de una voluntad llamada *apetito*, al que erróneamente llamamos "hambre". Por tanto, al tener hambre buscamos la comida, porque nuestro cuerpo necesita el alimento. Lo mismo ocurre con la sed. Esta es una ley perfecta, saludable, necesaria para la vida. Pero si alguien tiene el deseo o la voluntad de comer tierra, como sucede en algunos casos, la persona tiene un problema y debe ir al médico. O, si la persona tiene el deseo de tomar algún veneno (yo he visto a personas con este problema), significa que está enferma. Este es un deseo o voluntad mala que lleva a la muerte. Igualmente sucede con el deseo de ingerir bebidas alcohólicas o de utilizar drogas. Este tipo de voluntad mala lleva al hombre a objetivos equivocados, a errar el blanco, y esto es pecado. Es así como funciona el pecado en las personas.

EL PLAN PROVIDENCIAL DE DIOS

Algunas cosas son muy importantes en el plan providencial de Dios. Aunque tampoco tenemos que explicarlo siempre, el evangelizador debe, no obstante, comprender con cierta profundidad este asunto.

1. Dios envió a su Hijo

Dios pudo haber ideado algo diferente en el cielo para encontrarle una solución al problema de la salvación del ser humano. Pero en vez de ello envió a su Hijo, y al mismo tiempo vino con él a este mundo. Con esto, él demostró su interés y su amor por el pecador perdido. Dios vino a identificarse con nosotros: "Y el Verbo se hizo carne y habitó entre nosotros, y contemplamos su gloria..." (Juan 1:14). Es el mismo Dios saliendo del Edén, saltando al otro lado de la cerca, al ambiente del pecador, por amor, para rescatarlo y llevarlo otra vez a su Edén.

2. El segundo Adán

El plan de Dios fue hecho para atacar al problema desde la base. Cristo se hizo carne y se convirtió en otro Adán. Fue una suerte de segundo Adán (1 Corintios 15:45-49). Y este segundo Adán habría de triunfar en la prueba en la cual el primer Adán fracasó (Hebreos 4:15).

3. La muerte

Jesús vino para morir. Este era el plan, y no podía ser cambiado. El pecado era como una infección. Hoy hay algunas infecciones o contaminación que la ciencia no logra eliminar fácilmente.

Es lo que ocurre, por ejemplo, con los residuos atómicos producto de la radioactividad, a los cuales los científicos no han descubierto todavía la manera de destruirlos. De la misma manera, el pecado tenía su proceso de contaminación y sólo Dios lo sabía. El proceso que Dios utilizó fue el de "muerte contra muerte". Recordemos que, cuando el hombre pecó, también murió. Murió, antes que nada, en cuanto a su separación de Dios. Pero después se produjo otra muerte para neutralizar la primera. Este proceso funciona más o menos como ciertos principios de la terapéutica. Por ejemplo, el veneno de la cobra es utilizado para fabricar suero antiofídico que sirve para curar la picadura de la cobra. En este caso, el mal de la "muerte" es utilizado contra el mismo mal de la "muerte". Es por esto que Pablo afirmó: "Porque la ley del Espíritu de vida en Cristo Jesús me ha librado de la ley del pecado y de la muerte" (Romanos 8:2).

El plan providencial de Dios, por lo tanto, fue insondable y eficaz.

EL ARREPENTIMIENTO

La palabra "arrepentimiento" significa cambio de mente. Nuestra mente, formada y desarrollada según las leyes del pecado, sólo nos conduce al otro lado de la cerca, a la transgresión. Pero hay que explicar bien lo que significa arrepentimiento. No se trata de penitencia, como dicen algunas versiones no evangélicas, lo cual no refleja la verdad del original griego (de Marcos 1:15). Por ello, la necesidad de explicar lo que significa realmente arrepentimiento: un cambio de mente.

LA FE

Fe es confianza. La persona es persuadida a depositar su vida y destino en Jesús desde el mismo momento en que cree en él. Cuando esto se produce, la persona cree en Cristo como el Salvador de su alma; cree en el programa de Cristo para la vida; cree en su promesa de vida eterna; y cree que el modo de vida que Cristo ofrece es mucho mejor que el de su vida presente.

El arrepentimiento y la fe llevan a la persona a tomar la decisión más importante de su vida: ponerse del lado de Cristo, para seguirlo hasta el fin. Esto lo veremos mejor cuando consideremos lo relativo a la conversión.

Cuando el evangelizador comprende más adecuadamente el plan de la salvación, se encuentra en mejores condiciones para transmitir este mensaje a las demás personas.

LECTURA SUGERIDA

Adolfo Robleto: *Guía para el Obrero Cristiano*, El Paso, Casa Bautista de Publicaciones, 1978

8

LA CONVERSION

En esta oportunidad deseo, simplemente, enfocar el asunto desde el punto de vista bíblico y práctico.

La palabra "conversión" proviene del latín *cun vertere*, que significa: mudar de dirección, girar, y de allí la idea de dar media vuelta, tal como sucede con la orden militar cuando el comandante ordena en voz alta: "¡Media vuelta!"

El término griego correspondiente a la palabra conversión es *epistrefo*, que quiere decir: volver, regresar, retornar, cambiar de rumbo.

En la versión griega del Antiguo Testamento llamada Septuaginta, o LXX, la palabra *epistrefo* aparece 579 veces, incluyendo la forma verbal u otras formas, con el sentido de *volverse a* o *volverse de*. El verbo denota movimiento y generalmente significa: dar vuelta o cambiar de lugar. Algunas veces, también en el Antiguo Testamento griego, el término significa devolver algo, pagar nuevamente, restituir a alguien, proporcionar a alguien. Otras veces significa movimiento marcial y sucesión de años.[1]

La iniciativa por parte de Dios de traer al pueblo de Israel del cautiverio en Egipto, es un acto de la gracia divina, y el volverse Israel de sus pecados a Dios, es una conversión. Algunas veces el término aparece dentro de un contexto de apostasía. Cuando alguien se vuelve de la apostasía, el acto es llamado conversión. En algunos casos, además, la palabra significa alteración del estado del alma por la aplicación de la ley del Señor, es decir, de las normas divinas. También incluye la idea de restauración o renovación (Lamentaciones 1:16; 5:21).[2]

En el Nuevo Testamento, conversión aparece 39 veces como verbo y una como sustantivo. El sentido dominante es el cambio, tanto interior como exterior. En algunos textos podemos verlo, aun en sentido negativo, cuando alguien se vuelve al mal (Lucas 1:16; 17:4; 2 Pedro 2:21, 22; Gálatas 4:9). En general, en el Nuevo Testamento la palabra conversión significa "volverse del pecado a Dios". Y esto se logra a través del arrepentimiento, que es un cambio de mente (Hechos 11:21; 26:18; 14:15).[3]

EL LLAMADO A LA CONVERSION

La Biblia está llena de llamados a la conversión, tanto en el Antiguo como en el Nuevo Testamento, y algunos de los pasajes son sencillamente admirables. El profeta Ezequiel, hablando en nombre de Dios, dice: "Por tanto, yo os juzgaré a cada uno según sus caminos, oh casa de Israel, dice el Señor Jehovah. Arrepentíos y volveos de todas vuestras transgresiones, para que la iniquidad no os sea causa de tropiezo" (Ezequiel 18:30). Y más adelante, en el versículo 32 del mismo capítulo, concluye

---

[1] Gerhard Kittel, *Theological Dictionary of the New Testament*. Michigan, Wm. B. Eerdmans Publishing Company, 1983, vol. VII, p. 723.

[2] Ibíd., p. 724.

[3] Ibíd., p. 726.

diciendo: "Ciertamente, yo no quiero la muerte del que muere, dice el Señor Jehovah. ¡Arrepentíos y vivid!"

Jesús, dentro de otras afirmaciones profundas sobre este asunto, nos da la siguiente que ha quedado registrada en Mateo 18:3: "De cierto os digo que si no os volvéis y os hacéis como los niños, jamás entraréis en el reino de los cielos."

El apóstol Pablo tampoco se queda atrás, cuando habla de la misión que recibió del propio Señor Jesús: "... para abrir sus ojos, para que se conviertan de las tinieblas a la luz y del poder de Satanás a Dios, para que reciban perdón de pecados y una herencia entre los santificados por la fe en mí" (Hechos 26:18).

EL PROCESO DE LA CONVERSION

La conversión es una actitud motivada por ciertos factores internos y externos, que da como resultado la transformación del ser humano, a la que la Biblia llama "ser renacido" o regeneración; "nueva criatura"; "nuevo hombre"; "nacido de nuevo".

A la luz de esto, examinemos el proceso de la conversión.

1. El conflicto interno

Toda persona sufre conflictos internos, y éstos son inevitables porque el pecado, que forma parte de la naturaleza humana, se opone siempre a cualquier impulso divino en la persona. Y estos impulsos divinos se agitan siempre en el ser humano, ya sea por escuchar el mensaje proclamado, por la influencia de algún creyente, por las lecturas que la persona hace, por ciertas experiencias personales, o hasta por la simple reflexión.

El apóstol Pablo fue uno de los grandes ejemplos de este conflicto, al cual se refirió con gran profundidad en el capítulo 7 de Romanos, diciendo: "Por lo tanto, hallo esta ley: Aunque quiero hacer el bien, el mal está presente en mí" (v. 21).

El escritor judío Sholen Ash, en su libro *El apóstol*, imagina el conflicto de Pablo y escribe hermosas páginas sobre su lucha de conciencia, particularmente después de que estuvo de acuerdo con la muerte de Esteban (Hechos 6 y 7). Pero en verdad, el conflicto se inicia cuando el Espíritu Santo comienza su trabajo de convencimiento en la persona (Juan 16:7-11).[4]

---

[4] Sholen Asch, *The Apostle*. New York, G. P. Putnam's Sons, 1943, p. 166, 167.

2. El juicio de valores

Cuando el Espíritu Santo comienza a actuar, la mente humana empieza a trabajar en el análisis de la verdad. Esto es lo que llamamos juicio de valores. En este proceso, la persona comienza a confrontar su situación con aquello que la verdad de Dios le plantea. Imaginemos lo sucedido con Zaqueo, cuando éste trepó al árbol para ver a Jesús. Antes de esto, él ya debió haber experimentado su conflicto interno. Pero ahora estaba tomado por la curiosidad y quería encontrarse con Jesús. De repente, Jesús se dirige a Zaqueo y lo invita a descender. Y, lo que es más increíble, Jesús decide pernoctar en su casa. En su conversación con Jesús, Zaqueo entra en un proceso de juicio de valores, confrontando lo que él hacía con lo que Jesús predicaba. De modo que no tardó mucho en confesar: "He aquí, Señor, la mitad de mis bienes doy a los pobres; y si en algo he defraudado a alguno, se lo devuelvo cuadruplicado" (Lucas 19:8).

El juicio de valores es algo que se produce normalmente en personas de cualquier nivel cultural y dentro de su propio contexto. Es una operación llevada a cabo por el Espíritu Santo. Así, pues, cuando Jesús dice que el Espíritu Santo "convencerá al mundo de pecado, de justicia y de juicio" (Juan 16:8), está hablando de un trabajo mental, de convencimiento, que no coacciona ni obliga por la fuerza. En otras palabras, el pecador está siendo movido para que llegue a la conclusión de que Dios dice la verdad y de que él está equivocado.

3. El arrepentimiento

La palabra arrepentimiento quiere decir "cambio de mente". La palabra griega correspondiente es *metanoia*.[5] Es en el arrepentimiento que se apoya la conversión. Nuestra mente, que fue formada dentro de la influencia de las leyes del pecado, es transformada. Es entonces cuando podemos comprender la profundidad del primer mensaje de Cristo al mundo: "El tiempo se ha cumplido, y el reino de Dios se ha acercado. ¡Arrepentíos y creed en el evangelio!" (Marcos 1:15). Lo que él quiso decir fue: "¡Cambiad de mente!" Y si cambiamos de mente, cambiamos la dirección de nuestra vida. El mensaje del arrepentimiento satura toda la Biblia. Podemos poner el dedo en un punto distante,

---

[5] W. C. Taylor, *Introdução ao Estudo do Novo Testamento Grego*. Río de Janeiro, Casa Publicadora Batista, 1950, p. 135.

por ejemplo en la ciudad de Nínive, en el Antiguo Testamento, cuando el arrepentimiento de toda la población de esa ciudad, comenzando por el propio rey, cambió los planes de Dios (Jonás 3:1-10). Podemos, después, saltar al Nuevo Testamento, dentro de otros muchos ejemplos, y detenernos en Hechos 19:18, 19, en el cual un pueblo que practicaba ritos ocultistas se convirtió y quemó sus libros de magia en una plaza pública.

4. La fe

Pero el arrepentimiento no está completo sin la fe, sino que ambas actitudes se dan en el mismo proceso de la conversión. La verdad es que, para poder aceptar el cambio radical, la persona necesita del elemento de la confianza en la proposición que le es hecha. Si la persona se decide a cambiar de dirección, el Espíritu Santo investiga las ventajas y las propuestas de la nueva dirección. Evidentemente, el evangelio es presentado siempre en términos de cambio o trueque. Esto es lo que enseña la parábola de la perla de gran precio, en la que el comerciante halla algo mucho más valioso que todo lo demás que posee. Por ello, vende todo lo que tiene para adquirir algo nuevo y de más valor (Mateo 13:45, 46). En el mismo sentido está la conversación de Jesús con el llamado "joven rico" (Marcos 10:17-31), a quien Jesús dijo que vendiera todo cuanto tenía y que lo siguiera para tener un tesoro en el cielo.

En este punto el pecador entiende que la obra de Jesús es real y provechosa para él, y que vale la pena hacer el cambio.

5. La decisión

Todo este proceso se hace efectivo con la decisión. Después de estar convencido de su pecado y de la salvación que Jesús le ofrece, el pecador decide aceptarlo. Este es el acto final del diálogo entre el Espíritu Santo y el pecador. Es en este punto donde éste se da media vuelta. Es el regreso a Dios.

CARACTERISTICAS DE LA CONVERSION

Hemos visto, entonces, que el acto de volverse a Dios es el resultado de un proceso interior. Toda la operación del Espíritu Santo en el pecador da como resultado su decisión de aceptar a Jesucristo. En consecuencia, el convertido se distingue por las siguientes características:

1. Es una nueva naturaleza

La primera característica distintiva de la conversión es el implante de una nueva naturaleza en el ser humano. El texto de Pablo en 2 Corintios 5:17 habla de "nueva criatura" en el sentido de ser de naturaleza diferente de la anterior, no en el sentido de haber sido hecha otra vez. A esto se refería Jesús cuando hablaba de un "nuevo nacimiento". Pedro, igualmente, se refería al mismo proceso cuando decía, hablando de los creyentes: "habéis nacido de nuevo" (1 Pedro 1:23).

En verdad, esta es una idea fascinante, pudiendo hablarse en este caso de "una nueva creación de Dios". El pecado deformó a la primera criatura y pasó después a dominar toda su naturaleza. Pero Dios ideó un plan sabio y efectivo. De hecho, si leemos cuidadosamente el capítulo 15 de la Primera Epístola del apóstol Pablo a los Corintios, donde el apóstol discurre profundamente sobre la resurrección, veremos que Dios habla de una nueva creación, y en su nueva creación no sólo la parte espiritual es recreada, sino también el cuerpo. El pecador asumirá nuevamente la imagen de Dios, a la que fue creado y que perdió por el pecado (1 Corintios 15:48, 49). La misma idea se encuentra también en 1 Juan 3:1-3.

2. Se renueva constantemente

La conversión, sin embargo, no hace perfecto al hombre. Pero sí hay un nuevo comienzo que es irreversible y que se irá desarrollando.

La idea de transformación forma parte, de hecho, de todo el proceso. En el evangelio de Juan, capítulo 1, versículo 12, leemos: "Pero a todos los que le recibieron, a los que creen en su nombre, les dio derecho de ser hechos hijos de Dios." La palabra griega traducida "ser hechos" tiene mucha fuerza. Este verbo quiere decir "ser, llegar a ser, ser hecho, ponerse,"[6] lo cual significa que los que creen en Cristo y lo reciben como Salvador y Señor "se vuelven hijos" de Dios. La fuerza del verbo, repetimos, va más allá de volverse hijos simplemente en el sentido de ser "formados" con una naturaleza propia para serlo. Por ello la expresión "nacido de nuevo" de 1 Pedro 1:23.

Este es el inicio de una transformación que continúa todo el tiempo en la persona convertida. Uno de los textos más her-

---

[6] McKibben, Stockwell, Rivas, *Nuevo Léxico Griego-Español del Nuevo Testamento*, El Paso, Casa Bautista de Publicaciones, 1981, p. 65.

mosos en este sentido es 2 Corintios 3:18: "Por tanto, todos nosotros, mirando a cara descubierta como en un espejo la gloria del Señor, somos transformados de gloria en gloria en la misma imagen, como por el Espíritu del Señor." Y el apóstol Juan perfecciona la idea diciendo: "Amados, ahora somos hijos de Dios, y aún no se ha manifestado lo que seremos. Pero sabemos que cuando él sea manifestado, seremos semejantes a él, porque le veremos tal como él es" (1 Juan 3:2). Obsérvese que comenzamos a hablar de nuestra transformación en hijos de Dios (Juan 1:12) y terminamos con el testimonio del mismo apóstol de que, por ser hijos de Dios, "seremos semejantes a él". He aquí el proceso de la renovación constante.

3. Es un nuevo hombre

En consecuencia, a medida que somos perfeccionados y renovados a la imagen del ser humano perfecto (Jesucristo), muchas cosas empiezan a cambiar cuando hemos sido convertidos. Sabemos que todavía está presente en el nuevo hombre la lucha entre la carne y el espíritu (Gálatas 5:17). Pero la nueva dirección, la nueva voluntad espiritual, comienza a cambiar las cosas de nuestra vida social, de nuestra vida emocional y aun de nuestra vida intelectual.

La conversión, que es una actitud que proviene de un proceso interior, da como resultado un nuevo hombre en Cristo. Y esto es lo que le está haciendo falta a nuestro mundo. De manera que, al evangelizar, el evangelizador debe tener en mente este resultado del mensaje del evangelio.

LA POSIBILIDAD DE LA CONVERSION

Pero, ¿es realmente posible que se produzca una transformación en el ser humano tan corrompido?

En estos últimos años, los científicos están preocupados por las imperfecciones del ser humano, por su fragilidad, y por el origen de sus enfermedades; por lo cual están tratando de lograr una generación más perfecta. Por ello, se habla mucho de selección de *genes*, y de la eliminación de ciertos genes enfermizos con el fin de mejorar la especie humana.

Más allá de este esfuerzo declaradamente científico, ha habido otros que pueden conceptuarse como románticos, en el sentido de que han buscado lograr una humanidad perfecta, porque la actual está llena de defectos. Aldous Huxley, por ejemplo, concibió una sociedad de personas ideales, que alcanzarían la perfección a través de cierta droga llamada soma.[7]

Stanley Jones, en su libro *La conversión*, menciona el hecho de que, en la naturaleza, hay tipos de conversión o transformación que se producen de modo rutinario. Es el caso de la fotosíntesis de las plantas, proceso mediante el cual una planta obtiene del aire y de la luz solar el material que es convertido en el color verde de la clorofila.[8]

En el campo de la naturaleza, una de las "conversiones" más hermosas es la metamorfosis de la mariposa. Una oruga rastrera y de feo aspecto avanza lentamente en busca de un lugar para quedarse allí. Después de algún tiempo, se prende de un rinconcito cualquiera y queda allí colgada como si estuviera muerta. Después de algunos días, y en el momento preciso, algo nuevo comienza a moverse dentro de la cáscara. Poco después, la "cosa" nueva que está allí dentro comienza a empujar con fuerza la cáscara hasta aparecer totalmente. Ahora es una hermosa mariposa. Al comienzo permanece cerca, asentada sobre los pedazos de la cáscara, ejercitando sus alas. ¡Pero no pasa mucho tiempo, pues alza vuelo y se remonta a las alturas! ¡Es un hermoso símbolo de una nueva vida, libre, independiente y victoriosa!

Sin embargo, en esta ilustración de la naturaleza hay una diferencia con la conversión humana: en el caso de la mariposa, el proceso es cíclico y sucede siempre en el momento preciso. En el caso del hombre, la conversión sólo se produce si él lo desea. Todo lo que dependa de Dios estará siempre disponible para que se inicie el proceso y para que tenga buen término. Pero el hombre necesita querer la conversión, sin lo cual ella no se producirá.

Vemos, pues, que la conversión es un milagro de Dios, pero que no se produce de manera espectacular, sino que sigue todo un proceso de actividad tanto por parte de Dios como del hombre.

---

[7] Billy Graham, *El Mundo en Llamas*, El Paso, Casa Bautista de Publicaciones, 1981, p. 144.

[8] Stanley Jones, *Conversâo*. Sâo Paulo, Imprenta Metodista, p. 41.

PARTE II

La evangelización personal
La evangelización masiva
La integración de los nuevos
creyentes a la iglesia local

9

*LA
EVANGELIZACION
PERSONAL*

Nos referimos aquí al evangelismo de persona a persona, donde se puede estar cerca de la persona que está siendo evangelizada, encontrándose con sus ojos, notando sus reacciones y sus emociones, y al mismo tiempo poniendo delante de ella nuestra vida cristiana como luz del mundo y sal de la tierra. No hay nada que sustituya a esta experiencia personal.

Jesús es nuestro mejor ejemplo en cuanto a este tema. El escritor J. E. Davis, en su libro *Manual del Evangelismo Personal*, dice que Jesús destacaba lo individual dentro lo colectivo, cuando diferenciaba, por ejemplo:

1. *Una dracma entre 10.*
2. *Una oveja entre 100.*
3. *Un hijo entre 2.*
4. *Un solo pecador arrepentido que provoca la alegría de todos en el cielo (Lucas 15:10).*[1]

El mismo autor destaca también que las grandes enseñanzas de Jesús fueron hechas a individuos particulares. Así:

1. *En cuanto al primer mandamiento: a un escriba.*
2. *Sobre los verdaderos adoradores: a una mujer samaritana.*
3. *A quien mucho se le perdona, mucho ama: a una prostituta.*
4. *El nuevo nacimiento: a Nicodemo.*
5. *Jesús dio inicio al plan de salvación, llevando a un malhechor —el ladrón colgado en la cruz— al paraíso.*[2]

La verdad es que, aunque trabajemos con grupos, la evangelización terminará siendo siempre de persona a persona, cuando llegamos al punto del aconsejamiento. He aquí la razón por la cual la evangelización personal es fundamental para todos los demás tipos de evangelización.

Observamos, por el Nuevo Testamento, que la evangelización personal era algo que se producía de forma natural. Uno de los mejores patrones para nosotros, en este sentido, está en el primer capítulo del evangelio de Juan. Inmediatamente después de hablar con Jesús, Andrés buscó a su hermano Simón y lo llevó a Jesús; y Felipe, después de haber hablado con Jesús, fue a buscar a Natanael y lo condujo a él (Juan 1:35-51).

Según los historiadores, este método fue el secreto del gran crecimiento del cristianismo en la iglesia primitiva. De allí que el historiador Gibson haya dicho: "La razón principal por la que el cristianismo se extendió tan rápidamente, era que inmediatamente después de que una persona se convertía, corría a compartir la noticia con su vecino."[3]

El profesor G. William Schweer, del Seminario Teológico Bautista de Golden Gate, de San Francisco, California, ha

---

[1] J. E. Davis, *Manual del Evangelismo Personal*. El Paso, Casa Bautista de Publicaciones, 1926, p. 15.

[2] Ibíd., p. 14.

[3] Ibíd., p. 12.

definido así a la evangelización personal: "Es la comunicación del evangelio del reino persona a persona guiada por el Espíritu Santo y llevada a cabo por uno o más cristianos, en tal manera o maneras que el receptor individual tenga una oportunidad válida de aceptar a Jesucristo como Señor y Salvador y llegar a ser un miembro responsable de su iglesia."[4]

Esta definición no olvida mencionar la dirección del Espíritu Santo, que es muy importante en la evangelización, e incluye además la integración del nuevo creyente a la iglesia de Jesucristo.

JESUS COMO MODELO DEL EVANGELIZADOR PERSONAL

Sin duda alguna, Jesús es el Maestro por excelencia en todo. Algunos de los ejemplos más sobresalientes de su actividad como evangelizador fueron sus encuentros con: El joven rico (Mateo 19:16-22), Zaqueo (Lucas 19:1-10), Nicodemo (Juan 3:1-16) y la mujer samaritana (Juan 4:1-30).

Del estudio de los diversos encuentros evangelísticos que Jesús tuvo con las diversas personas, podemos observar algunas características muy especiales que deben distinguir a la evangelización personal:

1. Jesús demostraba compasión por el pecador
Era capaz de detenerse y dar atención a un hombre rechazado por la sociedad, como lo fue, por ejemplo, "el endemoniado gadareno" (Marcos 5:1-20); y a un joven rico y, quizás también presuntuoso, al que amó profundamente (Marcos 10:21). Jesús observaba las multitudes y sentía compasión de ellas (Mateo 9:36), porque era capaz de mirar el interior de las personas y ver, antes que nada, su pecado (Marcos 2:5).

Ver el pecado de la persona en su condición de perdición espiritual debe ser, también, la principal actitud de un evangelizador.

2. Jesús no tenía prejuicios
Por ser puro y divino, era de esperarse que Jesús rechazara

---

[4] G. William Schweer, *La Evangelización Personal para Hoy*, El Paso, Casa Bautista de Publicaciones, 1992, p. 15.

a ciertas personas por motivos religiosos y de principio. Pero él no actuaba así. Cuando le trajeron la mujer adúltera, sorprendida en el acto mismo del pecado, se esperaba que Jesús la repudiara. Algunos miembros de nuestras iglesias hoy en día habrían actuado con muchos prejuicios en un caso así. Pero Jesús actuó con amor y comprensión. En realidad, aquella mujer era una pecadora, pero Jesús había venido precisamente para salvar esa clase de personas. Es muy hermoso el diálogo final entre ellos: "Mujer, ¿dónde están los que te acusaban? ¿Ninguno te ha condenado? Y ella dijo: Ninguno, Señor. Entonces Jesús le dijo: Ni yo te condeno. Vete y desde ahora no peques más" (Juan 8:10, 11).

Notamos, sin embargo, que en términos generales muchos creyentes evitan entablar conversación con cierto tipo de pecadores, tales como prostitutas, drogadictos y homosexuales. No debemos, por supuesto, contemporizar con el pecado, pero sí debemos aceptar a este tipo de personas tal y como son, y anunciarles el evangelio que puede cambiar sus vidas.

3. Jesús iba donde se encontraba la persona

Jesús no tenía un templo para invitar a las personas a venir a él para que escucharan su mensaje. Por lo tanto, iba a las personas, a su contexto normal de vida. Fue a Samaria y se detuvo allí, junto al pozo, pues sabía que aquella mujer vendría a buscar agua. Y cuando comenzó a conversar con ella, lo hizo precisamente refiriéndose a lo que ella estaba haciendo. Lo mismo hizo con Zaqueo (Lucas 19:1-10), con Leví (Marcos 2:13-17) y otros.

De hecho, Jesús vino del cielo a buscarnos, "a buscar y a salvar lo que se había perdido" (Lucas 19:10). Como evangelizadores, tenemos que estar dispuestos a ir al pecador, en vez de esperar que él venga a nosotros.

4. Jesús sabía cómo dar inicio a un diálogo evangelístico

El comenzaba precisamente hablando de la situación en la que se hallaban las personas. Con Nicodemo, partió de la propia pregunta que éste le hizo, para llevarlo después a considerar el profundo tema de la vida eterna (Juan 3:1-21). Con los que trataron de hacerlo caer en una trampa, como fue el caso de la pregunta que le hicieron sobre el pago del impuesto, comenzó hablando justamente de la moneda del tributo (Mateo 22:15-22). Con Zaqueo, decidió ir a su casa a reposar y a hablar después de la necesidad que éste tenía (Lucas 19:1-10).

El evangelizador debe aprender de Jesús cómo iniciar un diálogo evangelístico. El comenzaba precisamente hablando de la situación en que se encontraban las personas. Hoy en día, muchos creyentes —y aun pastores— comienzan a "evangelizar" condenando los vicios de la persona, o las modas, o el adulterio. Pero no es así como se debe evangelizar. Todos los errores de la persona serán señalados por Dios, y lo único que a nosotros nos toca es trabajar con el Espíritu Santo para que la persona se convenza de su situación y entienda que Jesús tiene el poder de transformar su vida.

5. Jesús iba directamente al grano

El no se andaba por las ramas. A Nicodemo le dijo: "De cierto, de cierto te digo que a menos que uno nazca de nuevo no puede ver el reino de Dios" (Juan 3:3). Con la samaritana, respondiendo a una pregunta polémica que ésta le hizo sobre el verdadero lugar de adoración, fue tajante: "...ni en este monte ni en Jerusalén (vosotros los samaritanos) adoraréis al Padre" (Juan 4:21). Y cuando se refirió, públicamente, a los galileos que fueron asesinados por orden de Pilato, les dijo: "¿Pensáis que estos galileos, porque padecieron estas cosas, habrán sido más pecadores que todos los galileos? Os digo que no; más bien, si no os arrepentís, todos pereceréis igualmente" (Lucas 13:1-3).

No es correcto el proceder de algunos predicadores quienes, para inflar las estadísticas, llaman al frente a las personas para entregarles un Nuevo Testamento o para orar por ellas. Los evangelizadores debemos ser claros y directos e invitar a las personas a aceptar a Cristo como Salvador, pues es posible que esa sea la única oportunidad que tendremos de hacerlo.

6. Jesús estaba consciente de la urgencia de la salvación

El decía: "Me es preciso hacer las obras del que me envió, mientras dure el día. La noche viene cuando nadie puede trabajar" (Juan 9:4). Jesús sabía que tenía un tiempo limitado para alcanzar personalmente al mayor número posible de personas, y por ello trabajó intensamente y también capacitó a sus discípulos para enviarlos después a todas las aldeas. Y antes de ascender al cielo, les dio la orden de ir por todo el mundo a predicar el evangelio a toda criatura (Marcos 16:15).

La evangelización no es trabajo de un solo día, ni algo sin importancia. Es un trabajo urgente que debemos hacer con diligencia si consideramos que cada minuto que transcurre mueren muchas personas en el mundo. Una de éstas puede estar muy cerca de nosotros y partir a la eternidad sin la salvación. De ahí el sentido de urgencia que debe estar siempre presente en el evangelizador cristiano.

UN EVANGELIZADOR EN ACCION EN EL NUEVO TESTAMENTO

Felipe fue uno de los siete de la iglesia de Jerusalén cuyo principal trabajo era el diaconado (Hechos 6:1-7). Sin embargo, se destacó también como evangelista. En el capítulo 8 de Hechos, lo encontramos como predicador de masas (vv. 5, 6) y también como evangelizador personal (vv. 26-40). En esta experiencia de Felipe con el eunuco, subrayamos algunos principios fundamentales de la evangelización personal:

1. La dirección de Dios en ciertos casos específicos
Un ángel del Señor le dijo a Felipe que fuera a un lugar específico, donde encontraría a alguien que estaba preparado para escuchar el evangelio (v. 26).
El evangelizador debe tener intimidad con Dios para que pueda recibir la dirección segura de Dios para su trabajo, ya que él tiene ciertas personas a las cuales quiere enviarnos.

2. Dios está con las personas que lo buscan, aunque lo hagan por medios equivocados
Pero él necesita de sus siervos para enviarlos a tales personas (v. 27). Siempre hay alguien a quien Dios quiere salvar, y él necesita de nosotros para ello.

3. El Espíritu Santo dirige siempre el momento preciso en que debe hacerse el abordaje a la persona a ser salvada: "Acércate y júntate a ese carro" (v. 29).

4. El evangelizador atento inicia el abordaje en el lugar apropiado
"Y Felipe corriendo le alcanzó y le oyó que leía el profeta Isaías. Entonces le dijo: ¿Acaso entiendes lo que lees?" (v. 30).

5. La Biblia —las Escrituras— es siempre el texto clave para anunciar a Jesús
Jesús ya había dicho: "... ellas son las que dan testimonio de mí" (Juan 5:39). Esto fue lo que hizo Felipe.

6. La evangelización debe ser completa, un verdadero discipulado

El eunuco fue enseñado sobre el bautismo. Esto se desprende de Hechos 8:36. Fue una integración inmediata.

7. La evangelización completa le halla solución al problema del pecador, y lo convierte en alguien realizado y feliz

El eunuco acostumbraba ir a Jerusalén a adorar, pero nunca había encontrado lo que ahora había logrado a través de Felipe. Fue la evangelización lo que le produjo ese gozo (v. 39).

LA TECNICA DEL ABORDAJE EN LA EVANGE-LIZACION PERSONAL

El evangelizador debe hacer uso de sabiduría al abordar a las personas. Cada persona de este mundo es un universo complejo, con su lastre cultural, sus creencias, sus conceptos, sus "filosofías de la vida", sus excentricidades y, sobre todo, su personalidad propia, que no es igual a la de nadie más. Esto significa que, de acuerdo a como sean abordados, responderán negativa o positivamente al evangelio. Por ello, es preciso que el evangelizador, antes que nada, dependa totalmente del Espíritu Santo y, junto con ello, desarrolle un conocimiento profundo de la naturaleza humana. A continuación, algunas sugerencias en cuanto a cómo abordar a la persona:

1. Comience con la mayor naturalidad

Cada persona es como un jardín florido, donde nuestra mano puede coger rosas pero también herirse con sus espinas. Por consiguiente, el abordaje debe hacerse de una manera que no despierte prejuicios ni hiera la sensibilidad de las personas. El ejemplo del abordaje de Jesús a la mujer samaritana es clásico: "Dame de beber".

2. Comience donde se encuentra la persona

Es indispensable que quien desee evangelizar, haga el abordaje de la persona comenzando con lo que ella está haciendo, o diciendo, o viendo, para hacer después la transición al mensaje del evangelio. El eunuco estaba leyendo la Biblia y Felipe comenzó bien, diciéndole: "¿Acaso entiendes lo que lees?" (Hechos 8:30). De allí que, si la persona está leyendo el periódico, comente con ella alguna noticia; si está cuidando un niño, juegue con éste; y si está trotando por la mañana, corra también con ella mientras le habla.

3. Hable durante algunos momentos, y con toda naturalidad, del tema inicial de conversación

El evangelizador no debe pasar inmediatamente al abordaje de la persona con el evangelio. Muchas veces tendremos que gastar horas, días y aun semanas, antes de poder hacerlo. No podemos hacer cambios bruscos en el proceso de abordaje.

4. No exagere su interés por la persona

Debemos actuar como si no estuviéramos tan interesados por ella. No debemos obrar como vendedores que deseamos vender un producto, aunque es verdad que queremos ganarla para Cristo. Lo que estamos haciendo procede de Dios y podrá cambiar la vida de la persona. Sin embargo, si ella ve que esa es nuestra intención, corremos el riesgo de que pierda interés y de que se aleje de nosotros.

5. Haga después la transición, de la manera más natural, al plan de salvación

Lo mejor es mostrarle la necesidad espiritual de la vida humana o la necesidad de Dios, y aun de una religión sana. Por ejemplo, al abordar a una persona que se ocupa de cultivar flores, ¿que tal si le hablamos de la sabiduría del Creador al crear tantas flores, a cual más hermosa, y después lamentar que, a pesar de tan bellas, duran tan poco y son tan frágiles? Otra estrategia podría ser abrir la Biblia y mostrarle el Salmo 90:5, 6; 1 Pedro 1:24, 25 y otros textos semejantes. Con apenas los dos textos antes mencionados, estamos ya en el camino de la evangelización. El texto de Pedro está relacionado con la idea de regeneración (1 Pedro 1:23) y no podría haber un mensaje más adecuado en este tipo de abordaje.

6. Si la persona se muestra interesada por el tema de la salvación, pase a la fase decisiva

Si usted la abordó en la calle, mientras se encontraba evangelizando, invítela a sentarse para que escuche la exposición del plan de salvación. Si ello no es posible en ese momento, fijen una hora en que podrán hacerlo ese mismo día o en los días siguientes. Podría ser una visita en la casa de la persona o un encuentro a la hora del almuerzo. Dependiendo de la persona, ¿qué tal si la invita a almorzar o a cenar?

7. *Según lo que pueda percibir de la condición cultural de la persona, escoja uno de los esquemas ya conocidos en cuanto al plan de la salvación*

8. *Comience a hablar del plan de salvación, a partir del punto ignorado por la persona*
Puede ocurrir, por ejemplo, que la persona ya tenga una profunda convicción en cuanto al pecado y aun del evangelio. Una vez detectado, el evangelizador percibirá dónde debe comenzar con cada persona en particular.

9. *Al tratar el tema del pecado, resulta más conveniente abordar el lado de la experiencia humana con el pecado, en vez de mencionar primero el lado bíblico*
El problema es que, en general, a las personas no les gusta la palabra pecado. Pero esto no importa. El evangelizador puede cambiar la etiqueta y llamarlo, por ejemplo, veneno.

10. *Siendo que la mayoría de las personas tiene ya cierta conciencia del problema del pecado, la mejor manera de comenzar a presentar el plan de salvación es hablándoles del amor de Dios (Juan 3:16)*

11. *La presentación del plan, utilizando los dedos de la mano, resulta muy positivo en el caso de los niños y de las personas sencillas:*
(1) *Dios te ama (dedo pulgar) - Juan 3:16.*
(2) *Tú eres pecador (dedo índice) - Romanos 3:23.*
(3) *Cristo murió por nosotros (dedo del corazón) - Romanos 5:8.*
(4) *Debes recibir a Jesús como tu Salvador personal (dedo anular) - Juan 1:12.*
(5) *Después de hacerlo te convertirás en una nueva criatura (dedo meñique) - 2 Corintios 5:17.*

12. *Si las circunstancias lo permiten, utilice una Biblia y deje que la persona misma haga la lectura de los versículos*
En caso contrario, utilice los textos de memoria. El evangelizador debe esmerarse en la memorización del mayor número de versículos bíblicos. No hay que olvidar que la Palabra de Dios es viva y eficaz, y que citarla es indispensable. El testimonio personal del evangelizador es muy importante, pero nunca deberá sustituir el citar la Palabra de Dios.

13. Evite que la persona haga interrupciones cuando usted esté presentando el plan de salvación, o que desvíe el tema para hablar de doctrinas controversiales de sectas. Insista en la exposición del plan de salvación

La semilla está siendo sembrada en la tierra, que ahora está abierta, y si esa semilla cae "junto al camino", las aves vendrán a devorarla, y nunca germinará (Mateo 13:4).

14. Siempre que sea posible, trate de utilizar ilustraciones de acuerdo con el nivel cultural de la persona que está siendo evangelizada

15. Después de hacer la presentación del plan de salvación, compruebe si la persona entendió todo el plan

Haga un breve resumen de todo para que el asunto quede perfectamente claro para la persona.

16. Frente a las consideraciones o reflexiones de la persona sobre algún punto en particular, explique nuevamente los puntos en los cuales tenga duda o que no fueron bien asimilados

Recuerde la experiencia de Felipe con el eunuco: "¿Pues cómo podré yo, a menos que alguien me guíe?" (Hechos 8:31). El evangelio tiene que ser entendido, pues la emoción sola no basta.

17. Lleve a la persona a tomar una decisión

18. Enséñele a orar

19. Ore con la persona, dando gracias a Dios por la decisión que ha hecho

20. No olvide llenar una tarjeta de decisión de la persona, que será de utilidad para usted en el proceso de integrar a la persona a la iglesia local

ESTRATEGIAS

Además de las técnicas de abordaje de evangelismo personal antes presentadas —que pueden ayudarnos en las diversas situaciones que se nos presenten— podemos también hacer uso de algunas estrategias especiales.

1. Visitación

La visitación puede ser planificada; puede surgir espontáneamente por causa de una nueva amistad; o puede ser consecuencia de nuestras relaciones profesionales. Cualquiera que sea el motivo para visitar, el evangelizador debe ser sabio al introducirse en el ambiente donde vive la persona. En algunos casos no podrá abordar de inmediato el tema evangelístico, pues muchas veces tenemos que ganar antes a las personas para nosotros, para intentar después ganarlas para Cristo.

2. Aprovechando y creando situaciones

Innumerables veces surgen ante nosotros situaciones que podrían ser perfectamente aprovechadas para evangelizar a alguien. Una reunión de negocios, una petición de información, un accidente, una noticia de la TV —todo ello puede ser transformado en una oportunidad para la evangelización personal. Lo único que hace falta es que el evangelizador esté alerta.

En cierta ocasión tuve que ir a una compañía de publicidad para ordenar una placa para mi oficina. En ese tiempo ejercía temporalmente el derecho. Estando en el mostrador del establecimiento, me enteré de que la señora que me atendía —la esposa del dueño de la compañía— era creyente, pero su marido era hostil al evangelio y no le permitía asistir a la iglesia. Encargué el trabajo y después de esto continué relacionándome con este hombre. Nos hicimos amigos, y hasta utilizó mis servicios de abogado.

Después lo invité, junto con su familia, a venir a almorzar en nuestra casa. Vinieron, y él se mostró satisfecho. No hablamos de religión. Entonces él se sintió en la obligación de invitarme a su casa el domingo siguiente, y fuimos. Allí se enteró de que yo era pastor, pero ya habíamos hecho amistad y continuamos la relación. Dos meses después mi amigo estaba convertido, su esposa dirigía el coro de nuestra iglesia y un grande y hermoso letrero luminoso había sido colocado en la fachada de nuestro templo, por él mismo.

3. En medios de transporte colectivos

En el autobús urbano, en el tren, en un barco, podemos hablar a la persona que va a nuestro lado. El contacto puede comenzar con la entrega de un tratado, y a partir de esto puede iniciarse una conversación evangelística. Principalmente en las ciudades en que las personas están siempre dispuestas a conversar, será invariablemente fácil iniciar un diálogo evangelístico. La misma oportunidad se produce cuando viajamos de una provincia o Estado a otro, ya sea en autobús o en avión.

4. La hora del almuerzo

En las grandes fábricas, en las que los trabajadores comen allí mismo —ya sea que lo hagan en los comedores de la empresa o que traigan su comida de casa— hay siempre una media hora de descanso y de conversación amigable entre ellos.

5. En los supermercados

Hay muchas oportunidades de conversar dentro de un supermercado utilizando como tema de conversación cualquier comentario, la inflación, los precios altos de los productos y otros asuntos.

6. Salones de belleza y peluquerías

Muchas veces tenemos que pasar un tiempo considerable en la barbería, en la peluquería o en un salón de belleza (principalmente las mujeres, en este último caso). ¿Qué tal crear un ambiente de evangelismo e involucrar a algunas de las personas que allí se encuentran? Yo he hecho esto con buenos resultados.

7. El evangelismo como un estilo de vida

En los Estados Unidos de América se están produciendo muchos libros que hablan de este tema. Allí se está haciendo un gran esfuerzo por desarrollar en los creyentes el hábito de evangelizar. Es lo que ha sido llamado "el evangelismo como un estilo de vida". Este consiste en despertar a la persona para que esté siempre alerta a fin de que aproveche todas los momentos y oportunidades para testificar de Cristo. Conozco a algunas personas que lo están haciendo y es maravilloso escuchar sus testimonios. Por donde éstas pasan, exhalan evangelización; no pierden ni una sola oportunidad para testificar. No hay nadie que se cruce en su camino que no se lleve, por lo menos, un tratado evangelístico. Y esto es algo maravilloso.

EXCUSAS MAS COMUNES OFRECIDAS POR LAS PERSONAS

El evangelizador debe saber de memoria, o tener subrayado en su Biblia, por lo menos un versículo para responder a cada excusa.

1. *"Yo no soy pecador"* - Romanos 3:23; 5:12.

2. *"Soy demasiado pecador para ser perdonado"* - Lucas 19:10; 1 Timoteo 1:15.

3. *"Yo no siento que debo buscar la salvación"* - La Biblia no manda sentir, sino creer - Hechos 16:31; Isaías 55:7; Jeremías 17:9, 10; Juan 5:24.

4. *"Tengo miedo de no poder perseverar"* - Judas 1:24; 2 Timoteo 1:12; Juan 5:24.

5. *"Conozco a muchos creyentes que son hipócritas"*- Romanos 14:4-10; 2:1, 21-23; Santiago 4:17; Hechos 16:31; Romanos 14:12; 2 Corintios 5:10.

6. *"He buscado a Dios pero no lo he encontrado"* - Jeremías 29:13.

7. *"No puedo dejar mi vida de pecado"* - Marcos 8:34-38; Santiago 4:4: Deuteronomio 30:13-16; Mateo 6:24; Romanos 6:23.

8. *"Si me hago creyente, tendré que dejar mi actividad profesional"* - Marcos 10:29, 30; Mateo 6:33; 1 Timoteo 6:9.

9. *"No sé si podré cambiar mi vida para después convertirme en creyente"* - Mateo 9:12, 13; Romanos 5:6-8; Lucas 23:39-43; 8:10-14
.

10. *"Creo que no necesito de la salvación. Yo me considero una persona buena, honrada, no le deseo mal a nadie..."* - Romanos 3:20; 4:2-6; Lucas 16:15; Proverbios 16:2; Juan 6:28, 29; Hebreos 11:6; Juan 3:3-7.

11. *"Ya es demasiado tarde para mí"* - Romanos 10:13; 2 Pedro 3:9; 2 Corintios 6:2.

12. *"Todavía soy joven. Puedo esperar"* - Eclesiastés 12:1, 2; Hebreos 3:13; 2 Corintios 6:2; Lucas 12:20; Isaías 55:6.

13. *"La Biblia está llena de errores"* - 2 Pedro 2:12; 1 Tesalonicenses 2:13; 2 Pedro 1:20, 21; 2 Timoteo 3:16, 17.

14. *"La vida del creyente es muy exigente"* - Proverbios 3:17; 4:18: 1 Juan 5:3.

15. *"Yo creo ...; yo pienso..."* - Romanos 9:19-21; Isaías 55:8, 9.

LECTURAS SUGERIDAS

Jim Petersen, *Evangelización: un Estilo de Vida,* El Paso, Casa Bautista de Publicaciones, 1989.

Delos Miles, *¡Testifica!,* El Paso, Casa Bautista de Publicaciones, 1990.

10

*LA
EVANGELIZACION
MASIVA*

Esta es la evangelización que busca alcanzar al individuo cuando éste forma parte de un grupo, sea grande o pequeño. Naturalmente, la evangelización tendrá siempre el propósito de alcanzar al individuo, pues el trabajo del Espíritu Santo en la conversión es siempre individual. En el caso de la evangelización masiva, el trabajo evangelístico apunta al grupo, para alcanzar al individuo.

El hecho de que el individuo forme parte de un grupo crea circunstancias y situaciones diferentes en cuanto a la evangelización personal. Por ejemplo, estando en grupo, el individuo

puede fácilmente evitar el contacto personal con el evangelizador y transferir mentalmente el mensaje a otra persona, en
vez de aplicarlo a sí mismo.

En este tipo de evangelización sucede, también, que las personas están en sitios diferentes, aunque estén relacionados con
la misma fuente del mensaje. El ejemplo típico de la evangelización masiva es la que se hace a través de la radio, de la televisión y de otros medios de comunicación de masas.

Por otra parte, podría ser que, para reunir al grupo, tengamos que crear las condiciones adecuadas para llevar a las personas a un lugar determinado. El ejemplo aquí es la predicación
que se hace en las grandes campañas evangelísticas.

También, al hablar a las masas, el evangelizador puede
sentir que no ha cumplido con su tarea, al no tener la seguridad
de que ha logrado ganar personalmente a alguien para Cristo.

LOS CULTOS AL AIRE LIBRE

Michael Green, en su libro titulado *La evangelización en la
iglesia primitiva,* dice lo siguiente en cuanto a la historia de la
predicación al aire libre: "Además de trabajar a través de las
sinagogas, los discípulos imitaron a su Maestro predicando al
aire libre. El libro de los Hechos de los Apóstoles nos da
numerosos ejemplos de esto, como ocurrió en Jerusalén,
Samaria, Listra y Atenas."[1]

Seguidamente, el mismo autor nos proporciona importante
información histórica en cuanto a la utilización de la predicación al aire libre por parte de los cristianos primitivos:[2]

• El hacerlo "al aire libre" provenía de los judíos, que lo
hacían en cualquier lugar: jardines, patios, orillas de los ríos y
mercados.

• Más tarde, Ireneo (115-202, de Asia Menor, uno de los
teólogos más famosos del siglo II, *nota del traductor*) acostumbraba predicar en los mercados y a cielo abierto en las pequeñas
aldeas.

---

[1] Michael Green, *Evangelism in the Early Church.* Michigan, William
B. Eerdmans Publishing Company, 1987, p. 196.

[2] Ibíd, p. 194-197.

• Cipriano (200-258, de Cartago, cuyas *Epístolas* constituyen un monumento literario) enfrentó serios riesgos de ser
hecho preso por predicar en mercados al aire libre.

En realidad, las grandes predicaciones de Jesús fueron
hechas al aire libre, pues no contaba con un templo para hacerlas. Hoy en día, son muchos los predicadores que tienen ciertas
reservas en cuanto a este tipo de evangelización. Para algunos,
se trata de un método ya superado, y que expone al ridículo.

El notable evangelista Korky Davey dijo lo siguiente en uno
de los congresos (de evangelización itinerante, *nota del traductor*) celebrados en Amsterdam:

> "La evangelización al aire libre es considerada por muchas
> personas como algo inútil. Si yo le preguntara a usted: '¿Qué
> idea tiene usted de un evangelista que predica al aire libre?'
> seguramente que imaginaría a un hombre montado sobre
> una caja de jabón, en una esquina, predicándole a un poste.
> Esto es, en realidad, lo que está ocurriendo en Europa
> Occidental. Por ello, cuando Dios me llamó para predicar en
> las calles, lo tomé con mucha precaución."[3]

En muchos países latinoamericanos este tipo de evangelización es todavía una bendición. La razón principal es que las
plazas públicas de nuestros países están siempre abarrotadas
de personas, sobre todo en las grandes ciudades. Por cierto, este
es un fenómeno que no se da en todas partes. Además de ello,
otros movimientos utilizan también las plazas, como ocurre con
los políticos, los artistas y hasta los huelguistas.

En países de numerosa población, donde la gran mayoría
del pueblo depende del transporte colectivo para ir a su trabajo,
tenemos siempre una verdadera abundancia de personas en las
calles y las plazas. Esto no sucede en países de nivel económico
más elevado, donde las personas utilizan sus propios auto-
móviles y pocas veces caminan por las calles.

1. Planificación de un culto al aire libre
Tenemos que comenzar organizando y planificando bien los
servicios evangelísticos al aire libre. Nada de agarrar una
Biblia en el último minuto y querer reunir a unos cuantos
creyentes para formar un grupito insignificante que vaya a
cantar unos coritos en la plaza.

---

[3] J. D. Douglas, *O Evangelismo e o Mundo Atual*. Sao Paulo, Sociedade
Religiosa Ediçôes Vida Nova, 1986, p. 302.

He aquí algunas cosas que es necesario planificar:

*(1) Preparar a la iglesia para que participe en el programa, teniendo claro qué se espera de ella.*Es necesario un trabajo previo de concientización de la iglesia. Esta debe creer en el programa e involucrarse en el mismo; y el pastor debe predicar algunos sermones sobre la actividad a realizar.

*(2) Formación de equipos que trabajarán en cada área.*La iglesia debe tener, naturalmente, un departamento de evangelización, y su director debe estar al frente de los preparativos.

Cada área de atención especial puede exigir un equipo particular. En las circunstancias actuales de Brasil, es necesario tomar algunas previsiones indispensables, por ejemplo:
a. Hay que tener un permiso para hacerlo. Por lo general, el Departamento de Parques y Jardines desea que se le informe acerca de la actividad, dependiendo de la importancia de la plaza; b. El servicio de sonido. En algunos casos, las autoridades tienen un servicio que se encarga del sonido; c. Algunas plazas tienen un templete o tinglado que puede ser utilizado, con el debido permiso del órgano público competente.

(3) Selección del sitio. Es evidente que, dependiendo del sitio, las previsiones antes mencionadas serán más —o menos— exigentes. Sin embargo, es importante que el sitio de la reunión sea escogido previamente, y que la iglesia sepa cómo llegar al lugar, lo cual deberá ser anunciado y facilitado.

(4) El programa. Es necesario que el programa sea elaborado con suficiente anticipación, y entre las previsiones que deben ser tomadas está la de quién va ser el predicador. El predicador que hablará al aire libre deberá prepararse tanto como el predicador que se dirige a la iglesia. Por ello, es necesario que el predicador sea bien escogido al elaborar el programa y también que se tenga un substituto en caso de emergencia.

El programa deberá constar también de una parte musical. Habrá música congregacional, pero también música a cargo de conjuntos, solistas y otras participaciones especiales; y todo esto debe ser programado y discutido con anterioridad. Es aconsejable, no obstante, al evangelizar al aire libre, utilizar música especial en vez de escoger a un grupo pequeño para cantar, lo que no siempre es seguro. En el programa pueden también ser incluidas poesías, que constituyen un excelente instrumento de evangelización puesto últimamente en el olvido. Un buen declamador o una buena declamadora serán un éxito al aire libre.

(5) La literatura. Siempre que sea posible, el tipo de tratado o literatura que se distribuya deberá guardar relación con el tipo de oyentes que tendremos. La literatura deberá, asimismo, estar sellada, identificando a la iglesia.

(6) Los consejeros. Debe haber un grupo de consejeros bien entrenados, y si la iglesia dispone de un equipo muy grande de ellos, hacer una selección. Predicar al aire libre sin un equipo de consejeros es perder el esfuerzo.

(7) El día de la actividad. Conviene siempre mencionar la fecha fijada para la actividad evangelística, aunque la iglesia tenga ya su calendario fijo de actividades, y hacer la debida promoción. Tener un servicio evangelístico al aire libre con poca asistencia porque la fecha de la actividad entró en conflicto con otras actividades de la iglesia, no tiene sentido. Lo ideal sería que las fechas de evangelización al aire libre fueran también incluidas en el calendario general de actividades de la iglesia.

2. Aspectos físicos a considerar al evangelizar al aire libre
(1) La ubicación de los participantes. Quienes participen en un servicio al aire libre (el predicador, los cantantes, etc.) deben ubicarse donde puedan verse bien. De haber un templete en la plaza, las personas deberán ubicarse en él, y el auditorio estará en la parte más baja, de frente a los participantes.

Si no hay algo que permita la separación física del local, el auditorio deberá formar un semicírculo y los participantes se colocarán en el centro, de tal manera que los visitantes que lleguen después puedan completar el círculo. Por lo ya visto en un capítulo anterior en cuanto al proceso de la comunicación, es importante la visibilidad para el éxito de la comunicación.

(2) Servicio de sonido. Independientemente de que el sonido haya sido provisto por las autoridades, o instalado por la iglesia o por alguna empresa particular, deberá ser probado con suficiente anticipación. Nada está tan sujeto a contratiempos como el servicio de sonido. Sin sonido no se logra nada, pues en un lugar público se depende totalmente de él. También conviene disponer de uno o dos micrófonos de reserva. Asimismo, es aconsejable no estar cambiando el nivel del sonido. Una de las

manías de las personas encargadas del sonido es no dejar nunca de manipular los controles.

(3) Cartel de identificación. Algunas iglesias acostumbran poner un cartel de identificación montado sobre un trípode, que las identifican ante los asistentes al lugar público. Esta práctica es muy útil en lugares abiertos que son utilizados por diversas sectas, pues con mucha frecuencia las iglesias pueden ser confundidas con una secta, lo cual no sería deseable.[4]

3. Principales elementos del programa

El programa será, lógicamente, de naturaleza evangelística. Sin embargo, para un mejor logro de los objetivos, puede incluir lo siguiente:

(1) Recursos audiovisuales. El culto al aire libre debe ser al mismo tiempo atractivo, dinámico y espiritual, pues en caso contrario no atraerá a nadie. Existen muchos recursos audiovisuales, vallas publicitarias, títeres, trucos de prestidigitación, y representaciones teatrales, naturalmente cortas, que pueden ser utilizados.

Resulta curioso que algunas cosas adecuadas al gusto de los niños puedan también resultar atractivas para los adultos, como es el caso de los títeres. Siendo así, al sentirse atraídos los niños por una función de títeres en la plaza, los padres los acompañarán y lo disfrutarán también. Un excelente recurso para esto es el libro *El uso de títeres en la obra misionera* que apunta a usar este método al aire libre, para presentar el mensaje a los adultos.[5]

(2) Interpretaciones musicales. La música debe ser escogida de acuerdo con el tema del programa general, y el responsable de esta área deberá cuidar bien de contar con buenos participantes. Si un cantante no tiene una voz clara, difícilmente se comunicará bien con el público.

---

[4] Delcyr de Souza Lima, *Doutrina e Prática do Evangelizaçâo.* Río de Janeiro, edición del propio autor, 1989, p. 135.
[5] Dennis Hale, *El uso de títeres en la obra misionera,* Casa Bautista de Publicaciones, 1990.

(3) El mensaje. El mensaje debe ser breve y concreto, con frases cortas, sencillas y claras, y no deberá tomar más de 15 minutos. Aquí funciona el mismo principio del mensaje escrito, de acuerdo con Habacuc 2:2: "Y Jehová me dijo: Escribe mi respuesta en letras grandes y claras para que cualquiera pueda leerla de una mirada y corra a contarla a los demás" *(La Biblia al Día).* De modo que, aunque alguien pase corriendo, pueda grabarse alguna frase del predicador.

(4) El texto bíblico. Hay que tener cuidado de elegir textos cortos y sencillos, que digan por sí mismos algo sobre lo que se desea predicar. El predicador deberá, en el desarrollo del mensaje, repetir varias veces el texto escogido, el cual deberá quedar grabado en la mente de sus oyentes.

(5) La distribución de literatura. La literatura debe ser distribuida simultáneamente con el llamamiento al final de la reunión. Pero si algún asistente decide marcharse antes de que ésta termine, el equipo encargado deberá estar preparado para entregarle algún tratado o folleto a esa persona. La distribución de literatura durante el culto, principalmente durante el tiempo de la predicación, es inconveniente, pues las personas podrían distraerse con la lectura del folleto. También resulta muy útil que un miembro del equipo se coloque en un lugar un poco apartado de la reunión para ofrecer literatura a quienes prefieran mantenerse alejados del predicador.

(6) El llamamiento. El llamamiento debe hacerse siempre, cualquiera que sea el ambiente en que se realice la predicación. Sin embargo, es preciso que el llamamiento se haga en términos claros. En primer lugar, se debe invitar a las personas a aceptar a Cristo como Salvador. En un segundo llamado, se puede hacer un llamamiento a aquellos que no desean hacer una decisión por Cristo, pero que desearían recibir un Nuevo Testamento. Actualmente se recomienda no orar públicamente para que las personas hagan una decisión, ya que hay ciertas sectas que abusan de este recurso, generando entre las personas asistentes un sentimiento casi supersticioso: quieren recibir las bendiciones y los favores divinos, pero no piensan en comprometerse con Dios.

(7) La conclusión del culto. Al finalizar el servicio, el director del mismo agradecerá la asistencia y dará la dirección de la

iglesia, así como el horario de los cultos. Y de ser posible, podrá invitar a los oyentes a seguir al grupo de la iglesia a participar en el culto de la noche.

Si se dispone de más tiempo, el director del servicio podrá mencionar la presencia de miembros del equipo de consejeros dispuestos a ayudar a las personas que deseen tener mayor información en cuanto al mensaje y al evangelio.

LAS CONFERENCIAS EVANGELISTICAS

Estas forman parte también de la evangelización masiva. Las conferencias evangelísticas pueden considerarse campañas evangelísticas, pero resulta más conveniente pensar en las campañas como algo más global. Las conferencias evangelísticas constituyen un modelo tradicional utilizado por las iglesias, pero se han convertido hoy en día en algo carente de impacto, precisamente porque no se realizan como debieran.

La idea en torno a las conferencias evangelísticas es la de cosecha. Es una iglesia que trabaja durante algún tiempo y ahora hace el esfuerzo de "comprobar" lo que sido hecho. Sin embargo, no es raro que una iglesia decida realizar un ciclo de conferencias a última hora. O, lo que es más serio, la coloca en la agenda pero no se prepara adecuadamente. Sale entonces en busca de un orador de prestigio, pensando que él solo obtendrá resultados magníficos. Pero esto no es sino puro engaño.

Sin embargo, este tradicional y antiguo tipo de evangelización masiva puede tener mucho éxito en nuestros tiempos si se realiza debidamente.

1. El valor de las conferencias evangelísticas
En realidad, lo ideal sería que la iglesia se dedicara todos los días a un programa de evangelización. Esta era la principal característica de la iglesia cristiana primitiva: "Y todos los días, en el templo y de casa en casa, no cesaban de enseñar y anunciar la buena nueva de que Jesús es el Cristo" (Hechos 5:42).

Sin embargo, hay muchos factores que impiden que una iglesia moderna lleve a cabo un programa tal de evangelización. Uno de esos factores es la falta de tiempo de los pastores que, en la mayoría de los casos, tienen que trabajar secularmente para completar lo necesario para su sustento. Por otra parte, el tipo de vida de los creyentes, principalmente los que viven en las grandes ciudades, les hace casi imposible una mayor participación en un programa intensivo de evangelización diaria.

Pero, sea como sea, la iglesia imposibilitada de dedicarse a un programa intensivo de evangelización debe poner en práctica el sistema de conferencias evangelísticas. Y si todo se realiza como se debe, se obtendrán buenos resultados.

2. La frecuencia

¿Cuántos ciclos de conferencias debe realizar una iglesia anualmente? En realidad, no hay una regla fija. Algunas iglesias llevan a cabo hasta cuatro ciclos por año. Sin embargo, conviene observar que varios ciclos de conferencias pueden significar mucha presión de trabajo para los miembros de la iglesia.

Hay otras iglesias que acostumbran realizar sólo un ciclo de conferencias durante todo el año, generalmente durante la fecha del aniversario de su fundación. Y dependiendo del ámbito de trabajo y del programa de su denominación, hay iglesias que prefieren realizar sus conferencias simultáneamente y en combinación con otras iglesias de la misma fe y prácticas.

Mi experiencia es que la mejor frecuencia es dos ciclos por año, escogiendo las fechas más adecuadas tanto para los miembros de la iglesia como para la comunidad a ser alcanzada. Dependiendo del espacio de tiempo entre uno y otro ciclo, un buen plan será programar la primera de ellas para la fecha del aniversario de la iglesia y la siguiente para cuando se realicen las conferencias simultáneas denominacionales, si esta actividad está contemplada en el calendario de la denominación.

3. Etapas de preparación

En el reino de Dios, nada debe hacerse sin preparación, y mucha preparación. Es aquí en lo que muchas iglesias fallan.

(1) La preconferencia. Hay varias exigencias que deben cumplirse para que la conferencia resulte exitosa.

(a) La planificación. Por lo general, las iglesias incluyen las conferencias en su calendario de actividades al hacer su programación de todo el año. Sin embargo, hay un período para su planificación propiamente dicha.

(b) Inicio de la planificación. La planificación debe comenzar a hacerse con tres meses de anticipación, por lo menos. La fecha de esto debe estar ya fijada, naturalmente, en el calendario de actividades de la iglesia.

(c) El conferenciante. Este debe ser invitado mucho antes de comenzar la planificación. Los buenos conferenciantes no disponen de vacantes a corto plazo en sus agendas, por lo que un año antes del evento sería el tiempo ideal para invitarlos. Hay excepciones, pero no se debe descuidar este aspecto.

Un factor importante en cuanto al asunto del *conferenciante* es definir con precisión los detalles sobre sus gastos de viaje, hospedaje y ofrenda. Es muy común ver a conferenciantes alojados sin la comodidad necesaria, lo que podría afectar su trabajo. También es corriente que el último día, al finalizar el último culto, cuando el cansancio comienza a dominar a todos, el pastor reúna a los diáconos y al tesorero para decidir cuánto le darán al conferenciante.

(d) Las comisiones. Pueden nombrarse todas las comisiones que se consideren necesarias, pero, por lo general, las comisiones son de: consejeros y visitación, promoción, recepción, transporte, programa, música, conferenciante y relaciones públicas. La parte de las finanzas debe quedar a cargo de la tesorería de la iglesia.

Estas comisiones no deben estar integradas por muchas personas (lo que complica las reuniones) ni demasiado pequeñas (para que haya suficientes miembros que se encarguen de las subtareas).

La comisión del conferenciante debe quedar a cargo del pastor y del cuerpo de diáconos. Pero si el pastor no puede hacerlo, debe encargarse en su lugar el vice-moderador, o el pastor auxiliar, en caso de que los haya.

(2) La preparación espiritual. La planificación debe incluir la preparación espiritual, y es el pastor quien debe ocuparse de ello. Debe haber no sólo un programa de oración intensa, sino además un esfuerzo de santificación del pueblo de Dios.

Resulta de gran ayuda una miniconferencia para los creyentes, previa a las conferencias evangelísticas. El conferenciante tratará de asuntos doctrinales y devocionales. En realidad, la Biblia presenta siempre una campaña de santificación antes de los grandes eventos de Dios. Así ocurrió, por ejemplo, con Josué, antes de la conquista de la tierra prometida (Josué 3:5).

(3) La promoción, las invitaciones y la visitación. Dentro de un programa previamente trazado, debe comenzar un esfuerzo simultáneo en el área de la publicidad.

a. La invitación impresa. Puede haber dos tipos de materiales. El primero puede ser una invitación de buena calidad, para personas especiales. El segundo puede ser un tipo de "volante" para el público en general.

b. La radio y la televisión. Si la iglesia dispone de recursos, puede lanzar cuñas por radio y TV y, dependiendo de la ciudad, se puede lograr una entrevista en un programa evangélico o en un noticiero secular.

c. La prensa. Se pueden utilizar los periódicos para invitar a las personas.

d. Los afiches y las pancartas. En los comercios o tiendas se pueden colgar afiches hechos a mano, lo que no resulta muy costoso. Tampoco resulta muy dispendioso la confección de pancartas, y si no hay problemas con la identificación se pueden conseguir pancartas gratis con proveedores de bebidas gaseosas, como es el caso de la Coca-Cola.

e. Los altoparlantes. En ciertos sectores de la ciudad es adecuado el uso de altoparlantes sobre el capó de los autos, así como la utilización de los servicios del transporte público que realizan este servicio.

4. La conferencia propiamente dicha

Una vez que todo haya sido preparado, nos ocuparemos de las conferencias propiamente dichas.

(1) La reunión general de información. Si el conferenciante ya ha llegado, sería muy bueno tener una reunión con él y con todos los equipos, para ponerse de acuerdo sobre todo lo que se hará. En verdad, esta es una reunión de "chequeo" para verificar cómo están todas las áreas. La presencia del conferenciante en la reunión, de ser posible, permitirá que él hable de su forma de trabajo, principalmente de su método de llamamiento, lo que resultará de ayuda para la comisión de consejeros. Por otra parte, el mismo conferenciante se sentirá más seguro, sabiendo cómo fueron planificadas y realizadas todas las cosas.

(2) El orden del culto. El pastor, juntamente con la comisión de programa, debe tener listo el orden del culto. Este no es de importancia para el auditorio, pero sí para los líderes. Hay ciertos aspectos fundamentales de los cuales ocuparse en cuanto al orden del culto de cada día de las reuniones:

a. La duración de la predicación. Por lo general, nos gusta tener conjuntos musicales y coros de afuera, y a veces hay corales que ofrecen recitales. Esto está muy bien, pero en su momento oportuno. Lo que queremos es escuchar un mensaje, y debemos dedicarle el mayor tiempo a esto. Si hay demasiadas cosas antes de la predicación, la gente ya estará cansada cuando llegue el momento de escuchar al predicador.

b. La música. Esta debe ser escogida de acuerdo con la naturaleza de las conferencias: la evangelización. Quien cante, debe tener mucho cuidado con la buena pronunciación de las palabras, ya que la comunicación del mensaje comienza aquí. Muchas vidas han sido cambiadas por el mensaje cantado.

(3) *Los niños.* Es bueno tener un programa separado para los niños. Esto es bueno tanto para los niños de la iglesia como para los niños de los visitantes. Si los niños no son bien atendidos, tendremos dificultades para lograr que los visitantes sigan viniendo todos los días.

(4) *La recepción.* El personal de recepción debe estar preparado para su trabajo. Los visitantes deben ser tratados con cortesía y educación. Los bebés deben ser llevados con cariño a la sala de cunas. Además, la comisión de recepción se encargará del orden en el santuario durante el programa.

(5) *El llamamiento.* Durante el llamamiento, los consejeros deben estar atentos. Y cuando alguien pase al frente, es bueno que los consejeros vengan de uno en uno —de ser posible de acuerdo con el sexo— para que la persona que tomó la decisión se sienta bien. Aquí comienza el trabajo de los consejeros.

(6) *El conferenciante y las actividades extras.* No se le debe exigir al conferenciante que haga visitación durante la semana de la conferencia, ya que éste debe dedicarse exclusivamente a la predicación. Lo que sí se puede hacer es llevarlo a visitar la ciudad para que conozca algunos puntos de interés cultural. Conocer la ciudad o barrio, y ver cómo vive la gente, lo ayudará mucho en la presentación del mensaje.

4. La postconferencia

Una de las grandes fallas en nuestras conferencias comienza precisamente el día siguiente. Después de que todo ha terminado, y que el predicador se ha marchado, todos se sienten realizados. Pero no es sino un engaño. Es aquí cuando comienza la consolidación de todo lo que fue hecho.

(1) *La reunión de las comisiones para la evaluación*. Esta reunión podría llamarse la "reunión de la victoria", y puede llevarse a cabo el día siguiente o a mediados de la semana. En esta reunión se debe hacer una evaluación de todo lo que se hizo y tomar nota de las fallas. Es bueno que haya un informe o acta, para que no se pierdan los datos de la evaluación. En esta reunión se puede hacer la distribución de las fichas para la visitación —un trabajo para la comisión de consejeros.

(2) *La reunión con los que han hecho una decisión*. En la misma semana, y nunca después de que hayan transcurrido dos semanas, se debe promover una reunión con las personas que han hecho una decisión. Se puede programar un té o una comida de confraternización. En esta reunión, el pastor, en un estilo muy informal, hablará a los que hicieron decisiones de cómo funciona la iglesia y de la necesidad de mantenerse firmes en la decisión que tomaron; y de que para ellos contarán con la ayuda de los miembros de la comisión de consejeros.

Después de esto sigue todo un programa de integración. De ello nos ocuparemos en otro capítulo.

LAS CAMPAÑAS O CRUZADAS EVANGELISTICAS

Estamos distinguiendo entre conferencias evangelísticas y campañas evangelísticas porque las primeras son más apropiadas para las iglesias locales, mientras que las segundas son más adecuadas para un grupo de iglesias. Sin embargo, una iglesia grande puede llamar "campaña" a su actividad, dependiendo de la extensión que quiera imprimirle a la misma.

En cuanto a la designación de *cruzada*, su significado es idéntico al de *campaña*. Sin embargo, la idea más apropiada para cruzada es el de las campañas llevadas de un país a otro. Así, pues, Billy Graham lleva a cabo "cruzadas evangelísticas", bajo la forma de campañas realizadas en diversos países. La expresión *cruzada* para este tipo de actividad es más adecuada. No obstante, nuestros evangelistas locales comenzaron a aplicar el término para referirse a las campañas locales y éste se popularizó. Sea como sea, nos ocuparemos ahora de las campañas evangelísticas o de las actividades evangelísticas de gran tamaño, y los conceptos pueden adaptarse también a la idea de cruzada.

Como en el caso de las conferencias evangelísticas, es más práctico que dividamos el asunto en tres grandes etapas: la precampaña, la campaña propiamente dicha, y la postcampaña.

1. La precampaña

Como ya hemos dicho, una campaña de gran tamaño es más adecuada para una Asociación o una Convención de iglesias.

(1) *La comisión ejecutiva.* En el caso de una campaña, alguien tiene que dar inicio al proyecto, invitando a los líderes de la Asociación o de la Convención, y a los líderes de las iglesias locales, a formar un comité central o una comisión ejecutiva. No se trata de una convocatoria, a menos que haya habido una decisión oficial de realizarla de parte la Asociación o de la Convención. Es una invitación. En una carta, quien invita puede presentar brevemente el desafío de una campaña para el tiempo presente, y fijará un lugar, fecha y día para una reunión de información. La persona que lanzó la idea dará inicio a la reunión, hará una exposición de motivos y pedirá el voto a favor de la constitución de una comisión ejecutiva o comité central.

Si la iniciativa es oficialmente de la Asociación o de la Convención, evidentemente el asunto se tratará de manera diferente. Habrá una proposición en una reunión plenaria o de parte de la comisión ya nombrada para estudiar el asunto, o a pedido de los grupos interesados, a través de una comisión de asuntos contingentes.

Una vez fijado el punto de partida, se elegirá una comisión que estará integrada por un presidente, tres o cuatro vicepresidentes, un primer y un segundo secretario, y un secretario ejecutivo. En ciertos casos, se pueden añadir otros integrantes.

Esta será la comisión encargada de dirigir toda la actividad y promoverá las frecuentes reuniones de evaluación. En las reuniones de esta comisión deberán estar presentes los presidentes de otras comisiones y por todos los líderes que deseen participar. El propósito es hacer que el mayor número posible de líderes esté en conocimiento de la marcha de los preparativos de la campaña.

(2) *La integración de las demás comisiones.* No hay un número exacto de comisiones. Dependiendo de la dimensión y de las implicaciones de la campaña, serán elegidas cuantas comisiones sean necesarias.

Sugiero la creación de las siguientes comisiones: Preparación Espiritual, Relaciones Públicas, Publicidad y Propaganda, Transporte, Finanzas, Conservación de Resultados y de Marketing (o Propaganda).

La elección de estas comisiones debe hacerse sin mucho protocolo. Lo que se requiere es encontrar a personas idóneas para las mismas. Así pues, podemos tener en el grupo a una persona que esté conectada con la actividad del transporte en la vida secular. Esta persona sería ideal para liderar la comisión de transporte; y lo mismo se haría con las personas de las demás comisiones. La misma persona que lidere una comisión se encargará de escoger a los demás miembros de su comisión, para que pueda tener personas capaces de ayudarla.

(3) *Los coordinadores regionales.* Cuando la campaña es de grandes proporciones, es necesario hacer la elección de coordinadores regionales. Pero si la campaña incluye sólo a una asociación de iglesias, quizás no sea necesaria la elección de coordinadores regionales. No obstante, si hay más de una asociación involucrada, no hay ninguna duda de que lo mejor será tener coordinadores. En este caso, se nombrarán comisiones regionales, siguiendo el mismo patrón de las comisiones generales.

(4) *La reunión de planificación general.* Una vez elegidas o constituidas todas las comisiones, lo ideal sería tener una gran reunión de planificación general de la campaña. Esto podría hacerse por medio de un retiro espiritual o en un lugar de campamento. Para esa reunión, la comisión ejecutiva deberá tener ya los lineamientos generales para cada comisión, a fin de que sepan cómo trabajar. Un anteproyecto de las atribuciones de cada comisión deberá ser distribuido con cierta anticipación para que los líderes lo lean y formulen preguntas durante la reunión. A medida que todas las comisiones aclaren sus dudas, todo el conjunto podrá asimilar el trabajo global de la gran campaña total.

(5) *El cronograma.* Hay que tener cuidado del aspecto del tiempo. La planificación general de una campaña no debe comenzar con menos de ocho meses de anticipación. A partir de ese momento, la comisión ejecutiva hará un cronograma para cada etapa, tomando en cuenta todo, de tal manera que algunas actividades no sufran atraso. Todas las comisiones deben estar en conocimiento del cronograma y los relatores deben exigir su

cumplimiento, ya que si alguna fase de la campaña sufre atraso en su cronograma, todo el conjunto resultará perjudicado.

(6) Programas de preevangelización. En una campaña grande, en la que, por lo general, además de las conferencias simultáneas, se llevan a cabo una o más concentraciones en un gran estadio, es muy importante tener una programación de preevangelización.

Un modelo de estos programas puede ser la realización de un censo religioso. A través de este censo estaremos involucrando en la campaña a un considerable número de miembros de las iglesias. Los resultados del censo, que pueden observarse, son: la identificación de personas interesadas en el evangelio; el estímulo que reciben para reconciliarse con el Señor y con sus iglesias personas que se encuentran apartadas de sus congregaciones; y la petición de estudios bíblicos en sus hogares por parte de muchos. Este potencial será una asistencia casi segura a las conferencias en las iglesias, así como en el gran día de concentración general en el estadio.

Otro modelo consiste en un proyecto completo de estudio bíblico dirigido a la evangelización. Si una iglesia decidida inicia por lo menos diez núcleos de estudio, tendrá, como mínimo, un potencial de cien personas que pueden ser ganadas durante la campaña.

Por otra parte, la comisión de visitación podrá trabajar visitando los hogares más cercanos a los lugares de las conferencias, distribuyendo literatura e invitaciones, no dejando de evangelizar, mientras tanto, a las personas que den oportunidad para ello.

Tenemos que tomar conciencia de que una campaña no es sólo una predicación cada noche en la iglesia o en el estadio. Una campaña es el resultado de diversos programas combinados, donde se comienzan a tener en la mira a las personas que habrán de recibir a Cristo, mucho antes de que asistan a las noches de predicación.

(7) El trabajo de las comisiones
a. La comisión ejecutiva. Esta comisión deberá elaborar el reglamento de trabajo de las demás comisiones, y coordinará todo el trabajo a través de un secretario ejecutivo. Tendrá una directiva —como ya se ha dicho antes— que podrá invitar a participar en sus reuniones a los integrantes de las demás comisiones, para que observen el trabajo que se está realizando.

b. Las comisiones generales. Las comisiones, trabajando cada una en su área específica, una vez que hayan sido debidamente estructuradas deberán transmitir su información a las comisiones regionales y a las de las iglesias locales. Todas estas comisiones deben trabajar coordinadamente.

(a) La comisión de transporte. Esta es una de las comisiones más importantes. Es la encargada de dar orientación a las iglesias en caso de que haya que llenar un estadio. Cuando se trata de llenar una iglesia, el trabajo no es muy difícil; pero si la campaña implica el lleno de un gran estadio, la coordinación se vuelve más complicada. Las iglesias deben ser informadas en cuanto a cómo conseguir transporte colectivo más económico, y cuánto será el costo por pasajero y por autobús. Asimismo, la comisión de transporte diseñará alguna forma de identificación de los autobuses, de las áreas de estacionamiento, y dará orientación a los que se han trasladado en autobús, para que al salir del estadio no se extravíen después de cada reunión.

(b) La comisión de preparación espiritual. Esta comisión tendrá un programa para las iglesias en general. Sugerimos que se haga un esfuerzo de santificación, como aconsejamos en otro capítulo de este libro. Sin embargo, en mi opinión, la sola oración no es suficiente, sino que se hace necesario un esfuerzo de santificación por parte del pueblo de Dios, juntamente con un intenso programa de oración.

(c) La comisión de música. Si se hacen grandes concentraciones en estadios, debe haber un coro grande. De allí la necesidad de que haya una comisión de música. Esta comisión deberá escoger la música y se ocupará de las partituras que utilizarán los coros de las iglesias. También podrá promover ensayos regionales y después un ensayo general.

(d) La comisión de ujieres. Esta comisión se encargará de entrenar a los ujieres. Lo primero que deberá hacer es obtener un plano del estadio y proporcionará copias de estos planos a las comisiones regionales y de las iglesias. Esta es una buena área para que utilicemos a nuestros adolescentes y jóvenes, quienes trabajarán coordinadamente con la comisión de seguridad.

(e) La comisión de consejeros. Esta comisión escogerá lo mejor que haya en cuanto a aconsejamiento y lo comunicará a las comisiones regionales y de las iglesias. Un detalle que añadiríamos es la necesidad de que haya dos consejeros para cada persona que hace una decisión. Estos consejeros deberán tener un directorio de las iglesias de la región, y también una carta tipo para entregar al recién convertido. Así, pues, después

de que éste haya dado sus datos, que serán anotados en una ficha, llevará él mismo una carta para el pastor de la iglesia más cercana a su casa. La tarea no es difícil cuando se dispone de dos consejeros por persona, ya que mientras uno conversa con la persona y la orienta, el otro busca información acerca de la iglesia más cercana al sitio de residencia del convertido, y lo único que tiene que hacer es anotar la dirección en la carta, la cual debe estar ya impresa.

(f) Relaciones públicas. Esta comisión se ocupará de los trámites con los organismos públicos, de los permisos y también de las relaciones con los medios de comunicación.

(g) Propaganda. Esta comisión deberá estar formada por personas conocedoras de esta área. Algunos podrían llamarla comisión de marketing. Esta comisión se ocupará de los afiches, pancartas, anuncios en radio, televisión y prensa y, en general, de todo lo que tiene que ver con la propaganda.

(h) Finanzas. Se ocupará de obtener y presupuestar el dinero, y podrá disponer de los servicios de un tesorero que se encargue de hacer los pagos. Su trabajo dependerá, en última instancia, de los recursos de que se dispongan, que hayan sido aprobados por la comisión ejecutiva.

c. Conservación de resultados o de integración. Esta comisión es muy importante y deberá trabajar de común acuerdo con la comisión de consejeros. Inmediatamente después de finalizada la campaña, esta comisión se encargará de las fichas y las conservará en su poder para poder hacer la distribución, por áreas, de acuerdo con la ubicación de las iglesias locales, de los que hicieron decisiones. Pero no solamente hará la distribución, sino que además vigilará todo el proceso para que ninguno de los que hicieron decisiones quede sin recibir atención.

2. La campaña propiamente dicha
En el caso de las grandes campañas, es preciso considerar dos fases: 1) Las conferencias simultáneas; 2) Las conferencias en el estadio.

(1) Las conferencias simultáneas. Este es un trabajo conjunto de todas las iglesias. Durante la precampaña, la iglesia tuvo también sus comisiones e invitó a su conferenciante. Todo debe estar bien preparado.

Durante la semana de conferencias, deberán ser intensificadas todas las actividades relativas al trabajo de visitación, a la distribución de invitaciones y a la evangelización personal de casa en casa. Esto reforzará las reuniones cada noche. Y todos los que hayan hecho decisiones durante las conferencias simultáneas serán transportados a la gran concentración del estadio.

(2) Las conferencias en el estadio. La segunda fase de las conferencias de una campaña grande serán las conferencias en el estadio. Estas conferencias podrán ser de uno, dos o tres días. No aconsejamos más de dos o tres días, porque sería algo muy agotador tanto para el público como para las iglesias.

Aquí entrarán a realizar su trabajo las comisiones especiales de transporte, seguridad, ujieres, sonido y otras, las cuales deberán considerar todo lo relacionado con el espacio físico del estadio. La comisión de consejeros deberá saber cómo desplazarse y actuar durante el llamamiento. La comisión de seguridad deberá estar atenta y preparada para diversos tipos de problemas que puedan surgir, como pueden ser los casos de un siniestro, de un incendio o alboroto, y también deben saber cómo evacuar al público. Deberá saber cómo atender a alguien que presente algún problema de salud y cómo dirigir la persona al servicio médico.

La comisión de ujieres deberá ayudar al buen orden del ambiente. Está claro que no es fácil lograr el orden en un gran estadio como, por ejemplo, el Maracaná, donde los vendedores tienen licencia para realizar su trabajo y no se les puede impedir trabajar. Sin embargo, pequeñas pancartas con la frase *Silencio, por favor* pueden ser exhibidas discretamente por ujieres colocados en medio del público.

Al final de cada reunión, las comisiones de seguridad, transporte y ujieres deberán estar preparadas para ayudar al público a ubicar sus unidades de transporte de regreso a sus respectivas iglesias.

3. La postcampaña

Aquí es donde a veces fallamos. Terminada la campaña, todos se encuentran cansados, pero es aquí cuando debemos continuar trabajando para que los resultados no se pierdan.

(1) La reunión de evaluación. La comisión ejecutiva tendrá una reunión, lo más pronto posible, máximo dentro de los siete días siguientes, después de terminada la campaña, para evaluar sus resultados. Para dicha reunión, deberán estar representadas todas las comisiones.

En esta reunión se deberán anotar tanto los puntos positivos como los negativos, y debe ser hecho en forma de acta o informe que sirva de ayuda a actividades futuras.

Al final de la reunión se tendrá un tiempo de gratitud a Dios por las bendiciones recibidas.

(2) La conservación de resultados. A estas alturas, la comisión de conservación de resultados ya deberá estar trabajando. Antes debió haber establecido el criterio de entrega de las fichas a los consejeros, y ahora estará haciendo su distribución. Es por esta razón que la oficina de la campaña deberá seguir funcionando durante un tiempo más. Las fichas de decisiones deberán ser enviadas a las iglesias, pero se deberá tener cuidado de dejar copias de las mismas en la oficina de la campaña. Son muchas las iglesias que, lamentablemente, fallan en esta parte. Se espera que las precampañas hayan servido de preparación a las iglesias para esto, pero siempre se encuentran fallas. Después de algún tiempo, la oficina de la campaña transferirá esta responsabilidad a entidades representativas de las iglesias, de la Asociación o de la Convención, para que el trabajo siga siendo hecho.

11

LA INTEGRACION DE LOS NUEVOS CREYENTES A LA IGLESIA LOCAL

El pasaje bíblico más apropiado para fundamentar la iniciativa de integrar a la iglesia local a los nuevos creyentes es Colosenses 2:6, 7: "Por tanto, de la manera que habéis recibido a Cristo Jesús el Señor, así andad en él, firmemente arraigados y sobreedificados en él, y confirmados por la fe, así como habéis sido enseñados, abundando en acciones de gracias." Las expresiones "andad en él", "arraigados y sobreedificados" y "confirmados por la fe" constituyen desafíos para nosotros en cuanto a la integración a la iglesia de los nuevos creyentes.

Presentamos aquí las líneas generales del método más utilizado. Sobre este asunto hay mucho material, muchos libros, que los interesados podrán consultar.

Sé por experiencia propia que cuando el grupo es pequeño la integración resulta más fácil y natural. En este caso, la persona que gana a alguien para Cristo lo lleva, ella misma, a la total integración a la iglesia. En realidad, este fue el secreto del crecimiento de las iglesias en el cristianismo primitivo. Hoy, sin embargo, por la complejidad de la vida moderna, esto no es posible, y tenemos siempre que esforzarnos llevando a cabo programas de capacitación, muchas veces agotadores, para que logremos ver a los creyentes integrando a la iglesia a los nuevos convertidos.

En este capítulo partimos del presupuesto de que los consejeros ya han sido debidamente entrenados. Existe mucho material disponible sobre este asunto, y por ello dejaremos que los interesados hagan el mejor uso posible de ellos.

EL ACONSEJAMIENTO A LA PERSONA QUE HA HECHO UNA DECISION

El consejero comienza a hacer su trabajo desde el mismo momento en que alguien pasa al frente durante el llamamiento. En ese momento, el consejero debe acercarse a la persona para expresarle su alegría y para felicitarla por la decisión hecha.

El sitio de aconsejamiento debe estar cerca del lugar donde fue hecha la decisión, tal vez en la oficina pastoral o en alguna otra habitación reservada para tal fin. Las personas se ponen nerviosas cuando son sacadas del ambiente en que han estado sentadas y llevadas a un lugar que desconocen. Para evitar este problema, los consejeros, o el mismo predicador, anunciarán lo que harán con las personas. Les dirán que irán a una sala al lado para una breve orientación; que sus familiares y acompañantes podrán esperarlas en el primer banco; y que ello no demorará mucho.

Estando ya en la sala con los que han hecho decisión, el presidente de la comisión de consejeros hablará brevemente sobre el propósito de la reunión: darles una orientación general sobre la decisión que hicieron y obtener sus direcciones personales para que puedan ser ayudados posteriormente.

A partir de este momento, cada consejero se ocupará de una persona.

Todo lo que se haga deberá ser muy natural para no asustar al visitante. El consejero deberá acercarse al recién convertido, y se presentará. Naturalmente, la persona dará también su nombre. No se debe llenar la ficha en el primer momento ya que, por lo general, las personas sienten recelos por los compromisos; es mejor entablar primero una conversación.

Es muy importante saber qué tipo de decisión hizo la persona. Pídale que diga claramente cuál fue la decisión que hizo: si fue una decisión para recibir a Cristo por primera vez; si fue una decisión de reconciliación con el Señor; o si fue alguna otra. Si la persona no entendió bien lo que estaba haciendo, se le debe exponer brevemente el plan de salvación.

Una vez precisada la decisión hecha, el consejero le leerá algunos versículos sobre la seguridad de la salvación y le mostrará la necesidad de permanecer firme en la decisión tomada. La persona debe, además, ser estimulada a venir a la iglesia y a matricularse en la clase de doctrina. Pero antes deberá permitir al consejero que la visite para darle ayuda más detallada. Este será el momento preciso de llenar la ficha, que contendrá pocos detalles: nombre completo, dirección completa, y la mejor hora de recibir la visita. Se le deberá dar al visitante un Nuevo Testamento, preferentemente con algunos textos marcados, así como una breve orientación en cuanto a la lectura del mismo.

Este debe ser un trabajo breve. No hay que hacerlo todo de una sola vez porque no funcionará. Para terminar, ore con la persona y acompáñela hasta donde están sus familiares o acompañantes, y muéstrese amistoso con ellos.

VISITACION Y SEGUIMIENTO

Antes de visitar a la persona que hizo la decisión, conviene siempre que la iglesia le envíe una correspondencia, que puede ser una carta o una tarjeta. Si por cualquier motivo la visita se demora, la persona tendrá, por lo menos, una demostración inicial de que la iglesia se preocupa por ella.

La visitación debe ser hecha preferentemente por alguien que pueda seguir visitando a la persona. El consejero procurará saber quién animó a la persona a visitar la iglesia, e incluirá a esa persona en el programa de visitación, para que participe también en el seguimiento del nuevo creyente. Si tal persona dispone de condiciones para aconsejar, podrá continuar sola el trabajo. Y si no está entrenada, podrá ser ayudada por el consejero. Es importante no dejar al recién convertido sin alguien que lo visite, ya que la pequeña semilla sembrada en su corazón puede ser fácilmente arrebatada. Hay ciertas precauciones que deben ser tenidas en cuenta antes de visitar a las personas:

• Si la persona convertida es del sexo femenino, está casada, y el marido no está en casa, no es aconsejable que la visita la haga un consejero del sexo masculino.

• Decidir la mejor hora para realizar la visita y respetar la rutina de la familia, principalmente si hay más personas que no han hecho decisión y que no están interesadas.

• Siempre que sea posible, anuncie previamente su visita y no se aparezca en la casa por sorpresa.

• Esté preparado para una posible pérdida de interés o falta de disposición por parte de la persona, algunos días después de haber hecho su decisión.

LO QUE SE DEBE HACER DURANTE UNA VISITA

Después de un cierto tiempo, como ya dijimos, es posible que la persona haya perdido interés por el evangelio. Hay mucha presión por parte de la sociedad y aun de los familiares frente al cambio de religión de las personas. Por tanto, el consejero o visitador deberá hacer que la visita sea lo más natural e interesante. Al llegar, prepare el ambiente para la conversación y procure conocer mejor a la familia.

En una segunda etapa, cambie de tema refiriéndose a la decisión hecha por la persona. Pídale que hable en detalle cómo es que decidió ir a la iglesia, qué efecto le produjo el mensaje y cómo llegó al punto de tomar una decisión. Averigüe hasta qué punto es su compromiso con la decisión hecha.

En una tercera etapa, preséntele mejor el plan de la salvación, y termine la presentación con un énfasis en la certeza de la salvación.

En una cuarta etapa, enseñe al nuevo creyente cómo utilizar la Biblia y anímelo a iniciar su lectura, comenzando por el Nuevo Testamento.

En una última etapa, hable de la oración, y enseñe a la persona cómo orar y confiar en la oración.

Si no es posible hacer todo esto en una sola visita, hágalo en dos o tres.

El éxito de este trabajo dependerá del grado de confianza y de simpatía que la persona deposite en el visitador. Por ello, el visitador debe ser una persona confiable, sincera, que tenga una vida de oración, y que ponga, de hecho, su corazón en este trabajo. De lo contrario, todo será artificial.

LA CLASE DOCTRINAL

Después de una o dos visitas a la persona que hizo la decisión por Cristo, se deberá producir su transición a la iglesia. Es en la iglesia que tenemos que continuar trabajando con la persona. Y la iglesia debe estar preparada para ello, teniendo, antes que nada, una buena clase doctrinal en la Escuela Bíblica Dominical. En las iglesias grandes, donde hay una gran variedad de actividades y situaciones, esa clase podría funcionar en otro horario, y aun a mitad de semana.

La clase de doctrina debe estar a cargo del propio pastor de la iglesia, preferentemente. En el caso de que ello sea totalmente imposible, se deberá contar con un pastor auxiliar o con un seminarista. En cualquiera de los casos, la persona que enseñe la clase doctrinal deberá tener una madurez comprobada en las doctrinas de su denominación, pues de lo contrario creará a un nuevo creyente lleno de dudas y problemas.

Esa clase, naturalmente, deberá tener un contenido diferente del resto de las clases de la escuela dominical. Hay diversos programas de doctrina y le corresponderá al pastor optar por el que resulte más conveniente a las doctrinas de su iglesia.

Aconsejamos que se utilicen Biblias de la misma versión para todos los alumnos, lo cual facilitará la búsqueda de los pasajes según el número de la página, ya que los alumnos no están aún familiarizados con el manejo de la Biblia. Asimismo, quien enseñe la clase deberá utilizar la misma Biblia.

Ya que siempre habrá alumnos nuevos en la clase que llegarán después de que se hayan enseñado algunas lecciones, conviene que se tenga una ficha de asistencia de cada alumno, marcando en ella, cada día de clase, la lección que ha estudiado. Ello, en cualquier momento, indicará cuántas lecciones ha estudiado y si ya está preparado para ser enviado a otra clase.

Estando aún en la clase doctrinal, el nuevo creyente puede ser bautizado en cualquier oportunidad, con el compromiso de que, aunque ya haya sido bautizado, seguirá estudiando las lecciones que le falten de la clase de doctrina. En este caso, si el alumno todavía no ha estudiado la lección de bautismo, ésta le será explicada antes privadamente por el pastor o por alguna otra persona debidamente autorizada para ello.

CONCLUSION

Es muy importante que la iglesia esté debidamente preparada para recibir a los nuevos creyentes, casi como una familia se prepara para recibir a un nuevo bebé. La escuela bíblica dominical debe ser dinámica. Si el nuevo creyente, después de salir de una clase de doctrina, pasa a una clase donde no recibe ningún estímulo, caerá en una rutina. Por lo general, los nuevos creyentes se decepcionan mucho de los creyentes más antiguos, lo cual puede ser corroborado por cualquier pastor. Debemos preocuparnos, por lo tanto, de que exista amor fraternal, comunicación entre los hermanos, y santificación, para que haya un ambiente realmente auténtico y espiritual en la iglesia para el nuevo creyente. Sin esto, la comisión de integración no podrá hacer un buen trabajo.

LECTURA SUGERIDA

Richard Sisson, *Prepárese para Evangelizar,* El Paso, Casa Bautista de Publicaciones, 1984. El tema de la integración de los nuevos creyentes a la iglesia local está considerado en el capítulo 13.

12

LA DINAMICA DE
UNA CAMPAÑA

Me gusta buscar en la Biblia modelos para lo que hacemos en el reino de Dios hoy. Hay ciertas leyes espirituales, ciertos principios, que son los mismos, a lo largo de los siglos. Y es en un hermoso episodio del Antiguo Testamento, en una gran campaña que Dios realizó contra los madianitas, que encuentro principios espirituales a los que yo llamo la *dinámica* de una campaña evangelística.

El texto completo se encuentra en Jueces, capítulos 6 al 8. Sin embargo, el texto básico se encuentra en Jueces 7:1-25.

Sugiero al lector leer el texto antes de continuar con la lectura de este capítulo.

Evidentemente, el texto no tiene que ver con la evangelización, sino con una campaña de Dios contra los invasores de su pueblo. De cualquier manera, una campaña evangelística no deja de ser también una batalla. En el evangelismo —y no siempre los creyentes están conscientes de ello— vivimos una batalla tremenda contra Satanás. Tenemos que conquistar las almas perdidas y Satanás tiene sus ejércitos y sus armas. Quizás por no creer esto en serio es que las iglesias no tienen, algunas veces, mucho éxito en la evangelización.

Veamos, pues, algunos aspectos de esta dinámica, de este poder que ayuda en una campaña. Al hablar de *dinámica*, nos referiremos a algunas "fuerzas" que forman parte de esa dinámica.

LA FUERZA DEL LIDER

Para llevar a cabo sus grandes obras, Dios siempre llama a un gran líder. Así lo hizo con Moisés, con Josué, y en la época de los jueces; lo mismo hizo en los tiempos del Nuevo Testamento, y será siempre así, hasta nuestros días.

En el texto que nos ocupa, Dios escogió a Gedeón. Es el líder que el Señor va a usar, y esto es importante para Dios. Note cómo Dios insiste con él (ver Jueces 6:11-23). Algunas de las cualidades de Gedeón están claras en el texto:

1. Era un hombre decidido y animoso
El texto muestra que Gedeón estaba luchando contra los enemigos, a pesar de verse solo, para salvar lo que quedaba (Jueces 6:11).

2. Era un hombre inteligente y exigía respuestas
Gedeón dialogó con el ángel del Señor, sin intimidarse. Quería saber la razón de las cosas. Esto está claro en 6:13 y en los versos siguientes.

3. Era un hombre valiente
"¡Jehovah está contigo, oh valiente guerrero!" (6:12). Gedeón luchaba contra los madianitas, y cuando se le aparece alguien a quien aún no conocía, no se intimida, sino que hace preguntas y dialoga.

4. Era un hombre temeroso de Dios

Después de darse cuenta de que era el Señor quien hablaba con él, Gedeón creyó y se humilló (6:22): "¡Ay, Señor Jehovah! ¡Pues he visto cara a cara al ángel de Jehovah!"

5. Era un hombre de fe

Después de tener la certeza de que Dios estaría con él (6:36-40; 7:10-15), Gedeón se sintió plenamente confiado, liderando una campaña que humanamente hacía imposible una victoria, pero que él estaba seguro de que la lograría (7:18).

Estas son algunas de las cualidades que todo líder, a semejanza de Gedeón, debe tener para una campaña. Dios quiere gente decidida, inteligente, temerosa de Dios, y de fe.

En toda campaña, Dios escoge siempre a un líder cuyo único fin no es ser el centro de la atención. Dios tiene a un hombre y a una mujer para ciertas tareas y tratará con ellos de tal manera que entiendan para qué los quiere. Una de las pruebas de ello es que el pueblo obedecerá los desafíos presentados por el líder, cuando éste ha sido llamado por Dios.

LA FUERZA DEL HOMBRE CREYENTE

"Hombre" significa aquí ser humano en sentido genérico, e incluye a hombres y mujeres. La palabra de Dios es clara para Gedeón: "Vé con esta tu fuerza y libra a Israel" (6:14). Pero no me refiero a la fuerza humana —al potencial humano— propiamente. Me refiero a las fuerzas, al potencial de un creyente, de una persona que es utilizada por Dios, con todas sus aptitudes dinamizadas por el poder de Dios. En este sentido podemos notar que Dios utiliza a ciertas personas en lugar de otras, sin duda alguna. Sin embargo, no quiero que esto que he dicho se confunda con los dones espirituales. ¿Por qué razón no acudió Dios a otra familia de su pueblo? Porque Gedeón vivía dentro de un contexto en el que resaltaban sus cualidades. Toda la Biblia está llena de otros ejemplos parecidos. Dios utilizó la cultura de Pablo para convertirlo en el apóstol de los gentiles, precisamente porque tenía la preparación intelectual adecuada para ello.

Hoy observamos un gran contingente de creyentes con un inmenso potencial humano que podría ser puesto a disposición de Dios, y no lo hacen. ¡Cuántos creyentes capacitados hay en las áreas de transporte, publicidad, música, periodismo, márketing y otras actividades que podrían ser utilizados por Dios, si pusieran a disposición suya sus capacidades dinamizadas y perfeccionadas! Dios utilizó a Gedeón: "Vé con esta tu fuerza..."

Este tipo de fuerza, no obstante, no estaba sólo en Gedeón. Se observaba también en quienes lo ayudaban, y a quienes Dios también escogió. Y Dios utilizó dos clases importantes de pruebas para que Gedeón escogiera a quienes habrían de ayudarlo. En primer lugar, dijo públicamente que los cobardes y miedosos podían huir. Y 22.000 lo hicieron. Quedaron 10.000. Pero Dios, a pesar de ello, pensaba que el pueblo era todavía muy numeroso. Con su intervención no es necesaria la presencia de muchos. La prueba era que todo el que lamiese el agua con su lengua, como lame el perro, sería puesto aparte; y que los que se arrodillaran para beber también los pondría aparte (7:37). La psicología de esto era la rapidez. Los que lamieron el agua, como el perro, estaban preparados para la batalla; pero los que se arrodillaron, de ser atacados por sorpresa, no habrían podido enfrentar al enemigo. Fueron escogidos 300. Eran pocos, pero estaban dispuestos y decididos. Ese sería el contingente que Dios utilizaría para lograr la victoria.

En una campaña evangelística no importa si no contamos con mucha gente. Lo que sí importa es que sean personas dispuestas, decididas, y que hayan sido llamadas por Dios. Muchas veces comenzamos una empresa con una gran multitud, pero en medio del camino todos la abandonan sin dar disculpas ni explicaciones. Son personas totalmente irresponsables.

Dios necesita hoy, para sus grandes campañas, creyentes como aquellos 300 de Gedeón.

LA FUERZA DE DIOS

El poder de Dios actúa en todas las formas. El capacita, da sabiduría, dinamiza y renueva nuestras fuerzas. En 6:16, el Señor promete: "Ciertamente yo estaré contigo". En 6:34 dice: "Entonces Gedeón fue investido por el Espíritu de Jehovah", y por ello los hombres gritaron: "¡Por Jehovah y por Gedeón!" (7:18), y "¡La espada por Jehovah y por Gedeón!" (7:20).

En el Nuevo Testamento, la lección no es diferente. Jesús dijo a sus discípulos al comisionarlos: "Toda autoridad me ha sido dada en el cielo y en la tierra. Por tanto, id..." (Mateo 28:18, 19). Y al ascender al cielo, según el primer capítulo de Hechos, les dijo: "Pero recibiréis poder cuando el Espíritu Santo haya venido sobre vosotros, y me seréis testigos..." (Hechos 1:8).

El creyente tiene que reconocer que dispone del poder de Dios para realizar el trabajo de Dios.

LA FUERZA DE LA SIMULTANEIDAD

La batalla contra los madianitas contó con el recurso fabuloso de la simultaneidad. Gedeón tomó sus 300 hombres y los dividió en tres grupos, colocándolos estratégicamente alrededor del campamento de sus adversarios, y poniéndose de acuerdo entre sí por medio de una señal que les indicaría cuándo debían actuar todos al mismo tiempo (7:17-20). Así lo hicieron: Gedeón tocó la corneta y todos los soldados de los tres escuadrones tocaron sus cornetas y quebraron los cántaros, tomando las teas encendidas y gritando: "¡Por Jehovah y por Gedeón! ... ¡La espada por Jehovah y por Gedeón!" (7:18-20).

Dentro de este principio, las conferencias simultáneas realizadas en varias iglesias de la misma fe y práctica constituyen una fuerza poderosísima. El pueblo de Dios necesita aprender a utilizar esta fuerza. Sin embargo, por lo general no logramos mucho en la causa de Cristo porque trabajamos aisladamente y sin ponernos de acuerdo, y como resultado no obtenemos éxito. Nuestro mundo actual dispone de fuerzas organizadas contra la obra de Dios, de manera que tenemos que actuar con sabiduría y utilizando estrategias. Al trabajar mancomunadamente obtenemos una fuerza irresistible que da a la minoría que somos superioridad para vencer a la mayoría desprevenida.

LA FUERZA DEL IMPACTO

Juntamente con la fuerza de la simultaneidad, actuó otra fuerza aun más poderosa: la fuerza del impacto. Los hombres de Gedeón estaban todos provistos de cántaros, con teas encendidas en su interior. También disponían, cada uno, de cornetas. Colocados en tres escuadrones en posición estratégica alrededor del campamento del adversario, y en medio de la oscuridad de la noche, el efecto fue increíble. Imaginemos la escena: las cornetas tocando por todos lados y las antorchas brillando en medio de la noche. Este efecto, para quienes estaban dormidos y no esperaban el ataque, fue multiplicado muchísimas veces. Gedeón estaba poniendo en práctica un recurso audiovisual —luz y sonido— mucho antes de los recursos modernos con que contamos hoy en día. El ejército enemigo se batió en retirada, y se destruyó a sí mismo. Gedeón y sus hombres se limitaron a permanecer donde estaban, mientras que el impacto de lo que habían hecho continuaba (7:20, 21).

En los tiempos que vivimos necesitamos urgentemente tener campañas de impacto, principalmente en las grandes ciudades. Brasil, por ejemplo, tiene dos de las mayores metrópolis del mundo: Sao Paulo y Río de Janeiro. Además de esto, hay otras ciudades grandes de más de un millón de habitantes. En Brasil, por tanto, hay un tremendo campo de oportunidad para las grandes campañas; y el momento reviste tal urgencia que sólo a través de un impacto evangelístico se podrán obtener buenos resultados. Creo que Dios utiliza estas cosas, valiéndose de los elementos y motivaciones de la vida humana. Tenemos que trabajar con sabiduría; y sin duda alguna tenemos muchos recursos a nuestra disposición. De manera que si queremos aprender a utilizar los métodos de Dios, haremos maravillas.

En el capítulo sobre las campañas evangelísticas damos algunos principios y sugerencias que nos ayudarán a hacer un impacto en este tiempo.

13

LA SANTIFICACION PERSONAL Y LOS GRANDES EVENTOS DE DIOS

La Biblia muestra que en todo gran evento de Dios en el que aparecen involucrados seres humanos, está presente la exigencia de la santificación personal. Cuando Josué estaba listo para entrar a la Tierra Prometida para dar inicio a sus grandes conquistas, como ocurrió en la ciudad de Jericó, su primera preocupación fue proclamar al pueblo que se santificara: "Purificaos, porque mañana Jehovah hará maravillas entre vosotros" (Josué 3:5). La idea principal era que "las maravillas de Jehovah" significaban la presencia gloriosa de Dios en el acontecimiento, y el pueblo tenía que estar preparado.

Cuando Moisés se disponía a recibir las tablas con los Diez Mandamientos, la exigencia de santificación del pueblo, para que pudiera estar ante la presencia de Dios, fue hecha con vehemencia y reiteradamente. En Exodo 19:10 leemos: "Jehovah dijo a Moisés: Vé al pueblo y santifícalos hoy y mañana, y que laven sus vestidos."

Dentro de esta línea de pensamiento, no se puede pensar, por ejemplo, en una gran serie de conferencias o en una gran cruzada evangelística, sin que se exija al pueblo un esfuerzo de santificación.

¿QUE ES LA SANTIFICACION?

En griego, santificación significa *separación* y *dedicación espiritual del hombre a Dios y a su servicio*.[1] En términos prácticos, quiere decir: Separación de algo, o de alguien, para purificación, para consagrarlo al servicio exclusivo de Dios.

Este asunto parte del Antiguo Testamento. En Levítico 11:44, por ejemplo, se lee: "Porque yo soy Jehovah vuestro Dios, vosotros os santificaréis; y seréis santos, porque yo soy santo. No contaminéis vuestras personas por causa de ningún reptil que se desplaza sobre la tierra." El sentido aquí es el de separación, para no contaminarse, es decir, para mantenerse puros. En el Antiguo Testamento, la doctrina de la santificación es copiosa. Los vasos para el servicio del templo tenían que ser puros. Asimismo, las ropas de los sacerdotes tenían que estar purificadas. Los sacerdotes tenían que estar purificados. El pueblo tenía que santificarse, particularmente en ocasiones de los grandes portentos divinos (Exodo 19:10-25; Génesis 35:1-4).

En el Nuevo Testamento, el sentido de separar para mantener puro para el uso de Dios, se mantiene. Pablo, en uno de los más hermosos textos en cuanto a la santificación, dice: "Que cada uno de vosotros sepa controlar su propio cuerpo en santificación y honor" (1 Tesalonicenses 4:4).

Pero hay más: la santificación sólo se produce en una vida que ha sido salvada. Por tanto, no podemos hablar de la santificación de una persona no creyente. Una persona que ha sido salvada, será salva para siempre. Nació de nuevo (Juan 3:3); ha renacido (1 Pedro 1:23); se ha convertido en una nueva criatura

---

[1] Ferguson, Wright, Packer, *Nuevo Diccionario de Teología*, El Paso, Casa Bautista de Publicaciones, 1992, p. 836.

(2 Corintios 5:17); se ha convertido en hija de Dios (Juan 1:12); ha recibido el don del Espíritu Santo (Hechos 2:37-39); ha sido sellada por el Espíritu Santo (Efesios 1:13, 14); y es ahora habitada por el Espíritu Santo (1 Corintios 6:19, 20). Nada de esto le sucede a una persona no creyente. Y el creyente es acreedor de todas estas bendiciones y desafiado a santificarse: "Procurad la paz con todos, y la santidad sin la cual nadie verá al Señor" (Hebreos 12:14).

EL PROBLEMA DEL PECADO DEL CREYENTE

A pesar de que el creyente tiene la salvación, también está expuesto a pecar. Pablo les dice a los gálatas: "Porque la carne desea lo que es contrario al Espíritu, y el Espíritu lo que es contrario a la carne. Ambos se oponen mutuamente, para que no hagáis lo que quisierais" (Gálatas 5:17). Por esta misma razón Juan alega: "Si decimos que no tenemos pecado, nos engañamos a nosotros mismos, y la verdad no está en nosotros. Si confesamos nuestros pecados, él es fiel y justo para perdonar nuestros pecados y limpiarnos de toda maldad" (1 Juan 1:8, 9). La misma idea aparece en 1 Juan 2:1, 2, en donde el apóstol se refiere al pecado del creyente y al pecado del mundo.

Es evidente que el pecado del creyente no lo llevará al infierno, porque ya está salvo y el Espíritu Santo le ha sido dado como garantía (Efesios 1:13, 14). Pero el pecado impedirá que el Espíritu Santo utilice al creyente, y que sea un estorbo a la causa de Dios. De allí que el creyente tenga que ser constantemente desafiado a la santificación, por medio de la Palabra de Dios: "Antes bien, así como aquel que os ha llamado es santo, también sed santos vosotros en todo aspecto de vuestra manera de vivir" (1 Pedro 1:15).

LAS CAUSAS DE LA CONTAMINACION DEL CREYENTE

La contaminación del creyente se llama pecado. Deseo mencionar las tres causas principales por las cuales el creyente es contaminado por el pecado.

La primera causa es *la mundanalidad*. El apóstol Juan dice que no debemos amar al mundo ni las cosas que están en el mundo (1 Juan 2:15). La mundanalidad es producto de la naturaleza pecaminosa que reina en el llamado "hombre natural" (1 Corintios 2:14). En este caso, el hombre común, no convertido, es guiado por una mente de pecado. Es lo que Pablo denominó "la ley del pecado". Como un gran depósito de aguas estancadas que produce larvas y enfermedades de toda clase, es este mundo regido por el pecado, y por ello los siervos de Dios deben evitar la mundanalidad. La nueva vida en Cristo debe regir nuestros conceptos y valores. El creyente debe ser diferente del mundo en su lenguaje, en el uso del sexo, en las modas, en el cortejo amoroso, en la relación conyugal, en el deporte, y en todas las demás actividades ("en todo aspecto de vuestra manera de vivir" 1 Pedro 1:15).

Pero conviene tener presente que la mundanalidad es algo que está fuera del creyente; es algo que se introduce desde afuera hacia adentro. Son los conceptos y valores del mundo que logran debilitar la mente del creyente e influir sus acciones.

La segunda causa de contaminación es *la carne*. En Gálatas 5:17, el apóstol Pablo dice que "la carne desea lo que es contrario al Espíritu, y el Espíritu lo que es contrario a la carne". La carne es nuestra naturaleza pecaminosa. No son nuestros músculos, naturalmente, sino nuestra naturaleza. Nuestra carne fue sometida y ahora se halla vigilada por nuestra nueva naturaleza espiritual, pero sigue estando allí. Esta es la lucha que el apóstol describe en el capítulo 7 de Romanos. Es precisamente por ello que el apóstol Pablo nos aconseja vivir en el Espíritu para no satisfacer los malos deseos de la carne (Gálatas 5:16). Lo que sucede es que la influencia mundana proviene de afuera y actúa en un campo propicio, que es la carne, la cual se halla dentro de nosotros. Si hay predominio del Espíritu, la mundanalidad es rechazada y expulsada. Es lo que ocurre cuando una enfermedad ataca a un cuerpo sano. El creyente que viva en este mundo debe estar espiritualmente preparado para evitar ser dominado por el pecado.

La tercera causa de contaminación es *Satanás*, el instrumento de todo lo malo. Este se vale de la mundanalidad para atacar al creyente. El sabe que jamás volverá a apoderarse del creyente, porque la salvación es un proceso irreversible. Por ello, hace todo lo posible por dominarlo y sacarlo de circulación, para que deje de ser una bendición. Evidentemente, Satanás no puede posesionarse del creyente, en el sentido de entrar en él, pero sí puede influir en su vida. Es como dice Pedro: "Sed sobrios y velad. Vuestro adversario, el diablo, como león rugiente, anda alrededor buscando a quién devorar" (1 Pedro 5:8).

Por consiguiente, a pesar de que haya sido salvado, el creyente puede verse envuelto en pecados, de tal manera que su vida se volverá inútil para el reino de Dios y dejará de experimentar las alegrías de la plenitud espiritual.

LAS AREAS DE LA VIDA TOCADAS POR LA SANTIFICACION

Otro aspecto importante de la santificación es el que tiene que ver con las áreas de nuestra vida en las que ella se produce. Algunos sostienen que la santificación es sólo algo espiritual, interno, no importando el uso que la persona dé a su cuerpo. Esta es una idea diabólica. La Palabra de Dios dice claramente que tanto el espíritu como el cuerpo y la mente del creyente deben ser santificados. El apóstol Pablo dice: "La comida es para el estómago, y el estómago para la comida, pero Dios destruirá tanto al uno como a la otra. El cuerpo no es para la inmoralidad sexual, sino para el Señor, y el Señor para el cuerpo ...¿No sabéis que vuestros cuerpos son miembros de Cristo? ¿Quitaré, pues, los miembros de Cristo para hacerlos miembros de una prostituta? ¡De ninguna manera! ¿O no sabéis que el que se une con una prostituta es hecho con ella un solo cuerpo? Porque dice: *Los dos serán una sola carne*" (1 Corintios 6:13, 15, 16).

Por consiguiente, tanto nuestro cuerpo como nuestra mente y nuestro espíritu deben ser santificados. El apóstol Pedro lo remata diciendo: "Como hijos obedientes, no os conforméis a las pasiones que antes teníais, estando en vuestra ignorancia. Antes bien, así como aquel que os ha llamado es santo, también sed santos vosotros en todo aspecto de vuestra manera de vivir, porque escrito está: *Sed santos, porque yo soy santo*" (1 Pedro 1:14-16).

Basándonos en esta expresión: "sed santos en todo aspecto de vuestra manera de vivir" podemos llegar a la conclusión de que tenemos que ser santos en nuestro cuerpo, en nuestro espíritu, y en nuestra mente.

EL PROCESO DE LA SANTIFICACION

Veamos, ahora, algunos pasos para lograr la santificación.

El primer paso es el *conocimiento de pecado* y, también, el *reconocimiento* del mismo. Ya estamos hablando de conceptos.

Para conocer el pecado, el creyente tiene que estar en armonía con los conceptos de Dios, que se encuentran en su Palabra. Si los conceptos del creyente en cuanto al pecado están equivocados; si dice que el adulterio, por ejemplo, no es pecado, sino algo normal porque la sociedad lo considera así, entonces nada cambiará en su vida. Después de conocer lo que es el pecado, el creyente tiene que reconocer al pecado que está en él. David, el salmista, expresó en oración: "Porque yo reconozco mis rebeliones, y mi pecado está siempre delante de mí" (Salmo 51:3). El salmista está diciendo aquí que se reconoce pecador y que tiene conciencia de cada uno de los pecados presentes en su vida. Su preocupación en este particular en cuanto a conocer sus pecados era tan grande, que llegó a decir en oración: "Examíname, oh Dios, y conoce mi corazón; pruébame y conoce mis pensamientos. Ve si hay en mí camino de perversidad y guíame por el camino eterno" (Salmo 139:23, 24). Este es el gran rumbo señalado al pueblo de Dios hoy. Tenemos que conocer y reconocer nuestros pecados.

El segundo paso en el proceso de la santificación es la *abstinencia* o sea, dejar de hacer algo. El creyente tiene que luchar contra el pecado y decirle: "¡No!" En 1 Tesalonicenses 4:3 leemos: "Porque esta es la voluntad de Dios, vuestra santificación: que os apartéis de inmoralidad sexual." En otra parte, el mismo apóstol Pablo dice: "Todo aquel que lucha, de todo se abstiene" (1 Corintios 9:25, RV 1960). La abstención es muy importante en la santificación. Es como una dieta en la que el paciente, con determinación, deja de comer ciertos alimentos que son perjudiciales para su salud. O, también, como el atleta que se retira a cierto lugar y se impone a sí mismo cierta disciplina, para poder resultar vencedor en la competencia (ver 1 Corintios 9:24-27). Algunos educadores modernos están en contra de la idea de decir "¡No!" Para ellos, todo está permitido. Pero si el siervo de Dios quiere ser santo, tendrá que decir eso justamente, y muchas veces.

El tercer paso en la santificación es el *cese* de ciertas acciones. Dicho de otra manera, el creyente debe dejar de hacer lo malo que venía haciendo. El Señor dijo por medio del profeta Isaías: "Lavaos, limpiaos, quitad la maldad de vuestras acciones delante de mis ojos. Dejad de hacer el mal" (Isaías 1:16). En Efesios 4:17-32, Pablo menciona algunos pecados que los creyentes de la iglesia de Efeso debían abandonar. Vea particularmente los versos 17, 22, 25, 26, 28, 29 y 31. El creyente se santifica por poner cese o dejar de cometer ciertas acciones que entristecen al Espíritu Santo (Efesios 4:30). ¿Hay alguna cosa en su vida, mi querido hermano, mi querida hermana, que usted debe abandonar? ¡Entonces, abandónela ya!

El cuarto paso en la santificación es lo que yo llamo la *remoción*. En Isaías 1:16, está implícita la expresión: "Quitad la maldad de vuestras acciones de delante de mis ojos." Y en Ezequiel 18:31, el profeta del Señor dice: "Echad de vosotros todas vuestras transgresiones que habéis cometido, y adquirid un corazón nuevo y un espíritu nuevo. ¿Por qué habréis de morir, oh casa de Israel?" Esto significa que si no nos despojamos de ciertos pecados que cautivan tanto a nuestra vida, no seremos puros. Esto es lo que ocurre con las malas costumbres, con el adulterio, con las bebidas alcohólicas, y con tantas otras clases de pecados. Tenemos que hacer remoción del pecado; tenemos que extirparlo de nuestras vidas, cueste lo que cueste, sin lo cual seremos creyentes apagados e inútiles.

Un último paso, que naturalmente es fundamental en todos los anteriores en el proceso de santificación, es la *confesión*. Es mediante la confesión que abrimos la puerta para que salga el pecado. Es evidente que, además de la confesión, el creyente debe tomar ciertas medidas para poner fin o remover al pecado, pero la confesión es fundamental en nuestra relación con Dios. Es mediante ella que nos humillamos delante de él y le decimos que queremos ordenar las cosas en nuestra vida. En el Antiguo Testamento, uno de los textos más hermosos sobre la confesión es 2 Crónicas 7:14: "Si se humilla mi pueblo sobre el cual es invocado mi nombre, si oran y buscan mi rostro y se vuelven de sus malos caminos, entonces yo oiré desde los cielos, perdonaré sus pecados y sanaré su tierra." Subraye, por favor, las expresiones: "si se humilla", "oran", "y se vuelven de sus malos caminos"; "perdonaré sus pecados".

En el Nuevo Testamento, la Palabra de Dios dice: "Si confesamos nuestros pecados, él es fiel y justo para perdonar nuestros pecados y limpiarnos de toda maldad" (1 Juan 1:9). Subraye, por favor, las expresiones: "Si confesamos", "perdonar nuestros pecados", "limpiarnos". Es santificación por medio de la confesión.

UN DIA DE PROHIBICION

En los tiempos del Antiguo Testamento se acostumbraba proclamar un día especial de prohibición para el pueblo de Dios. Uno de los pasajes más significativos en este sentido es Joel 2:15-17. El texto se refiere al ayuno, a la abstención de alimentos. No creo que un simple ayuno sea la solución para el problema de la santificación, pero sí creo que la idea de un esfuerzo de examen espiritual y de abstención con el propósito de la santificación es muy válida para ciertos eventos especiales de Dios, tales como una cruzada evangelística. El ayuno puede servir para desafiar al pueblo de Dios. Sería un día para el análisis de la vida; un día de examen de conciencia; un día de "arreglo" de la casa espiritual; el día de la confesión de nuestros pecados. Es claro que creemos en la santificación diaria de cada persona, pero en estos tiempos de crisis un movimiento de santificación es el mayor desafío que tiene el pueblo de Dios.

Invitamos a cada creyente a hacer su día de prohibición, su esfuerzo especial de santificación. Las iglesias pueden también escoger su día de santificación. E igualmente las organizaciones de damas, jóvenes, hombres, pastores, seminarios y otras entidades. Las grandes maravillas de Dios están por llegar, y su pueblo debe estar preparado.

INDICE DE EXAMEN ESPIRITUAL

Distinguir lo lícito de lo pecaminoso no es muy fácil. Sin embargo, muchas clases de acciones o de intenciones pecaminosas, y que desagradan a Dios, están registradas en la Biblia. Y hay otras clases de acciones e intenciones que pueden ofender a Dios, que no están escritas en la Biblia.

Un medio para obtener ayuda en este sentido es la aplicación de Filipenses 4:8. Procure leer el texto y seguir su orientación, prescindiendo de cualquier comentario.

Otro medio efectivo de lograr ayuda es utilizar la oración de David que aparece en el Salmo 139:23, 24. Si tenemos dudas en cuanto a nuestro pecado, procuremos orar a Dios para que él nos escudriñe.

De cualquier manera, seguidamente presentamos una lista de algunas clases de pecados mencionados por la Palabra Dios. Lea los textos indicados y vea si algunos de ellos forman parte de su vida, y dele el tratamiento apropiado ahora mismo.

PECADO	TEXTO BIBLICO	SIGNIFICADO
Adulterio	Exodo 20:7; Levítico 19:12	Vida marital con una persona que está casada con otra.
Avaricia	1 Corintios 6:10; Colosenses 3:5	Deseo excesivo de poseer bienes materiales o fama; apego excesivo al dinero.
Celos	Gálatas 5:20	Recelos, envidias, celo destructor.
Codicia	Exodo 20:16; Mateo 5:20	De la mujer ajena y de las cosas ajenas.
Contiendas	Gálatas 5:20	Desavenencias, rivalidades.
Corrupción	Gálatas 6:8; Filipenses 2:15; Romanos 1:24-27	Decadencia, deterioro, principalmente en el sentido moral; depravación.
Desobediencia	Exodo 20:12; Romanos 11:30; 2 Timoteo 3:2	A los padres, a Dios, a las normas establecidas.
Disensiones	Gálatas 5:20	Levantamientos, sediciones.
Embriaguez	Gálatas 5:21; 1 Corintios 6:10	Borrachera, uso de bebidas alcohólicas.
Enemistad	Gálatas 5:20	Emoción opuesta al amor; odio, hostilidad.
Envidia	Gálatas 5:21	Sentimiento en relación con la mayor capacidad o éxitos de otra persona.
Falso juicio	Mateo 7:1-5	Imaginar o emitir conceptos precipitados sobre alguien, sin el debido conocimiento.
Falso testimonio	Exodo 20:16; Proverbios 6:19	Sea en un tribunal o fuera de él.
Fornicación	Hechos 15:29; Efesios 5:5	Relación sexual fuera del matrimonio.
Glotonería	Hebreos 12:16; Apocalipsis 21:8; Gálatas 5:21	Comidas o bebidas fuertes que se hacían delante de los dioses paganos. El ambiente llevaba al pueblo a exageraciones en cuanto a la bebida y la comida. Hoy estamos comiendo más de la cuenta por otras razones, pero el pecado es el mismo.
Hechicería	Gálatas 5:20	Originalmente, alusión a drogas de cualquier tipo, que eran utilizadas por brujos o curanderos. Sin practicarla, muchas veces hemos ido a ver películas sobre hechicería, estando tácitamente de acuerdo con ellas.

PECADO	TEXTO BIBLICO	SIGNIFICADO
Homosexualidad	1 Corintios 6:10; Romanos 1:27; 1 Timoteo 1:10	Relación sexual con personas del mismo sexo. Aquí se incluyen los términos bíblicos de: afeminado (el socio pasivo) y sodomita (el socio activo).
Idolatría	Exodo 20:3-5; Gálatas 5:20; Colosenses 3:5	Todo aquello que colocamos en lugar de Dios en nuestra vida.
Impureza	Gálatas 5:19	De orden moral, principalmente en el área del sexo; inmundicia.
Injusticia	1 Corintios 13:6; Colosenses 3:25; 2 Timoteo 2:19; 1 Juan 2:17	No dar a cada quien lo que le pertenece; el no cumplimiento del deber cristiano para con el prójimo.
Ira	Colosenses 3:8; Mateo 5:22	Indignación, impaciencia para con el prójimo.
Lascivia	Gálatas 5:20	Disolución, sensualidad exagerada.
Maledicencia	Colosenses 3:8	Difamación, lenguaje abusivo contra Dios y contra los hombres.
Malicia	Colosenses 3:8; Santiago 1:21	Impiedad, depravación, vicios, maldad en general.
Mentira	Efesios 4:25; Colosenses 3:9	Incluida la "mentira blanca" con fines supuestamente buenos.
Palabras deshonestas	Colosenses 3:8	Lenguaje obsceno, insultos.
Pleitos	Gálatas 5:20	Faccionalismo, disensiones, divisiones.
Prostitución	Gálatas 5:19	Relación sexual con alguien que vende el sexo; inmoralidad.
Robo	Exodo 20:15	Tomar para sí lo que no le pertenece. Aquí está incluida la evasión de impuestos.
Sacrilegio	Exodo 20:7; Levítico 19:12	Mencionar el nombre de Dios en vano y profanar cosas sagradas y dignas.

CONCLUSION

Primera Juan 3 nos da una visión sublime de la santificación. Allí vemos que seremos semejantes a Dios. Y el versículo 3 lo remata, diciendo que "todo aquel que tiene esta esperanza en él, se purifica a sí mismo, como él también es puro". Esto quiere decir que, al transitar por el camino de la santificación, nos vamos transformando y retomando la imagen de Dios, en la cual fuimos creados y que perdimos por causa del pecado.

PARTE III

Evangelización urbana
Evangelización de niños
Evangelización en las universidades
Evangelización por la radio
Evangelización por teléfono
y por medio de tratados

14

EVANGELIZACION URBANA

El adjetivo "urbano" se origina de la palabra latina *urbe*. El autor del libro *A Cidade Antiga* dice: "En el mundo antiguo, la ciudad era la asociación religiosa y política de las familias y de las tribus; y la *urbe* el lugar de reunión, el domicilio, y sobre todo el santuario de esa sociedad."[1]

---

[1] Fustel de Coulanges, *A Cidade Antiga*. Sao Paulo, Hemus, Livraria Editora Ltda, 1975, p. 106.

Actualmente, *urbe* es la ciudad, su población y sus aspectos jurídicos y sociales. Así pues, la evangelización urbana es la evangelización de la ciudad, principalmente de las grandes ciudades.

Metrópolis tales como Tokio, Nueva York, Sao Paulo, Río de Janeiro, Ciudad México, Buenos Aires y otras constituyen un gran desafío de un capítulo muy especial en el área del evangelismo y de la misiología. El pueblo de Dios, principalmente los que evangelizan, deben aplicarse al estudio del asunto, para que puedan cumplir bien con el "id" de Jesús, principalmente entre los que viven en las grandes ciudades.

EL FENOMENO DE LAS GRANDES CIUDADES

A través de la historia ha habido oleadas de formación de ciudades, en las que comunidades —que antes eran simples villorrios— llegaron a adquirir características de ciudad.

La primera gran oleada tuvo lugar en el período comprendido entre el 5000 a. C hasta el 500 d. C., es decir, hasta la caída de Roma. En ese período surgieron grandes ciudades como Jericó, Biblos, Jerusalén, Babilonia, Nínive, Atenas, Esparta y Roma. Por sus dimensiones, estas ciudades son llamadas *polis*.

En una segunda etapa histórica, que se inicia con el Renacimiento, surgen Roma, Bolonia, Florencia, Constantinopla, Londres, París y Toledo. Estas son llamadas *neópolis*.

Un tercer período de grandes ciudades comienza en el 1800 con la llamada Revolución Industrial. La característica determinante en esta etapa es la ciudad-central, rodeada de suburbios. Es la llamada *metrópolis* (ciudad-madre). En esta lista aparecen Nueva York, Chicago, Londres, Berlín, París, Tokio y Moscú.[2]

La actual etapa histórica del movimiento de las grandes ciudades es llamada *megalópolis*, cuya característica dominante es la ciudad-central, con sus suburbios formando ciudades satélites. Todas las grandes ciudades del mundo se encuentran en esta situación.

Este fenómeno se extendió después de la Segunda Guerra Mundial.

La formación de megalópolis es algo tan alarmante que Harvey Cox, en su libro *Mission in a World of Cities*, afirma:

---

[2] Francis M. Dubose, *How Churches Grow in an Urban World*. Nashville, Broadman Press, 1978, pp. 21-23.

"Los historiadores del futuro se referirán al siglo veinte como el siglo en que el mundo entero se transformó en una gran ciudad."[3]

LAS GRANDES CIUDADES Y EL PLAN DE DIOS

A estas alturas, conviene que meditemos un poco en cuanto a la manera como Dios ha desarrollado su plan, utilizando las grandes ciudades. Veamos algunos ejemplos.

Abraham, el llamado "Padre de la fe", fue sacado de una gran ciudad: Ur de los caldeos. Israel inició la conquista de Canaán comenzando con una gran ciudad: Jericó. El cristianismo nació en una gran ciudad: Jerusalén, y se extendió a las grandes ciudades, por ejemplo, Samaria y Antioquía. Por estos ejemplos, creemos que Dios está interesado, principalmente, por las grandes ciudades.

LA COMPLEJIDAD CONTEXTUAL DE LAS GRANDES CIUDADES

Las grandes ciudades atraen siempre a grupos de inmigrantes. Es constante el flujo migratorio de personas venidas desde todas partes, sin ninguna garantía de medios de vida, que se convierten en un problema desde el punto de vista del contexto social. Son personas que pasan a formar parte de nuestra lista de preocupaciones evangelísticas, y que merecen, sin duda alguna, un tratamiento muy especial que exige hacer considerables gastos.

Con un crecimiento así, violento, y por tanto desordenado, la estructura social se hace muy compleja. Surgen los barrios marginales sumamente pobres, aumenta la mendicidad, y proliferan la delincuencia, la prostitución y el consumo de drogas. Pero además se crean problemas de transporte ya que, a pesar de que la ciudad tiende a crecer hacia la periferia, la gente va a los lugares céntricos en busca de trabajo para ganarse la vida. Por otra parte, el sector de la población que no cumple con sus

---

[3] Harvey Cox, *Mission in a World of Cities*. International Review of Mission, julio, 1966, p. 273. Citado por Francis M. Dubose, *How Churches Grow in an Urban World*. Nashville, Broadman Press, 1978, p. 21.

compromisos cívicos, aliado a la corrupción, hace que las autoridades no dispongan de los recursos necesarios para estructurar el crecimiento adecuado de las ciudades. Esto se traduce en falta de agua, electricidad y salubridad básica.

Toda esta situación ejerce una enorme presión sobre la población de las grandes ciudades. Los más ricos se encierran en sus palacetes y fortalezas, por temor a los asaltos y secuestros, y por ello resulta difícil abordarlos con el evangelio. Los de la clase media trabajan día y noche para mantener un cierto status, y no les queda tiempo para ocuparse de la religión; y los más pobres recurren muchas veces a la religión, básicamente por un interés material, comúnmente en busca de curación de sus enfermedades o de comida para su estómago. Ante este cuadro, la evangelización de las grandes ciudades es, realmente, un capítulo muy especial en el evangelismo.

LA METODOLOGIA ADECUADA

En términos de la evangelización urbana, debemos tratar de estudiar la complejidad sociocultural de la ciudad y crear o adoptar métodos y estrategias adecuados, ya que algunas que resultan exitosas en una gran ciudad no siempre funcionarán en otras.

El gran desafío del evangelismo urbano es que tengamos personas especializadas, que no se limiten a sólo algunos aspectos rudimentarios de la evangelización, sino que conozcan los principios generales de ésta y tengan la capacidad de crear métodos y formular técnicas adecuados.

El evangelizador debe prestar atención, por tanto, al medio cultural en que vive, a fin de poder crear los métodos y las estrategias más convenientes. Cada grupo, aunque viva en una misma ciudad, debe ser considerado por separado. Tomemos el ejemplo de Río de Janeiro. La urbanización de San Conrado, una de las más ricas de la ciudad, está junto a la favela de Rocinha, una de las más grandes de América Latina, con aproximadamente 300.000 habitantes. Evangelizar en otro sector es una tarea que exige un tratamiento totalmente diferenciado. Por tanto, las iglesias y organizaciones evangélicas tienen que hacer previamente investigaciones en busca de estudios sobre el comportamiento de las personas y de los grupos sociales, a fin de poder adecuar, en cada caso, los programas evangelísticos.

METODOS Y ESTRATEGIAS DE EVANGELIZA-CION URBANA

En las grandes ciudades se puede realizar tanto la evangelización personal como la evangelización masiva. Sin embargo, el trabajo debe hacerse utilizando las estrategias y técnicas que resulten más apropiadas.

1. Evangelización casa por casa
Dependiendo del barrio, especialmente en los más pobres, todavía es posible obtener buenos resultados evangelizando de puerta en puerta. Sin embargo, el éxito dependerá de la capacitación de los evangelizadores.

2. Predicación al aire libre
Esta práctica tradicional sigue siendo aceptada, siempre y cuando se haga bien. Sugerimos al lector ver el capítulo que tiene que ver con esto, en la sección sobre evangelización masiva.

3. Serie de conferencias
Este es un método tradicional que da resultados, si la iglesia está debidamente preparada. En este punto, remitimos igualmente al lector al capítulo que se refiere al tema.

4. Conferencias simultáneas
Cuando en una ciudad el número de iglesias de una misma denominación es considerable, éstas pueden participar juntas en conferencias simultáneas. El capítulo que trata de las grandes cruzadas evangelísticas puede resultar de ayuda en este particular.

5. Grandes campañas o cruzadas evangelísticas
En las grandes ciudades, donde las iglesias de igual fe y práctica se multiplican y crecen numéricamente, las grandes campañas o cruzadas son de un valor inestimable. Nada mejor que una de estas cruzadas para despertar al mundo dormido en el pecado. Sin embargo, tales campañas exigen mucho esfuerzo y organización. Recomendamos al lector ver el capítulo sobre campañas o cruzadas.

6. Evangelización de grupos especiales
Aquí están incluidos los homosexuales, los drogadictos, las prostitutas y los alcohólicos. Estas personas exigen un trata-

miento evangelístico especial. Particularmente en las grandes campañas evangelísticas, debe haber una comisión que se ocupe de ellos. En este libro, el lector hallará orientación y material suficientes en cuanto a este tipo especial de evangelismo.

7. Evangelización de personas discapacitadas

Este es también un grupo muy especial, cada vez más numeroso en las grandes ciudades. Al igual que los demás, estas personas tienen un alma que necesita de la salvación, pero sus características particulares exigen un tratamiento especial. Aquí se incluyen los ciegos, los sordomudos y los parapléjicos en general. En este libro hay también un capítulo sobre este asunto, al cual remitimos al lector para mayores detalles.

8. La utilización de los medios de comunicación

En las grandes ciudades, el evangelismo debe echar mano de todos los recursos de la comunicación para alcanzar a todas las personas, en todos los lugares que se encuentren. En este caso, no pueden ser dejados de lado la radio, la televisión, el teléfono y los periódicos. No obstante, todo debe ser hecho con sabiduría, planificación y con el poder de Dios. Sugerimos al lector ver los capítulos especiales que aparecen en este libro en cuanto al uso de la radio y del teléfono.

9. Proyectos especiales

La evangelización de las grandes ciudades debe hacerse con mucha creatividad y dependencia del Espíritu Santo. Es de gran valor el diseño de proyectos que puedan alcanzar a la gente en sus propios contextos. Personalmente he tenido la bendición de diseñar algunos. Cito a continuación éstos y otros de los cuales tengo conocimiento.

(1) Proyecto "Voluntarios de Cristo". Este es un proyecto de evangelización utilizado en lugares céntricos de la ciudad, en sitios de gran circulación de personas y vehículos. Consiste en un exhibidor con quitasol, una mesa y un par de sillas. Aquí se colocan dos o tres personas debidamente entrenadas, todo el día, para distribuir tratados y folletos evangelísticos, y para hacer evangelización personal con las personas que acepten sentarse a la sombra para conversar. Esta es una manera elegante de evangelizar en la calle. En general, es un proyecto en el que trabajan personas voluntarias, preferentemente jubiladas, dueñas de casas y estudiantes seminaristas.

(2) Proyecto de núcleos de estudio bíblico en los hogares.
Estudiar la Biblia en los hogares con el propósito de evangelizar
es otro método notable para ganar almas para Cristo en una
ciudad grande. Se necesitan una estructura adecuada, una
metodología y módulos de estudio bíblico ya elaborados para
diferentes tipos de comunidades.

(3) Cayapa Misionera. Existe un proyecto creado originalmente por la Junta de Misiones Nacionales de la Convención
Bautista Brasileña, único en el mundo entero. Los norteamericanos acostumbran hacer algo casi parecido, que llaman *evangelización de saturación*, pero sin la misma expresividad nuestra, porque se trata de un sistema basado en las características
culturales del brasileño. El sistema consiste, básicamente, en
entrenar a personas para que realicen un censo religioso en los
barrios, mediante un trabajo intensivo. Al mismo tiempo que
hacen esto, se realizan cultos al aire libre, estudios bíblicos en
los hogares de los interesados, y hasta reuniones evangelísticas.
Aquí se trabaja de día y de noche. En la recolección de datos e
investigación se tiene la oportunidad de hacer evangelización
personal, y de los datos obtenidos se puede descubrir a personas
que han sido excluidas de sus iglesias, que pueden ser reinser-
tadas; a creyentes apartados, que son reavivados; y muchas
otras posibilidades para un trabajo futuro.

10. Hospitales

No podemos olvidar a los que se encuentran hospitalizados,
donde las condiciones son favorables para que las personas sean
evangelizadas. Recomendamos al lector ver el capítulo que
trata este asunto.

11. Estudiantes

Los estudiantes, particularmente los de nivel universitario,
constituyen un grupo muy especial. No siempre los métodos
tradicionales de evangelización sirven para alcanzar a los estudiantes. Por ello, resulta de gran valor un método especial para
ellos. Sugerimos al lector consultar el capítulo de este libro
sobre la evangelización en las universidades.

12. Prisiones

La población carcelaria es muy numerosa, principalmente
en las grandes ciudades. No dedico una sección especial a este

143

segmento de la sociedad, pero los principios generales discutidos en este libro pueden ser de ayuda. En la evangelización urbana debemos pensar en esta población, de difícil integración, pero que necesita, sin embargo, escuchar el mensaje de salvación.

Finalmente, para alcanzar una ciudad grande no hay una estrategia única. Todos los métodos y estrategias pueden ser empleados, siempre y cuando se estudie cada caso separadamente. En realidad, hay que tratar de utilizar la diversidad metodológica existente dentro de cada diversidad cultural. La razón por la cual no tenemos éxito es, precisamente, porque muchas veces nos concentramos en un solo objetivo, y con el mismo método. La crítica aquí no es sólo a los llamados *métodos tradicionales*, sino a todos en general.

La evangelización urbana hoy es quizás el tipo de evangelización más importante. Si se utiliza la estrategia de Dios, es mucho más urgente pensar en una ciudad grande que en una ciudad pequeña o de características rurales. Muchas veces los cristianos piensan en las misiones como algo distante, sin pensar que su campo misionero está precisamente donde están sus vecinos.

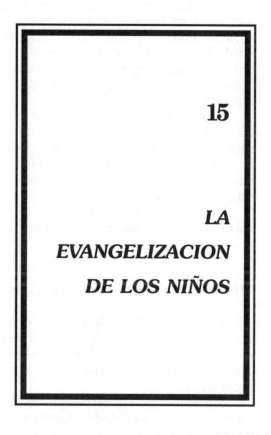

15

LA
EVANGELIZACION
DE LOS NIÑOS

Uno de los mayores desafíos en el área de la evangelización son los niños. No hacen falta estadísticas para darnos cuenta del gran número de niños que se encuentran en todas partes. Los encontramos en las calles, en las plazas, en las escuelas, en los supermercados, en centros de juegos electrónicos. En los barrios más pobres, el futuro de los niños es incierto: éstos son manipulados por traficantes fraudulentos y entrenados para robar. Además, con las fallas de la educación pública, poco es lo que aprenden, porque la mayor parte del tiempo los maestros están en huelga. De modo que, sin nada que hacer, la niñez es presa fácil de la delincuencia.

Por otra parte, están en auge los programas de TV para niños, naturalmente con fines comerciales. Nadie ignora el hecho de que algunos animadores y animadoras de programas infantiles se están enriqueciendo a costa de nuestros niños, aprovechándose inclusive, con motivos económicos, de la popularidad que logran entre la niñez. Algunas de estas animadoras, con un carisma especial, han logrado atraer excesivamente a los niños y están influyendo profundamente en la educación de nuestros hijos.

¿Qué es lo que estas personas están enseñando a nuestros niños? En algunos casos podemos observar aspectos recreativos saludables, y ello puede ser muy positivo. Pero está faltando una cosa: introducir a Dios en la vida de los niños, y esto es algo que los programas no están haciendo, y si lo hacen, no lo hacen con la verdad del evangelio.

Por estas y otras razones las iglesias del Señor Jesucristo deben ser desafiadas a dar mayor atención a este campo de la evangelización.

METODOLOGIAS Y ESTRATEGIAS

En la evangelización de los niños se pueden utilizar, por lo general, los métodos de evangelización personal y masivos. Podemos fácilmente iniciar un diálogo con un niño, y podemos también promover reuniones, cultos para niños y otros tipos de programas.

Sin embargo, las estrategias y las técnicas deben ser aplicadas con mucho cuidado. Damos a continuación algunos tipos de opciones:

1. La escuela pública (Efesios 6:4; Génesis 18:19; 1 Samuel 3:13, 14)

Es común la práctica de enseñar religión en las escuelas, pero para algunas denominaciones este es un asunto controversial. Sin embargo, no vemos motivos para la discrepancia. Si la Iglesia Católica lo hace, por mandato legal o sin él, ¿por qué nosotros los evangélicos no podemos también hacerlo? Y sabemos la superioridad del evangelismo sobre la catequesis. Nuestro sistema de comunicar el mensaje del evangelio es atrayente por naturaleza, y siempre gana la preferencia de los niños. Por consiguiente, esta oportunidad no debe ser desaprovechada. Tenemos que utilizar todos los medios para depositar en las vidas de los niños cosas positivas, cada vez que tengamos oportunidad de hacerlo.

2. La iglesia

Las iglesias tienen en sus manos un gran número de posibilidades de trabajar con niños, comenzando con los propios hijos de los miembros. Veamos algunas opciones:

(1) La Escuela Bíblica Dominical. Las iglesias deben invertir lo suficiente en personal especializado y en materiales para hacer de la EBD no sólo una agencia de educación religiosa, sino además de evangelización. Tenemos que entender que la simple educación religiosa no lleva a la salvación. Hay muchas personas que tienen en sus cabezas cosas muy buenas de la religión cristiana, pero no están convertidas. Así, pues, la EBD debe dar atención especial a la evangelización de los niños.

(2) Los clubes de niños. El sistema de clubes de niños ofrece tremendas oportunidades para atraer a los niños del barrio, realizar con ellos actividades manuales, recreativas y deportivas, y presentarles una historia bíblica y el mensaje de salvación. Generalmente, éstas se realizan en el hogar de una familia creyente.

(3) Cultos al aire libre. Nuestros cultos tradicionales al aire libre son muy eficaces para el trabajo evangelístico con los niños, sobre todo porque ellos son los primeros que se acercan cuando observan cualquier actividad en las plazas públicas. Si hiciéramos una investigación, descubriríamos que muchas iglesias comenzaron con el trabajo entre los niños.

(4) Las conferencias evangelísticas. Las iglesias no siempre piensan en los niños cuando programan una campaña evangelística. Pero deben pensar en ellos, para que no queden de su cuenta y hasta perjudicando el desarrollo del servicio de los adultos. Lo más conveniente es hallar a alguien especializado en el trabajo con los niños, y tener para ellos un servicio paralelo cada día de las conferencias, dado que con toda seguridad estarán presentes otros niños aparte de los hijos de los miembros de la iglesia.

(5) Los campamentos. La estrategia de los campamentos, tan utilizada en nuestros días, debe utilizarse también con los niños. Muchos siervos del Señor han tenido su encuentro salvador con Jesucristo en un campamento de niños. Respecto a los campamentos hay dos opciones. Podemos elaborar programas paralelos cuando haya programas para adultos, facilitando con ello que los adultos estén acompañados de sus niños. Podemos también programar temporadas específicas para los niños. Sin embargo, cuando tengamos que trabajar con muchos hijos de personas no creyentes, deben ser tomadas algunas precauciones y preparar una buena estructura en lo referente a la responsabilidad por los niños.

3. El plan de salvación

El plan de salvación debe presentarse también a los niños. Podría parecer inconveniente hablar del pecado con los niños, pero si no hay pecado no hay tampoco necesidad de salvación.

Los niños deben ser evangelizados cuando lleguen a la edad de tener conciencia moral. Naturalmente, esta edad varía de una persona a otra, pero no será difícil saber cuando cierto niño ya es capaz de distinguir entre lo bueno y lo malo.

Debido a la naturaleza del niño, nunca debemos pura y simplemente, al hacer la evangelización personal, intentar aplicar el plan de la salvación utilizando el esquema presentado en este libro. La conversación debe partir siempre de algún hecho positivo. Las historias bíblicas son muy adecuadas para iniciar la conversación. También podemos hablar de historias morales.

El plan de la mano ha sido muy útil en la evangelización de los niños. Mostrándole la mano al niño, comenzamos con el dedo pulgar, diciendo: "Dios te ama" (Juan 3:16). El dedo índice, que sirve para apuntar, puede utilizarse para hacer la declaración: "Tú eres pecador" (Romanos 3:23). El dedo medio recuerda a Cristo crucificado entre dos malhechores (el dedo medio está entre dos dedos menores: el índice y el anular), y recuerda la declaración: "Cristo murió por ti" (Romanos 5:8). El dedo anular, que recuerda al anillo y de allí la idea de recibir, sirve para declarar: "Recibo a Cristo como mi Salvador" (Juan 1:12). Finalmente, el meñique recuerda a un bebé, y juntamente con ello la idea de ser una nueva criatura o del nuevo nacimiento (2 Corintios 5:17).

De cualquier manera, el evangelizador debe inventar recursos y caminos nuevos para presentar el plan de salvación a los niños. A los niños no se les debe enfatizar la idea del infierno, sino más bien resaltar la idea del cielo y del amor de Dios. Para averiguar y trabajar con la idea o conciencia de pecado, debemos conocer al niño o lo que éste piensa sobre el pecado.

En conclusión, el niño debe entender al pecado como desobediencia, y el mejor ejemplo es la desobediencia a los padres. Se les debe decir que la razón por la cual Dios condena el pecado es la misma por la cual los padres no quieren que los niños desobedezcan: porque ellos desean que sus hijos actúen siempre bien.

4. Algunas técnicas

Ya hemos establecido la diferencia que hay entre método y técnica. Las técnicas son los recursos utilizados para llegar a un objetivo. Son los recursos materiales.

(1) El libro sin palabras. Este es un excelente material ofrecido por la Liga para la Evangelización del Niño. El material consiste en ciertas páginas de cartulina, en colores. Cada color representa un valor espiritual: el amarillo, el cielo; el negro, el pecado: el rojo, la sangre de Cristo; el blanco, la paz. Este es un recurso audiovisual muy poderoso.

(2) El franelógrafo. El franelógrafo, uno de los recursos tradicionales más utilizados, puede ser utilizado todavía eficazmente. En ciertos casos, la propia persona que evangeliza puede preparar las figuras y crear su historia. Con este recurso, apelamos a la curiosidad e imaginación del niño.

(3) Diapositivas y filminas. Lo que normalmente conocemos como *proyección luminosa* puede resultar muy útil. Aquí también el propio evangelizador puede crear las historias y hacer sus fotografías. Hoy resulta muy fácil que cualquier persona con una cámara fotográfica de 33 milímetros haga sus materiales. Las diapositivas son rápidas; sólo hace falta enviarlas a revelar.

(4) Magia. No se escandalice. No estoy hablando de magia, realmente, sino de ciertos trucos que algunas personas pueden hacer. Con algunos hilos, pañuelos y otros objetos, una persona puede realizar trucos que llaman la atención y que contienen lecciones. Nunca olvido a un gran misionero norteamericano llamado Bill Enete, que utilizaba a un muñeco de ventrílocuo y que hacía trucos. Fui grandemente influenciado por él en mi conversión y respondí a un llamado para dedicarme al ministerio en uno de sus sermones para niños, cuando tenía 12 años.

149

(5) Muñecos de ventrílocuo. Zezinho era el nombre del muñeco de ventrílocuo de Bill Enete, a quien llamábamos Tío Billy. Esta era una técnica para enseñar muy eficaz, y es una pena que actualmente ya no se utilice tanto este recurso.

En 1985, tuve el privilegio de encontrarme con doña Cristal Enete, la esposa de ese misionero. Yo me encontraba asistiendo a una asamblea de la Convención Bautista del Sur de los Estados Unidos, en Atlanta. Doña Cristal también estaba allí, con casi 90 años de edad, acompañada de su hijo Bill Enete, Jr. Su esposo ya había fallecido. Después me llevaron a su casa. Fue una emoción muy grande recordar aquellos tiempos de mi niñez cuando, después de convertido por el método de evangelización de niños, ayudaba al misionero Enete en sus campañas. Entonces el hijo del misionero se dirigió a una habitación y me trajo una maleta, muy brasileña y muy antigua. La reconocí, pues aquella maleta era la misma de los viejos tiempos. De ella sacó a Zezinho, aquel mismo muñeco que yo había conocido. Había llegado mi día de satisfacer una curiosidad que había tenido durante muchos años. De niño, siempre quise saber cómo hacía funcionar el muñeco el viejo misionero. Aquel día agarré el muñeco y vi, por la parte de atrás, los viejos cordeles y alambres, y lo puse a funcionar. Las lágrimas me saltaron a los ojos. Ese día fue de mucha emoción para mí.

(6) Los títeres. Este es otro recurso muy valioso, y uno que no ha sido muy explotado por nosotros. Aconsejamos a los maestros y a los que evangelizan niños, que se especialicen en esta técnica. Los títeres pueden ser confeccionados por el propio evangelizador. El material es fácil de usar, y la técnica es más cómoda de ser asimilada pues no exige que la persona sea ventrílocua; y un *show* de títeres atrae hasta a los adultos.

Estas son apenas algunas técnicas que han sido utilizadas. Sugerimos a los evangelizadores aplicar su creatividad y sacar provecho de otras técnicas que puedan surgir para comunicar el mensaje del evangelio a los niños.

5. La radio y la TV en la evangelización de los niños

Estrategias más costosas, pero muy eficaces, son la radio y, principalmente, la televisión.

(1) La radio. Debido a la fascinación audiovisual de la TV, la radio ha perdido un poco de su atractivo. Sin embargo, con

cierta imaginación y creatividad, todavía es posible evangelizar a los niños por medio de la radio.

Una de las principales técnicas podría ser la de las historias dramatizadas, es decir, novelas radiales. Pero las novelas tienen que ser cortas y no deben ser presentadas en capítulos continuados, pues sólo a través de la voz, en capítulos seguidos, no se logra comunicar mucho a los niños. Las historias deben estar acompañadas de música apropiada para los niños.

Los programas radiales de concursos pueden también ser efectivos, particularmente si se ofrecen premios que interesen a los niños.

En cuanto a cómo utilizar la radio en la evangelización, consultar el capítulo sobre este tema.

2) TV. La televisión ofrece numerosas opciones para la evangelización de los niños.

Un tipo de programa para la evangelización de los niños por medio de la TV podría consistir en películas preparadas con ese objetivo. Lamentablemente, todavía no disponemos de grandes recursos para producciones de este tipo.

Los programas-shows también serían muy útiles. En tales programas se podrían utilizar numerosas técnicas, por ejemplo: muñecos de ventrílocuos, títeres, solistas infantiles, corales infantiles, declamadores infantiles y teatro. En un tipo de programa así se podrían hacer muchas cosas.

Naturalmente, son programas costosos. Sin embargo, si son bien hechos, ellos podrían ser patrocinados por empresas evangélicas que se dediquen a la producción de juguetes, alimentos, y productos de otra naturaleza.

(3) Videocasetes evangelísticos para niños. En la actualidad hay una buena colección de videocasetes para evangelizar a los niños. Generalmente se pueden alquilar en librerías y distribuidoras cristianas de su ciudad.

6. El llamamiento

El llamamiento, cuando se evangelizan niños, puede ser hecho tanto en la evangelización personal, como en la masiva.

(1) El llamamiento en servicios y reuniones con niños. Damos, a continuación, algunos pasos en cuanto al llamamiento:

a. Prepare el ambiente a través de la oración.

b. Asegúrese de que todos han entendido el mensaje.

c. Explique, claramente, lo que usted quiere de cada uno de ellos: que acepten a Cristo como su Salvador.

d. La prueba de que lo han hecho puede ser levantando la mano o pasando al frente. Los niños no tienen problemas de pasar al frente.

e. Trate de evitar que otros niños levanten también la mano sólo para imitar a algunos de ellos que lo estén haciendo.

f. Aclare que no se recibe a Cristo más de una vez; que esta decisión vale para toda la vida.

g. Ponga aparte a los niños que hicieron su decisión y haga con ellos el trabajo de aconsejamiento.

h. Algunas precauciones especiales en cuanto al aconsejamiento son:

(a) Someta a prueba la experiencia tenida por el niño.

(b) Trate de averiguar si el niño ha entendido bien lo que está haciendo.

(c) Lea para el niño Juan 1:12 y 5:24. Muéstrele que lo que Jesús da es para siempre.

(d) Trate de enseñar al niño que desde ahora podrá tener la victoria sobre el pecado y a vencer siempre en Cristo.

(e) Muéstrele que Cristo es ahora su amigo para siempre, hasta cuando se convierta en adulto y hasta el resto de su vida.

(f) Repita estas verdades varias veces, hasta estar seguro de que el niño asimiló el mensaje.

(g) Ore con el niño por sus pecados, y agradezca a Dios su salvación en Cristo.

Lo visto aquí es un llamamiento en reuniones grandes.

(2) *El llamamiento en la evangelización personal.* Si el evangelizador está trabajando con sólo uno o dos niños, el llamamiento debe ser diferente. Este será de acuerdo con la conversación y con la aceptación del asunto tratado por parte del niño. Después de haberle expuesto el plan de la salvación, y de observar que el niño lo ha entendido, el evangelizador hará con toda naturalidad la transición al llamamiento: "Y ahora, Marcos, por lo que has oído y entendido, ¿quisieras entregar tu vida a Jesús y recibirlo como tu Salvador?" Dialogue con el niño sobre la decisión. Pídale que lo acompañe en una oración. Haga una oración sencilla de decisión, y después de que él haga la

decisión abrácelo y ore con él, dando gracias a Dios por haberlo utilizado en la vida de ese niño.

7. ¿Qué esperar de un niño convertido?

Ciertas cosas ocurrirán normalmente con un niño que haya sido convertido. El tendrá:

(1) Convicción de pecado y deseo de enderezar para siempre su vida delante de Dios y delante de los hombres. Los niños son siempre muy fieles en lo que prometen.

(2) Amor por la Biblia. El niño debe ser estimulado a leer la Biblia.

(3) Deseo de testificar de Cristo. Los niños no pueden ocultar lo bueno que descubren.

(4) Amor por la iglesia de Cristo. Conozco a niños que vibran más con la iglesia que sus propios padres creyentes.

No olvide, sin embargo, que un niño convertido seguirá siendo un niño y que hará cosas de niños. Un mal muy grande de muchas iglesias y creyentes es pretender que un niño convertido actúe como un adulto. Esto es contra el orden natural de las cosas. En vista de ello, el niño retozará y jugará despreocupadamente con los demás niños en el patio de la iglesia, y hará otras cosas propias de niños.

CONCLUSION

Un niño realmente convertido se transformará en un adulto de buen carácter y triunfante. Muchos vicios jamás alcanzarán la vida de una persona que haya sido convertida en su niñez. Las estadísticas demuestran que los mejores líderes del mundo han sido aquellos que se convirtieron siendo niños. Esto puede ser comprobado en países donde el evangelio tiene más tiempo de actuación, como es el caso de los Estados Unidos de América.

Por consiguiente, si queremos tener iglesias fuertes en el futuro, tenemos que invertir en la evangelización y en la educación religiosa de los niños. Aquí se encuentra, por tanto, nuestro gran desafío.

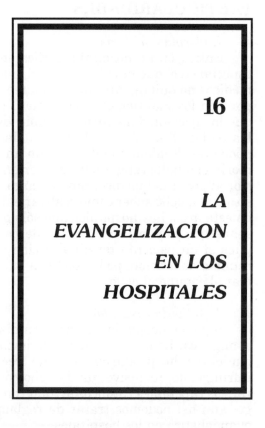

16

LA EVANGELIZACION EN LOS HOSPITALES

Los hospitales son un gran campo para la evangelización. Sin duda alguna, la enfermedad quebranta a las personas y las hace más sensibles al mensaje de Dios. Sin embargo, no todos los creyentes están llevando a cabo este trabajo con la debida sabiduría.

Hace algún tiempo gané para Cristo a un importante médico neurólogo. El estaba casado con una mujer creyente en el Señor, pero tenía mucha dificultad con el evangelio, precisamente por el mal testimonio de ciertos creyentes que trabajaban en su hospital. Cuando empezamos a conocernos, me costó mucho trabajo lograr que se desprendiera de esas impresiones negativas, y mostrarle que la realidad podría ser diferente. Finalmente, Dios me utilizó para ganarlo y hoy es un excelente creyente y un magnífico evangelizador y predicador laico.

PARTICULARIDADES

1. Normas médicas

Entrar en un hospital significa entrar a un ambiente muy especial en el que la vida está corriendo un riesgo. Por tanto, los médicos no quieren que sus pacientes sean puestos en peligro y por ello los mantienen bajo su total control. Existen casos en que los pacientes no pueden recibir visitas y debemos respetar las reglas. También hay horas señaladas para las visitas a los pacientes. Evidentemente, cuando un paciente está a punto de morir, el auxilio religioso pasa a ser un derecho inviolable, superior al poder del médico. Sin embargo, el evangelizador, en esta situación, debe saber cómo realizar el trabajo. Temiendo errores en esta área, hay hospitales que sólo permiten la entrada a personas que hayan hecho cursos de capellanía; y tienen razón, pues si un paciente terminal recibe visitas para una emotiva reunión de oración, podrá partir a la eternidad antes de encontrar el camino al cielo.

2. Actividad reglamentada

Algunos hospitales grandes ya disponen de una capellanía evangélica. Lamentablemente, todavía son muchos los establecimientos hospitalarios que no reconocen esta necesidad, infringiendo, inclusive, un derecho constitucional. Por lo general, los capellanes católicos actúan con toda libertad; sin embargo, aun así podemos tratar de reglamentar nuestra actividad evangelística en los hospitales.

Hace muchos años, cuando era pastor de la Iglesia Bautista da Liberdade, en Sao Paulo, conseguí del Hospital de Clínicas permiso para hacer trabajo evangelístico los domingos en ese establecimiento. Para ello tuve que entrenar a los diferentes equipos que trabajarían en cada área. Así, un grupo trabajaba en pediatría, otro en psiquiatría, otro en medicina general, otro en ortopedia y otro en el área de las personas quemadas.

Trabajar así fue algo realmente gratificante. Llegábamos y lo teníamos todo preparado. En los grandes y extensos pasillos, los enfermeros colocaban a los pacientes de ortopedia. Aquello parecía un baile de gansos. Se sacaban las camas de las habitaciones a los pasillos y allí realizábamos el culto, mientras varias personas se distribuían entre las camas. En psiquiatría había señoritas jóvenes que narraban historias con franelógrafos. Era realmente una oportunidad de oro.

3. Entrenamiento adecuado

Hay cursos que se enseñan en los seminarios y también cursos dictados por especialistas, que debe tomar todo creyente que quiera dedicarse a este ministerio. Un buen entrenamiento debe contener orientaciones en cuanto a asepsia, ética hospitalaria y cómo manejar las emociones del paciente. El evangelizador también deberá estar siempre preparado para enfrentar emergencias. Por ejemplo, saber qué hacer si mientras hace la visita detecta alguna anormalidad en el estado del paciente.

4. Identificación del trabajo evangelístico

Todo evangelizador debe tratar de identificar su trabajo en los hospitales. Debe decir de dónde viene, a qué iglesia pertenece y, si distribuye tratados, éstos deben estar sellados indicando el nombre de la entidad representada por el evangelizador. La razón de esta preocupación es sencilla: por un hospital pasan muchos religiosos, y ha sucedido que un trabajo mal hecho ha causado daños a la vida del paciente, lo que siempre implica más gastos hospitalarios.

METODOS, ESTRATEGIAS Y TECNICAS

¿Qué actividad evangelística debemos realizar en los hospitales? En términos de trabajo hospitalario —sin pensar en los enfermos que están en sus casas— existen varias posibilidades.

1. Métodos

En los hospitales podemos utilizar el evangelismo personal o el evangelismo masivo. Por lo general, el evangelismo personal es el más utilizado. El evangelismo masivo será posible si se dispone de una actividad reglamentada, a nivel de capellanía. En algunos hospitales se pueden encontrar hasta capillas, a donde son llevados los pacientes que están en condiciones de moverse. En este caso, el responsable del programa deberá tener cuidado de saber previamente quién predicará, qué tipo de mensaje será utilizado, el tiempo del mensaje, y la música adecuada para la ocasión, tanto en lo que se refiere al ritmo como a la letra, e informarse aun en cuanto al tipo de oración que se hará.

Un especialista de la Unión Médico-Hospitalaria Evangélica ha reglamentado así los cultos en las salas de pacientes: Como principio general no debe dedicarse más de media ahora a lo que se trate de hacer, y el culto no debe pasar de 20 minutos, ya que cualquier actividad que tome más de media hora en una sala de enfermos interferirá en la rutina del hospital y perderá también su propósito, al fatigar a los pacientes.[1]

En el mismo sentido, el Dr. José Maria Nascimento Pereira, profesor de medicina y con gran experiencia en la evangelización en los hospitales, recomienda que el culto no debe tener más de 15 minutos de duración, para no fatigar a los enfermos y para no perjudicar su contacto con los familiares que los estén visitando ese día. El programa del culto debe ser sumamente sencillo. La parte musical consistirá en un corito en la apertura del servicio e inmediatamente después habrá una oración. Después vendrá el mensaje, que no deberá pasar de 10 minutos. Luego se tendrá un número musical y, finalmente, se concluirá con una oración.[2]

2. Estrategias

Entendemos por estrategia la manera especial o el tipo de operación que se utiliza para alcanzar a las personas, ya sea individualmente o en grupo. La estrategia es el programa adecuado para cada circunstancia.

En este sentido, se puede realizar un culto formal o una representación teatral. En Navidad se puede utilizar una cantata. Tuvimos, una vez, una cantata especial con una coral de la Iglesia Bautista de Liberdade en el Hospital de Clínicas de Sao Paulo. La coral iba cantando por los pasillos, de sala en sala. Los cantantes se movían libremente, al mismo tiempo que se conservaba el canto en conjunto. Y en cada dramatización, el coro irrumpía cantando con entusiasmo. Esta es una estrategia.

Otro recurso valioso es descubrir a los creyentes que trabajan en el hospital, ya sea como enfermeros o como médicos, e involucrarlos en el programa. Naturalmente, este método debe

---

[1] P. M. Pattison, "Cultos em Enfermarias", del libro *A Palavra Que Sara*. Sao Paulo, Uniâo Médico-Hospitalar Evangélica, 1969, p. 71.

[2] José Maria Nascimento Pereira, *Ministrando aos Enfermos*. Río de Janeiro, JUERP, 1986, p. 35.

utilizarse con el debido cuidado para que la ética no sea quebrantada. Tales personas pueden ser de gran ayuda, principalmente en el sentido de estar presentes cuando se dé de alta a un paciente, al sugerirle a éste que se vincule con alguna iglesia.

3. Técnicas

En los hospitales podemos utilizar películas, teatro, diapositivas, títeres, muñecos de ventrílocuos, charlas y sermones. Todo esto es eficaz, principalmente para la evangelización de grupos, dependiendo, naturalmente, de cada establecimiento hospitalario.

Cuando se haga evangelización personal, la técnica deberá ser el diálogo. El evangelizador podrá hacer uso de tratados que hablen del plan de salvación, pero no deberá forzar al paciente a leer lo que le entregue. Cuando se trate de niños se podrán utilizar libros que estén solamente ilustrados, sin palabras, o un pequeño franelógrafo, aunque se trate de un solo niño. También se pueden utilizar los dedos de la mano para la evangelización. Sugiero al lector ver el capítulo referente a la evangelización de niños. Hay que tener cuidado, sin embargo, de que cuando se trate de evangelizar tanto a adultos como a niños, no se debe comenzar con algo que resulte ser cansador o tedioso.

Al utilizar la técnica del abordaje, como ya ha sido dicho, el evangelizador debe iniciar la conversación con algo alegre, teniendo cuidado de no hacer reír demasiado a un paciente recién operado, lo que podría resultar perjudicial para los puntos de sutura.

LITERATURA

La literatura que sea distribuida en los hospitales debe ser cuidadosamente seleccionada.

1. La Biblia

La Biblia siempre será adecuada para cualquier paciente, preferentemente el Nuevo Testamento, como único volumen. De todas formas, el evangelizador deberá tener el cuidado de seleccionar algunos pasajes que resulten más apropiados que otros. Tratándose de toda la Biblia, seleccione algunos salmos. Muchas personas con enfermedades menos graves han logrado leer toda la Biblia mientras se encontraban hospitalizadas.

2. Libros

Ciertos pacientes con enfermedades menos graves, pero que exigen un largo período de hospitalización, pueden sacar provecho de la lectura de libros de naturaleza evangelística. En este caso es necesario también tener cuidado de seleccionar bien el tipo de lectura, ya que libros que traten del infierno, de la vida en el más allá, de demonios, y de otros temas semejantes, podrían causar a los enfermos una fuerte impresión. El paciente hospitalizado tiene siempre una mente debilitada, y no es aconsejable que se exija demasiado de esa mente.

3. Tratados o folletos

Los tratados son muy útiles para evangelizar en los hospitales. Aquí, igualmente, hay que hacer una selección, pues tratados que se refieran a la eternidad en términos negativos, que hablen de la muerte, del juicio, o del infierno, no son recomendables. Al paciente hospitalizado hay que presentarle lo positivo, lo que le produzca esperanza y paz.

RECOMENDACIONES FINALES

Esta sección bien podría ser llamada *"los mandamientos del evangelizador de hospitales"*. Veamos cuáles son:

1. Acérquese sonriendo al paciente, con una sonrisa de optimismo y esperanza, no con cara de pésame.

2. Nunca se emocione o llore estando cerca del paciente, ya que esto también provocará emociones en él, lo cual puede resultarle perjudicial.

3. No pregunte sobre la naturaleza de la enfermedad del paciente, pero si éste quiere hablar de ello permítale que se explaye todo lo que quiera. Sin embargo, trate de interrumpirlo cuando pueda, para crear un mejor ambiente de conversación.

4. Al orar por el paciente, no le prometa curación. Dígale simplemente que Dios tiene un plan para cada vida y que lo mejor que podemos hacer es esperar en Dios.

5. Nunca predique un sermón (estando en la capilla del hospital) como si estuviera en el púlpito de una iglesia, ya que el enfermo no soporta la oratoria exaltada.

6. Por la misma razón, no haga oraciones a gritos, ni emocionadas, tratando de impresionar al enfermo. Nuestro Dios

puede escuchar aun el balbuceo de nuestros labios, como sucedió en el caso de Ana (1 Samuel).

7. Haga meditaciones breves, intercaladas con buena música (cuando se trate de un culto de capilla). Como máximo, cada período no debe tomar más de 5 minutos. El estado psicológico del paciente no tolera demasiado "parloteo".

8. Tenga cuidado con las ilustraciones que utilice. No cuente experiencias de otros enfermos. Además, no hay que hablar de enfermedades. Todo en el culto debe evitar la enfermedad. Cree un ambiente diferente para que el paciente se sienta bien.

9. Durante el culto, o en cualquier circunstancia durante el tiempo de la evangelización, no mande al paciente a orar. Es usted quien debe orar por él, a menos que él sienta este deseo y demuestre que está en condiciones de hacerlo. Pero puede que él se desespere cuando hace la oración.

10. Comience a reunir, desde ya, un buen "tesoro" de mensajes positivos para utilizar en los hospitales. Si no dispone de una meditación bien positiva o bien optimista, lea solamente textos escogidos de la Biblia.

11. Cante música alegre, pero tenga cuidado con el tipo de mensaje de cada canción. No utilice himnos que hablen del cielo o de la muerte.

12. No hable del infierno. Hable siempre de la salvación. Evite hablar de la muerte, aunque sea para ir al cielo. Hable mucho de confianza, esperanza, alegría, paz. Hable del buen pastor. Trate de sacar el hospital de la mente del paciente, y colocarlo en lugares diferentes.

13. Utilice un tono firme y suave de voz al orar y predicar. La voz tiene poderes maravillosos.

14. Tenga cuidado con la literatura que distribuirá. No reparta nada sin haberlo leído antes, palabra por palabra. No utilice tratados o folletos con temas tales como "Usted va a morir", o "¿Sufre usted del corazón"?

15. No le dé la mano al enfermo, para bien de él y de usted mismo. Usted podría estar trayendo "enemigos" invisibles de la calle, lo que podría estorbar el tratamiento médico del paciente, en vez de ayudarle.

16. No bese al enfermo, aunque se trate de un niño. Su cariño debe demostrarlo con su semblante.

17. No lleve flores a los pacientes. Por más elegante o cordial que resulte este gesto, las flores pueden ser portadoras de enfermedades que agravarían la condición de los enfermos.

18. No discuta asuntos doctrinales con el paciente. En caso de provocación por parte de él, lo mejor es consolarlo y orar por él, con amor, sin discutir.

19. Si el paciente se encuentra en estado de coma, y usted tiene acceso a él, repita textos escogidos de la Palabra de Dios, cerca de su oído, sin ningún tipo de comentarios. Por ejemplo: Juan 3:16; 5:24; Romanos 5:8; Salmo 23, y otros. Trate de repetirlos de memoria.

20. Prepárese en oración una semana antes de hacer su visita al hospital, ya que la vida de oración comunica un potencial maravilloso para tratar con el paciente. Cuando usted llegue al hospital el día fijado, será un mensaje vivo, andando de cama en cama, comunicando a todos paz y seguridad en Jesús.

NO OLVIDAR LA INCORPORACION DEL PACIENTE A LA IGLESIA

El que evangelice en los hospitales deberá contar con un equipo que lo ayude a lograr la incorporación del paciente a la iglesia. Estar en contacto con cada paciente hasta el día que sean dados de alta es algo muy valioso. El equipo deberá estar en condiciones de ofrecer, al paciente que es dado de alta, orientación en cuanto cómo continuar en contacto con una iglesia. Como ya he dicho, este trabajo puede contar con la colaboración de los creyentes que ya se encuentren trabajando en el mismo hospital, ya sean enfermeros, médicos o hasta personal obrero, y que puedan, de alguna manera, involucrarse en el programa.

LECTURA SUGERIDA

Katie Maxwell, *Orientaciones prácticas para visitar enfermos,* El Paso, Casa Bautista de Publicaciones, 1991.

17

*EVANGELIZACION
POR TELEFONO*

Cuando Pablo dice: "A todos he llegado a ser todo, para que de todos modos salve a algunos" (1 Corintios 9:22b), en verdad no tenía idea de algunos medios modernos que tenemos para comunicar el evangelio, como es el caso de la radio, de la televisión y del teléfono.

En 1982, cuando pastoreaba la Iglesia Bautista de Tauá, en Río de Janeiro, inicié el sistema con el nombre de "Audiovida", y los resultados fueron excelentes. Llegué a bautizar a personas que vinieron a la iglesia atraídas por el sistema Audiovida.

EL CONTESTADOR AUTOMATICO

Este aparato es, en síntesis, una secretaria electrónica. Sin embargo, se debe escoger un equipo que permita grabar más allá de lo convencional utilizado para emitir un mensaje. Se sabe, por lo general, que las secretarias electrónicas graban sólo 30 segundos de mensaje y esto no es suficiente para nuestro propósito. El tiempo ideal es de 1 minuto a 1 minuto y 15 segundos. Más de esto no es conveniente. Actualmente existen contestadores adecuados a este tipo de actividad, y para obtenerlos basta con visitar una tienda especializada.

Por otra parte, se debe tener un teléfono sólo para ser utilizado por la máquina. El secreto del sistema es la continuidad. La conexión del teléfono al contestador es muy sencilla, sin que haga falta ningún requerimiento especial.

EL MENSAJE

Hay que tomar en cuenta ciertos detalles en cuanto al mensaje en este tipo de evangelización.

1. Debe ser escrito
Los mensajes deben escribirse para que se pueda decir mucho en poco tiempo. Por ello, es necesario que el evangelista se perfeccione en el arte de decir mucho con pocas palabras. Es el arte de saber sintetizar. Las palabras deben ser sencillas, con frases breves y conceptos claros. El trato debe ser individual. El evangelizador debe tener en mente que hay sólo una persona en el otro extremo y es como si estuviera conversando o dialogando con ella. Y aún más: que el evangelizador está hablando al oído de la otra persona.

2. El tono de voz
Como consecuencia de lo antedicho, el tono de voz debe ser tranquilo y suave. Jamás se debe hacer un sermón gritado como si estuviera hablando desde un púlpito, ni siquiera como si estuviera hablando por la radio. El evangelizador debe aprender a leer el guión como si no estuviera leyendo, y hablar suave y en tono íntimo a la persona. Naturalmente, el evangelizador no debe exagerar el tono de voz al punto de convertirlo en una voz sensual o romántica. El evangelizador debe utilizar su voz natural, aunque hable suave.

3. El contenido del mensaje

A pesar de ser evangelístico, el mensaje no tiene que comenzar siempre con el plan de la salvación o yendo directo al objetivo evangelístico. Con este sistema, por lo general funciona muy bien el mensaje de consolación. Los que llaman son personas que se esconden en el anonimato porque sufren ciertos problemas morales, emocionales y espirituales. Por ello, he aprendido que lo mejor es comenzar siempre con un mensaje de consuelo, de ánimo para la vida, y después de esto, en el mismo mensaje, aconsejar a la persona que busque a Cristo. Y algo más: hay que utilizar siempre un texto bíblico que sea fácil de recordar, breve, sencillo y práctico. En este sentido, la Biblia es un manantial inagotable y maravilloso. Por lo tanto, no importa por donde comience, el mensaje debe siempre terminar dirigiendo a la persona a Jesús como Salvador y transformador de la vida. Al final de este capítulo daremos algunos modelos de mensajes.

EL SISTEMA DE SEGUIMIENTO

Surge, entonces, una pregunta muy lógica: Si una persona llama, escucha el mensaje de 1 minuto, y queda en el anonimato, ¿cómo podemos ayudarla?

Para este tipo de seguimiento hay dos procesos cuyo funcionamiento ha sido comprobado. El primero consiste en utilizar un espacio que hay en la cinta para la respuesta de la persona que llama. Después de que el mensaje ha terminado, la máquina emite un sonido de "bip" y el interesado podrá dar su nombre, dirección o teléfono, para ser atendido posteriormente por el equipo de evangelización. Obviamente, no siempre la persona interesada responderá, pues la mayoría de las veces la persona llama, oye el mensaje y cuelga inmediatamente el teléfono después de escucharlo. También, dependiendo de nuestra organización interna, tomará un tiempo repasar cada cinta y anotar las llamadas, y no siempre la persona tendrá la paciencia para escuchar toda la cinta, pedazo por pedazo, hasta descubrir el origen de la llamada.

Un segundo recurso es dar, al final del mensaje, el número de otro teléfono —preferentemente el de la iglesia— para que el interesado pueda llamar inmediatamente. Decimos que es preferible que sea el de la iglesia porque, si se da el teléfono de la casa pastoral, el pastor no tendrá nunca tranquilidad en su casa. En esta "red" caen muchos "peces" problemáticos y que siempre acudirán al sistema. Utilicé mucho este método, y al final de cada mensaje decía: "Podrá recibir más ayuda por el teléfono..." Evidentemente, para este tipo de actividad tenemos que disponer de una estructura para poder dar atención a los que llamen. Si la iglesia dispone de una secretaria a tiempo integral, tal vez ella podría ayudar. Pero el volumen de llamadas podría aumentar y tendría a la larga que ocuparse sólo de esto. En nuestro ministerio funcionó razonablemente bien el ministerio de turnos. Los miembros del departamento de evangelización de la iglesia, y hasta algunos diáconos que habían recibido un breve entrenamiento en cuanto al sistema, se sometían a un horario de atención. Si el número de llamadas es grande, vale la pena hacer esto. De todos modos, este sistema genera un grande y maravilloso involucramiento de la iglesia en la evangelización. Si el sistema de evangelización por teléfono no justifica por sí solo que las personas se turnen para atender a los que llaman, ¿qué tal si los que hacen su turno se involucran además en la atención espiritual de los nuevos creyentes de la iglesia?

LA PUBLICIDAD DEL SISTEMA

Para que el sistema sea conocido por la comunidad, podemos echar mano de varios recursos prácticos. El primero de éstos es sellar toda la literatura evangelística de la iglesia, comenzando con el anuncio del sistema: "Escuche Audiovida. Mensajes de consuelo y de optimismo. Disque el número ..." También es posible imprimir y entregar a los creyentes pequeñas tarjetas para que las distribuyan a los lugares donde vayan. Igualmente se pueden hacer avisos a mano y fijarlos en las tiendas de personas amigas. También se pueden utilizar, durante algún tiempo —mientras se establece el sistema— anuncios por la radio. En los periódicos parroquiales también se puede publicar la propaganda del sistema, como un servicio de utilidad pública. Y si la iglesia posee algún vehículo para hacer evangelización, se puede dibujar una propaganda del sistema en la puerta del mismo.

Durante algunos años el sistema de evangelización por teléfono funcionó muy bien, pero últimamente tenemos la sensación de que ya no provoca mucho entusiasmo. Sin embargo, el método continúa siendo adecuado para nuestro mundo. Principalmente en grandes centros urbanos encontramos a miles de personas afligidas que deambulan toda la noche por bares y discotecas, y que al regresar a sus casas atentan contra sus propias vidas. De manera que si tienen la posibilidad de escuchar el mensaje, podría estarse rescatando a un ser afligido de las mismas puertas del infierno.

ALGUNOS MODELOS DE MENSAJES

A continuación reproducimos algunos de los mensajes que hemos utilizado en nuestro sistema *Audiovida*, sin atender a su clasificación:

Mensaje # 1.
En este mundo tan atiborrado de personas, casi siempre nos sentimos desamparados. Estamos solos y perdidos en medio de la multitud y esto nos causa temor. Para quienes se sientan así, Dios tiene un hermoso mensaje hoy. Escuche: "El Señor tu Dios es Dios misericordioso, y no te desamparará." Los hombres difícilmente demuestran misericordia. Todo el mundo espera que nunca nos equivoquemos —que siempre actuemos a la perfección— pero Dios es misericordioso, él nos ve de otra forma y se compadece de nosotros, a pesar de todas nuestras faltas y errores. Así, pues, Dios no nos desecha. En medio de la multitud, él nos ve y nos ofrece su amparo: "El Señor tu Dios es Dios misericordioso, y no te desamparará." Esta misericordia se hizo patente al enviar a Jesús para morir por nuestros pecados: "Porque de tal manera amó Dios al mundo, que ha dado a su Hijo Unigénito, para que todo aquel que en él cree no se pierda, mas tenga vida eterna". Dios le ama. Dios le ve. Dios tiene misericordia de usted. ¿No quisiera usted venir a él? Si necesita más ayuda, llame al teléfono ...

Mensaje # 2.
Llega un momento en la vida en que lo mejor que podemos hacer es estarnos quietos y esperar. Escuche lo que recomienda la Palabra de Dios: "¡No temáis! Estad firmes y veréis la liberación que Jehovah hará a vuestro favor." Esta declaración se refiere a una situación difícil en la vida del pueblo de Dios, frente al Mar Rojo, cuando no había ninguna salida. Y fue allí donde Dios hizo maravillas en la vida de aquel pueblo. Afanarse inútilmente de nada sirve. Pero usted no debe simplemente

esperar. Esto debe hacerse dentro de ciertas condiciones. Por ejemplo: Si usted ya hizo todo lo que podía hacer, y está en buena relación con Dios, ese es el momento de detenerse y esperar. Dios le indicará qué hacer después: "¡No temáis!", dice el mensaje, "estad firmes y veréis la liberación que Jehovah hará a vuestro favor". ¿Se encuentra usted enfrentando una situación difícil? ¿Está cansado de pensar y proyectar soluciones, sin ningún resultado? Descanse su mente, estése quieto y espere. La liberación del Señor podrá llegar hoy para usted. Si necesita más ayuda, llame al teléfono ...

Mensaje # 3.

Si usted está haciendo un viaje que nunca hizo antes, o si está pasando por un lugar donde nunca pasó anteriormente, y tiene dudas, usted se detiene y pregunta. Por el camino de la vida, usted pasará una sola vez, y si tiene dudas, lo mejor es preguntar. El profeta de Dios decía en la Biblia: "Deteneos en los caminos y mirad. Preguntad por las sendas antiguas, cuál sea el buen camino, y andad en él; y hallaréis descanso para vuestras almas." (Jeremías 6:16.) Las sendas antiguas son los caminos de Dios. Y usted, en el día de hoy, debe preguntar, investigar y examinar si está en el camino correcto. Jesús dijo: "Yo soy el camino, la verdad y la vida; nadie viene al Padre, sino por mí." ¿Está usted caminando por la senda que es Jesús? Si aún no lo está, ¿por qué no acepta ahora mismo a Jesús como su Señor y Salvador? Si necesita más ayuda, llame al teléfono ...

Mensaje # 4.

Nuestro mundo moderno, al contrario de lo que se esperaba, se ha convertido en un mundo orientado a la religión y a lo sobrenatural. En medio de sus quehaceres y de sus aspiraciones, el hombre de hoy va tras lo sobrenatural. Sin embargo, en medio de tanta búsqueda se observa que el mundo está confundido y no da en el blanco. Se aferra a todo y no sabe a dónde ir. Es que el gran problema no es sólo buscar lo sobrenatural, sino saber qué cosa sobrenatural buscar. El apóstol Pablo aprendió esa gran lección después de abandonar sus tradiciones religiosas y entregarse a Jesucristo, entregándose completamente a él. Un tiempo después él dijo: "Porque yo sé a quien he creído, y estoy convencido de que él es poderoso para guardar mi depósito para aquel día" (2 Timoteo 1:12). Saber en quién creer es el asunto importante. Y esto no es algo difícil de hacer. Jesús dijo: "Yo soy el camino, la verdad y la vida; nadie viene al Padre,

168

sino por mí." Y también dice: "Separados de mí, nada podéis hacer." Por tanto, es en Jesús en quien usted debe creer. El es nuestro sobrenatural, nuestra verdadera religión, el verdadero Dios y la vida eterna. ¿No quisiera usted tener esta experiencia? Si necesita más ayuda, llame al teléfono ...

Mensaje # 5.
La retama es un árbol que crece en el desierto. Sus hojas son pequeñas y duras, y sus ramas generalmente se extienden mucho, haciendo que el árbol luzca grande. Pero tiene un aspecto de soledad. No proporciona mucha sombra, y tiene un aspecto de pobreza de vida. El profeta Jeremías utilizó la figura de la retama para referirse al hombre que confía en sí mismo. El dijo: "Así ha dicho Jehovah: Maldito el hombre que confía en el hombre, que se apoya en lo humano y cuyo corazón se aparta de Jehovah. Será como la retama en el Arabá; no verá cuando venga el bien, sino que morará en los pedregales, en tierra salada e inhabitable" (Jeremías 17:5, 6). La figura de la retama es, por tanto, de soledad y de sequedad; de algo que no logra apropiarse de la savia del bien. Es también la figura del hombre que confía en el hombre, es decir, en sí mismo, en sus fuerzas, en sus capacidades, y que termina por dejar de depender de Dios. ¿No quisiera usted confiar en Dios y dejar de confiar en usted mismo? No es bueno ser como un árbol solitario en el desierto de la vida. Si necesita más ayuda, llame al teléfono ...

Mensaje # 6.
"Mirad las aves del cielo, que no siembran, ni siegan, ni recogen en graneros; y vuestro Padre celestial las alimenta. ¿No sois vosotros de mucho más valor que ellas? ... Mirad los lirios del campo, cómo crecen. Ellos no trabajan ni hilan; pero os digo que ni aun Salomón, con toda su gloria, fue vestido como uno de ellos." Estas son palabras de Jesús, dichas en el sermón del Monte. Aquí él quiere enseñarnos que la vida humana está por encima de cualquier otro sistema de vida, ya sea el de los animales irracionales o el de los vegetales. Esto significa que usted es alguien muy importante para Jesús. El dice que nosotros somos de más valor que las aves y que las flores, las que, sin embargo, son maravillosamente cuidadas por Dios. Siendo así, con mucha más razón nosotros también seremos cuidados por él. Lo que debemos entender de una vez por todas, para nuestra total felicidad, es que para Dios nuestra vida tiene mucho más valor que el resto de la creación, y que Dios cuidará de nosotros,

si confiamos en él. ¿Usted ya confía en él de esta manera? ¿Usted ya sabe que Dios lo ama? Si necesita más ayuda, llame al teléfono ...

En resumen

1. Los mensajes deben ser previamente escritos, para no desperdiciar ni un solo segundo, ya que aquí el tiempo es muy importante.

2. El evangelizador debe desarrollar la capacidad de leer como si estuviera conversando.

3. No aparece el tema del mensaje, como se acostumbra hacer, sino que se comienza hablando.

4. El tono del mensaje debe ser íntimo, personal y conversacional.

5. El texto de la Palabra de Dios estará siempre presente, y de ser posible, repetirlo más de una vez.

6. Para comenzar, se puede iniciar con un saludo fijo: " Bienvenido a Audiovida", o bien, "Audiovida le da la bienvenida."

7. Para finalizar, o bien se le pide al oyente que deje su nombre y dirección, después del tono, o se le da otro número de teléfono para "más ayuda".

18

LA
EVANGELIZACION A
TRAVES DE
LA RADIO

En este capítulo nos ocuparemos específicamente de los aspectos técnicos de los programas. No nos detendremos en otras áreas, como por ejemplo, la estación de radio y sus equipos, ya que cuando un evangelizador desea hacer un programa de radio tendrá, por parte de la emisora, la ayuda de personal preparado en esa área. Lo que el evangelizador sí debe saber es cómo preparar un programa de radio, de modo que al llegar al estudio lo tenga todo preparado para ponerse a trabajar.

Lo que ayudará al evangelizador en esta área será su conocimiento del proceso de la comunicación, tema que ya ha sido tratado en este libro, en capítulos anteriores.

EL PROGRAMA

He visto a muchos pastores "pasando apuros" de última hora, dando al técnico de grabación algunos discos y un pedacito de papel con algunas palabras, en el momento mismo de salir al aire el programa.

Pero no es así como se debe actuar en radio. Para que un programa radial evangelístico salga bien, es necesario tener en cuenta lo siguiente desde el comienzo:

1. La potencia de la emisora

El evangelizador tiene que saber hasta dónde llegará su mensaje, ya que esto le dará seguridad en su trabajo y hasta le permitirá imaginar ciertos detalles de determinadas regiones que supuestamente serán alcanzadas por su mensaje.

2. El tipo de auditorio de la emisora

Nadie ignora que toda emisora, por el tipo de programación regular que tiene, alcanza a cierto tipo de oyentes. Este tipo de oyentes ayudará al evangelizador a estructurar su programa y hasta su mensaje.

3. La hora

Dependiendo de la hora en que salga el programa, el evangelizador podrá adaptar su mensaje al tipo de oyentes. Hay, por ejemplo, el llamado horario estelar —el más caro de la radio— en que es mayor el número de personas escuchando la estación. Esto se sabe por las encuestas realizadas constantemente, a solicitud de las emisoras, y realizadas por organizaciones especializadas. Por consiguiente, un evangelizador inteligente deberá acudir a esta información antes de lanzar su programa.

4. El tipo de oyente

El evangelizador, naturalmente, no querrá estar predicando para los creyentes. De allí que necesita asegurarse de que durante la hora de su programa, la audiencia estará formada por personas no creyentes. Lo que sucede es que algunas emisoras evangélicas que "pasan" programas evangélicos día y noche, tendrán forzosamente un auditorio característicamente evangélico. Puede ocurrir que algunos no evangélicos estarán escuchando también la emisora, pero el porcentaje de oyentes no será muy grande. Por lo general, mucha gente tiene reservas en contra de los programas religiosos y una de las razones es porque éstos son de pobre calidad. El evangelizador tiene que entender, antes que nada, que es un "pescador", y que debe pescar en el "mar", no en un "acuario", y que no se va a dar a la tarea de evangelizar a los que ya son creyentes. En casos de emisoras así, nuestros programas tendrán éxito si su naturaleza es de inspiración, de enseñanza bíblica o de crecimiento espiritual, y aun de actividades de promoción y propaganda.

TIPOS DE PROGRAMAS EVANGELISTICOS

Hay una gran variedad de programas evangelísticos que podemos realizar por la radio. Mencionaremos los más comunes.

1. Retransmisión de servicios en vivo
Este tipo de programa ha sido muy utilizado por diferentes iglesias en ciudades grandes y pequeñas. En las grandes, este tipo de programas resulta, naturalmente, muy costoso.

Para un programa de este tipo, la iglesia tiene que estar muy bien organizada. A continuación algunas previsiones:

(1) Una cabina de sonido. Esta cabina puede ser la misma que algunas iglesias ya tienen, y el equipo puede ser proporcionado por la emisora, utilizándose, por lo general, la misma línea telefónica de la iglesia. Durante la retransmisión, desde esta cabina se pueden intercalar comentarios o transmitir música en ciertos segmentos de tiempo. Por ejemplo, el locutor de cabina podrá decir en voz suave: "Nos estamos preparando ahora para escuchar el gran coro de la iglesia. Al piano, fulano de tal. En la dirección del grupo coral, fulano de tal. Usted está asistiendo, en vivo, al culto de la Iglesia ..."

(2) El programa del culto debe ser cronometrado. Ciertas partes informales del culto podrán llevarse a cabo antes de que el programa salga al aire. Y el pastor deberá tener cuidado de que el programa gire en torno a un solo tema, tratando de adecuar himnos, poesías y demás partes al tema del mensaje.

(3) *Los participantes deberán ser instruidos en cuanto a la hora precisa de entrar, a fin de que no se produzcan "huecos" entre una parte y otra.*

(4) *Se debe tener cuidado de tener micrófonos bien distribuidos para que los cantos congregacionales puedan escucharse con toda claridad en la retransmisión; y hacer lo mismo con los micrófonos para el coro.*

(5) *Para hacer que el culto resulte bien solemne y formal, la invitación a los oyentes puede ser hecha al final, por el locutor de cabina.*

En ciertos casos, la iglesia podrá grabar todo el culto para retransmitirlo después en otra hora. Para ello, la iglesia debe disponer de buenos equipos, especialmente de una grabadora de cintas.

2. Programas hechos en los estudios

Los programas hechos en los estudios pueden variar de acuerdo con el tipo de oyentes que se quiera alcanzar, como lo muestran los ejemplos que siguen:

(1) *Evangelización directa.* Este es el tipo de programa radial más tradicional. Por lo general tiene un nombre claramente evangélico, por ejemplo: "Cristo, la Unica Esperanza". El libreto consta de uno o dos himnos, de un mensaje y de una invitación para que el oyente vaya a una iglesia.

En este tipo de programa recomendamos que el tiempo de duración no pase nunca de 20 minutos. Se deben utilizar de 6 a 7 minutos de música grabada; de 1 minuto a minuto y medio para la apertura y conclusión; de 2 minutos para anuncios e invitación; y de 6 a 7 minutos para el mensaje.

Una característica general de los programas hechos en los estudios, que se diferencia de los cultos transmitidos en vivo, es el tono de voz de los locutores y predicadores. En el programa de estudios, el evangelizador o predicador debe tener en mente que está hablando con una sola persona. El tono de voz debe ser natural. Puede ser que la persona —una ama de casa, por ejemplo— se encuentre en cualquier sitio de la casa, pero no se debe agredir a la persona con gritos. El programa de radio debe tener la naturaleza de una conversación con el oyente o, por lo menos, debe hacerse con voz suave, lo que no elimina la firmeza de la voz y del mensaje.

2. Programas mixtos

En ciertos casos se puede tener un programa que tenga un tiempo para noticias y otro para el mensaje. Aconsejamos este tipo de programa, particularmente cuando el tiempo del mismo es de media hora, lo que consideramos demasiado tiempo para un programa de estudio. El mensaje, sin embargo, no debe ser muy largo, y a pesar de que el programa dure media hora, no debe pasar de 8 minutos, o de 9, a lo sumo.

El programa mixto puede consistir también de preguntas y respuestas, y del mensaje, dependiendo en gran parte del tipo de oyentes que querramos alcanzar y de la respuesta que genere el programa. Puede ser que el público escriba mucho al programa, y si es así tendrá mucho valor una sección de preguntas y respuestas. En este tipo de programa, el mensaje vendrá al final.

3. Programa "carnada"

Este es un tipo de programa que he utilizado con frecuencia, especialmente en regiones muy católicas donde la evangelización no resulta fácil. A veces tenemos que utilizar ciertas carnadas para ciertos tipos de aguas. Para auditorios llenos de prejuicios y reservas contra la religión evangélica, nada mejor que un programa de este tipo.

La sabiduría de este tipo de programa comienza con su título o nombre. No debe decir, al comenzar, que es un programa religioso. Por mucho tiempo he utilizado el título "La vida en foco" para programas de este tipo. "La vida en foco" es algo que no asusta, de entrada. La característica musical del programa debe ser también diferente de la de los programas tradicionales. Se puede utilizar música clásica, y el mensaje debe ser igualmente discreto.

He utilizado mucho el mensaje tipo crónica, comenzando a hablar de algún hecho conocido, o de algún asunto cultural o problema de la vida, y en cierto momento introduzco siempre la perspectiva bíblica.

En programas de esta naturaleza, lo más indicado es que sean breves, por lo general, de 5 minutos. Sería sólo el mensaje, y nada más. Es como una píldora que el oyente traga de pronto. En esta misma línea, utilizamos en cierta ocasión programas de 1 minuto. Aprovechamos los mismos mensajes que teníamos en el teléfono y los pusimos en la radio con el nombre de "El minuto de oro". Era una especie de cuña que se repetía con frecuencia, durante el día. Era el mismo mensaje para todo el día.

La filosofía del mensaje era la misma que la de la evangelización por teléfono. Tuvo tanto éxito, que después descubrí que cierto programador los estaba copiando y vendiendo en casetes con fondo musical.

El evangelizar podrá crear otros modelos, dentro de este mismo principio. En estos tiempos de tantas reservas contra la religión, creo que este es un tipo muy útil de programa.

4. Crónica

La crónica es una narración o comentario sobre un hecho histórico de actualidad. Un evangelizador despierto puede trabajar con gran provecho en esta área. Hay millares de hechos todos los días que pueden ser tomados, narrados y comentados con un propósito evangelístico.

En la década de los años 60, cuando era pastor en la ciudad de Juiz de Fora, logré tener participación en un noticiero de la planta de televisión de la ciudad, la antigua TV Industrial, canal 10, con una crónica. El noticiero terminaba con la crónica. Exigía mucho trabajo hacerla, pero dio un resultado muy positivo. El nombre de la sección era *"La moral de los hechos"*. Naturalmente, mi título de pastor no era mencionado. Con acceso a un télex o fax, uno podría utilizar los hechos seleccionados y hacer un comentario de contenido evangélico, de manera discreta. Evidentemente, no se puede tener un programa totalmente evangélico con este sistema, pero es un comienzo, una brecha, y bien vale la pena.

5. Programa musical

Un buen programa musical, con un breve comentario entre una interpretación musical y otra, puede tener un gran efecto evangelístico. Aquí los comentarios no deben ser muy largos; como máximo deben tener 1 minuto. El tipo de música variará también de acuerdo con el nivel cultural del público a ser alcanzado. Es claro que la música debe ser evangélica, y su selección debe ser muy cuidadosa. Si nos dirigimos a un público más intelectual, podremos utilizar música más tradicional, cercana a la clásica. Pero si deseamos alcanzar a un público joven, de nivel más popular, podremos utilizar música de género más moderno. Los comentarios, por su parte, deben ser hechos de acuerdo con la letra de la música.

EL NOMBRE DEL PROGRAMA

El nombre, el título o tema del programa tiene mucha importancia. En nuestro caso, la naturaleza del programa debe ser evangelística; por ello, el nombre debe guardar, antes que nada, relación con el evangelismo.

1. Debe ser atrayente
Con sólo mencionar el título del programa, ya empezamos a captar la atención del oyente. Es el caso, por ejemplo de títulos tales como: Meditación matinal, La vida en foco, Presencia, Acuarela, etc. El nombre debe atraer por su belleza, debe despertar la curiosidad, y debe resultar grato al oído.

2. Debe ser breve
No conviene utilizar nombres o títulos de programas que sean muy largos. Esto no resulta agradable al oído y no se fija fácilmente en la memoria. Como máximo, dos o tres palabras son suficientes para un buen nombre.

3. Deben evitarse nombres que contengan una declaración
Si expresamos anticipadamente nuestro propósito con el programa, corremos el riesgo de perder al oyente, si éste no simpatiza con nosotros. Nuestro trabajo con los programas de radio es precisamente tratar de lograr modificar conceptos, persuadir a las personas a que cambien, y tenemos que ser sabios en este trabajo. Por ejemplo, si lanzamos como título de un programa: "La justificación sólo mediante la fe", tendremos problemas con nuestros amigos católicos, que no creen en la justificación por la fe solamente. Y es precisamente esto lo que ya estamos diciendo con el nombre del programa. Por tanto, el título debe evitar tales declaraciones, y ser más general. Cuando yo digo, por ejemplo, "La vida en foco", simplemente me estoy refiriendo a la vida, sin especificar si se trata de la vida física, de la vida moral o de la vida espiritual.

COMO ESCOGER UN BUEN TITULO PARA UN PROGRAMA

Parece sencillo, pero no lo es. Hay tantos programas de radio hoy en día, que fácilmente podemos escoger un nombre que ya ha sido o está siendo utilizado por otros. A veces, tampoco es fácil encontrar un título que nos guste. Doy, a continuación, algunas sugerencias prácticas.

1) Haga una lista de todos los títulos que se le ocurran, por más absurdos que le parezcan, y comience después a seleccionar por eliminación.

2) Pida a personas amigas que le sugieran títulos, explicándoles el propósito del programa, y añada estos títulos a su lista original depurada.

3) Después de escoger un nombre, pronúncielo varias veces, durante varios días, y siga pensando en él hasta sentir que, realmente, el nombre tendrá éxito. No hay que dar inicio a un programa dándole cualquier nombre apresurado.

4) No le dé demasiada importancia a la opinión de los demás, pues es usted quien debe creer en el título y gustarle, para que pueda imprimirle riqueza espiritual.

EL MONTAJE DEL PROGRAMA

El programa de radio debe ser escrito, y hay una manera lógica de hacerlo, que incluya todo el material del programa.

1. La introducción del programa
La introducción tiene un texto, consistente en una característica musical fija. Es la primera identificación del programa para los oyentes.

2. La cortina musical
Como no siempre disponemos de dinero para preparar una cortina musical original que sirva de introducción al programa, generalmente utilizamos fragmentos musicales de material ya existente.

3. El tipo de música
Hay que escoger una característica musical que guarde relación con el título del programa. No podemos, naturalmente, ser técnicamente rigurosos en esto, pero siempre que sea posible, debemos tratar de acercarnos lo más posible a la psicología involucrada en el título. Por ejemplo, para el título "Meditación

matinal" entendemos que la característica musical debe ser de inspiración, algo sosegado y tranquilo, que favorezca la idea de meditación.

4. Las palabras introductorias

Una vez escogida la característica musical, debemos luego trabajar en cuanto a las palabras de introducción, que no deben ser muy complicadas. El texto debe contener: nombre del programa, a quién pertenece, y quién es responsable de él. Por ejemplo: "Está en el aire 'Vida en foco', un programa de la Iglesia Evangélica tal, y bajo la dirección del Pastor tal. Amigo oyente: Buenos días (o buenas tarde, o buenas noches)." Esta introducción deberá ser siempre la misma, y tenerla el técnico de grabación.

5. La conclusión

La conclusión, igualmente, debe estar grabada y ser siempre la misma; su característica musical debe ser la misma de la introducción. Al concluir se expresará agradecimiento a los oyentes, se les animará a escribir, habrá la despedida y se invitará a escuchar el próximo programa.

EL GUION DEL PROGRAMA

El guión es el programa escrito. Un programa de radio, con rarísimas excepciones, debe ser siempre escrito. Evidentemente, si se trata de un culto en vivo, no se podrá escribir. En los demás casos, todo deberá estar escrito.

1. El guión

Utilice un papel tamaño oficio y divídalo en tres columnas verticales (imaginariamente). La primera columna, a la izquierda, será para las indicaciones técnicas, para uso del técnico de grabación, y las dos restantes se destinarán al texto. El propósito de esta división es poder orientar mejor al operador en su tarea de hacer más fácil la lectura del texto. Por su parte, al locutor se le facilitará grandemente su trabajo si el texto está en una columna delimitada.

2. Indicaciones técnicas

En el margen de la izquierda se deben escribir todas las orientaciones para el técnico de grabación (modernamente, algunas emisoras llaman a esto "ingeniería de sonido" o "ingeniero de sonido"). Si se quiere introducir un himno determinado, debe indicarse, por ejemplo: "Himno: 'Hay una fuente sin igual', lado A, surco 1." E igualmente, todas las demás indicaciones: el momento en que el presentador hablará, el momento de la predicación, el tiempo de la cortina musical, etc. Más adelante daremos un ejemplo.

3. El texto
Todo lo que se va decir deberá estar escrito en los dos tercios restantes de la hoja, a la derecha. Para facilitar la lectura evite separar en párrafos. En esta parte estarán los textos de los anuncios y el mensaje.

4. El mensaje y el guión
En cuanto al montaje del guión, el evangelizador dispone de dos opciones para hacerlo, en relación con el mensaje: En la primera, el mensaje podrá estar incorporado en la totalidad del guión. En la segunda, el mensaje podrá estar escrito aparte. En este último caso, el guión aparecerá en el libreto general, con la indicación de que el mensaje se encuentra en guión aparte, una copia del cual podrá darse o no al técnico de grabación, quien no está obligado a hacer toda la lectura del mensaje, ya que al aproximarse el fin de la predicación el predicador le dará la señal conveniente.

5. El locutor y el montaje del guión
Dependiendo de la duración del programa, conviene utilizar a un locutor y a un predicador. Esto evitará fatigar el oído del oyente, por la diferencia en los timbre de las voces. De ser necesario, se podrán utilizar más locutores, en cuyo caso se deberá mencionar el nombre de cada uno de ellos.

6. ¿Cuántos micrófonos?
En esto también debemos trabajar organizadamente. El mínimo de micrófonos debe ser tres: uno para el técnico de grabación, uno para el locutor y otro para el predicador. Pero si hay más personas participando en el programa, cada una de ellas deberá disponer de un micrófono. Una copia del guión deberá quedar archivada en la iglesia. Algunas emisoras prefieren no quedarse con copias de guiones. Entonces el evangelizador puede tener su archivo personal, utilizando esa copia extra. Al archivar el guión del programa, no olvidar indicar la fecha de transmisión.

MODELO DE GUION

Damos, a continuación, un modelo de programa que realizamos hace algunos años. Se trata de un programa de cinco minutos, dentro del estilo "carnada".

INTRODUCCION

— Disco:..
Fondo musical

Locutor

— Les presentamos el programa "La vida en foco". Cada día un enfoque nuevo de la vida, con soluciones prácticas. Este programa es dirigido por Damy Ferreira. Muy buenos días, amigo oyente.

CORTINA MUSICAL

— Disco:.....
Fondo musical

Locutor / Mensaje

— La castaña de pará. Siempre comía castañas, de aquellas que podían comprarse en los supermercados, ya descascadas y limpias. Pero no hace mucho, teniendo que realizar una actividad en la región de la Rodovia Transamazónica tuve una experiencia directa con la castaña de pará. Una tarde, el dueño de la casa en que me alojaba me invitó a comer castañas. Trajo un cesto lleno de la fruta, e iniciamos la penosa tarea de descascarar las castañas. Estas están, al comienzo, dentro de una corteza parecida a la de un coco. Esta corteza es muy dura y para romperla hay que utilizar un hacha o un machete. Dentro de esta corteza se encuentran las castañas, muy bien dispuestas, pero todavía no listas para ser comidas porque éstas, a su vez, se encuentran dentro de otra corteza. Después de rota esta corteza, para lo cual se necesita un martillo, aún queda una corteza más, pero más fácil de ser quitada. Sólo después de quitar ésta se puede comer la castaña de pará. Pero aquí no terminan las dificultades. La castaña de pará se obtiene de un árbol muy alto y de gran diámetro, algunos de los cuales llegan a medir hasta 50 metros de altura. Por esta razón no se puede cosechar la castaña de pará en el árbol, sino que hay esperar a que la fruta caiga. Como la fruta es grande y pesada, también es muy difícil transportarla. Este penoso proceso de obtención de la castaña de pará antes de poder ser consumida me ha dado dos grandes lecciones en la vida: La primera, el respeto a la vida corriente. Esta vida es un proceso de lucha. Dios nos ha dado muchas bendiciones a través de la naturaleza, pero tenemos que buscarlas y transformarlas de acuerdo con nuestras necesidades. Esta tarea es de mucho valor para el ser humano. Nos produce experiencias y hace que nuestra vida y carácter maduren. Es por el trabajo y por el esfuerzo que el ser humano se perfecciona para la vida. Por eso el Creador no nos dejó esas dádivas ya empaquetadas, como las castañas que uno adquiere en el supermercado o en la tienda. La segunda lección es espiritual. La Biblia dice: "Porque de tal manera amó Dios al mundo, que ha dado a su Hijo unigénito, para que todo aquel que en él cree no se pierda, mas tenga vida eterna" (Juan 3:16). En otra parte la Biblia sigue diciendo: "Porque por gracia sois salvos, por medio de la fe; y esto no de vosotros, pues es don de Dios. No es por obras, para que nadie se gloríe" (Efesios 2:8, 9). Y añade: "De cierto, de cierto os digo que el que oye mi palabra y cree al que me envió tiene vida eterna. El tal no viene a condenación, sino que ha pasado de muerte a vida" (Juan 5:24). Parece tan fácil lograr la salvación, ¿no le parece? ¡Basta con creer! Funciona exactamente como la castaña que uno compra ya lista. Jesús trabajó penosamente para darnos la salvación. Por ello usted, amigo oyente, no necesita hacer obras ni ningún tipo de esfuerzo para ser salvo, pues Jesús ya lo hizo todo. Lo único que el pecador debe hacer es arrepentirse de sus pecados y creer en Jesús, aceptándolo como su Salvador personal. Siendo así, ¿qué espera para hacerlo, amigo oyente?

CORTINA MUSICAL

—Disco.....
Fondo musical

CONCLUSION
Locutor

— Aquí termina un programa más de "La vida en foco". Volveremos a su receptor mañana, a la misma hora. Muy buenos días.

OBSERVACIONES

1. Las indicaciones técnicas deben hacerse sólo en el margen izquierdo de la hoja, como indicamos en el modelo anterior.

2. El margen suficiente es precisamente para facilitar al técnico de grabación seguir las indicaciones técnicas, mientras las dos terceras partes restantes del espacio en el papel ayudan a la lectura del texto.

3. La introducción y la conclusión se preparan una sola vez y deben estar grabadas por separado, en cartuchos tipo casetes, para ser utilizados todo el tiempo. De esta manera, el montaje del programa será más fácil.

4. El mensaje debe ser escrito, sin párrafos, para facilitar la lectura. Como ya hemos señalado, la persona debe leer como si no estuviera leyendo. Sin embargo, si el predicador encuentra que el dividir en párrafos no le causa ninguna confusión, puede entonces utilizarlos. El gran peligro es que uno salte una línea durante la lectura, principalmente si el programa está siendo hecho en vivo. Pero si es grabado primero, podemos corregirlo.

De lo contrario, saldrá tal y como haya sido leído.

5. Note que es importante en este tipo de programa no utilizar el título de "reverendo" o "pastor" por parte de quienes lo sean. Recuerde que este es un programa para "pescar".

CONCLUSION

La radio es un excelente instrumento para la evangelización. Sin embargo, está saturado no sólo con programas mal hechos, sino además con grupos religiosos que asustan al público, principalmente al sector más culto de la población.

El evangelizador debe actuar con sabiduría en la preparación de sus programas. Aconsejamos al que quiera trabajar en radio únicamente en el área de la evangelización, no utilizar emisoras cuya programación sea estrictamente religiosa. Esto sería lo que se llama "pescar en el acuario". Lo mejor que se debe hacer es conseguir una emisora secular y poner en ella el programa en la mejor hora posible. Nuestro objetivo es "pescar" y pescaremos donde haya "peces". Con esto no quiero decir que en el caso de las emisoras con programación religiosa exclusiva no se obtiene ningún resultado, ya que siempre lo habrá, pero nunca será tan amplio y seguro como en una emisora de programación secular.

19

*LA
EVANGELIZACION
EN LAS
UNIVERSIDADES*

Es con toda intención que utilizo el título "La evangelización en las universidades" y no "La evangelización de los estudiantes", pues mi deseo es provocar un mayor despertamiento en cuanto a la evangelización en las universidades.

Después de 12 años de ministerio pastoral, fui despertado por Dios para ingresar a una universidad secular con el fin de evangelizar. En esa época pastoreaba una iglesia bautista grande en Sao Paulo, y esta era una razón más para infiltrarme en el medio estudiantil. La oportunidad que se me presentó fue en el área de Derecho que, además, era uno de mis sueños, no como para dedicarme exclusivamente a la profesión de abogado, por supuesto. En la universidad obtuve muchas bendiciones. Logré bautizar a colegas estudiantes en mi iglesia y tuve muchas oportunidades de evangelizar a profesores, inclusive a uno que era ateo. Pude realizar un gran culto especial en mi iglesia sólo para personas del mundo jurídico, y terminé por presentar el discurso oficial de graduación, como orador de mi clase, en el Palacio de las Convenciones, en Anhembi, frente a miles de personas.

Descubrí que no sólo los estudiantes necesitan ser alcanzados en las universidades, sino también los profesores.

PRINCIPIOS GENERALES

En el medio estudiantil, el factor predominante que debe ser considerado es *el intelectual*. Al iniciar sus estudios de ciertas disciplinas científicas, tales como la Antropología, la Historia Natural, la Biología, se le inculca al estudiante la negación de la existencia de Dios y la negación de la teoría de la creación del ser humano, en favor de la doctrina de la evolución.

El segundo factor es *el político*. Debido a la gran infiltración comunista en las universidades del mundo entero, el capitalismo es criticado en las universidades. Esta es la razón por la cual los misioneros norteamericanos son rechazados y los protestantes de Brasil, por lo general, considerados como "lacayos de los norteamericanos". Esto, evidentemente, le crea problemas a la religión cristiana en general, y al movimiento evangélico en particular, por cuanto la ideología del llamado "socialismo" es, antes que nada, una ideología atea.

El tercer factor es *la moralidad*. Por considerarse cultos y de vanguardia, los estudiantes, por lo general, quieren tener una moralidad sin fronteras. Adoptan, en general, la llamada "nueva moral", y no quieren involucrarse en nada que pueda, de alguna manera, privarlos de esa libertad. Y en este caso, la religión significa siempre "prohibiciones".

El cuarto factor son *las drogas*. Estadísticas oficiales publicadas en un noticiero del 26 de junio de 1989, en Río de Janeiro, indicaban que el 30 por ciento de los estudiantes brasileños estaban involucrados en drogas. Este factor siempre aleja al joven de cualquier idea religiosa.

El quinto factor es *el ambiente de incertidumbre* que rodea al estudiante universitario Mientras estudia el último año de bachillerato, aún está lleno de esperanzas. Su único objetivo es aprobar el examen de admisión para ingresar a la universidad. Pero al lograrlo, se enfrenta con los grandes cuestionamientos de la realidad del país: desempleo, falta de mercado de trabajo en la profesión escogida, comenzando, por tanto, a tener luchas íntimas sobre su futuro. Esto lo lleva, comprensiblemente, a tener un espíritu de rebeldía.

ESTRATEGIAS

Para evangelizar en las universidades se puede utilizar el método personal o de masas. Lo más importante aquí son las estrategias.

Antes de continuar, debo advertir que mi intención en este capítulo es sencillamente ofrecer líneas generales en cuanto a programas o estrategias para evangelizar en las universidades. Estoy consciente de que hay varios proyectos en experimentación en diversos países, y también sé que hay organizaciones que, desde hace mucho tiempo, realizan una labor de evangelización entre universitarios.

Lo que pretendo ofrecer en este capítulo son apenas algunos modelos alternativos a fin de que los interesados en el tema puedan elaborar proyectos nuevos en esta área.

1. "Infiltración" de estudiantes creyentes

La "infiltración" ha sido un método efectivo utilizado por ciertos movimientos ideológicos para alcanzar a nuestra juventud estudiantil. Este es el caso del comunismo, en los tiempos que no se le permitía hacer propaganda abiertamente. En mis tiempos de estudiante universitario, vi de cerca lo que los jóvenes comunistas hacían para lograr sus objetivos. Algunos de ellos terminaban una carrera y se inscribían en otra, para continuar haciendo su labor en medio de la masa estudiantil.

Este es, por supuesto, un ejemplo negativo, pero que sirve para demostrar cómo el mundo utiliza la sabiduría para lograr sus objetivos. Cabe aquí la observación de Jesús en Lucas 16:8b: "Pues los hijos de este mundo son en su generación más sagaces que los hijos de luz."

En verdad, la idea de "infiltración" no está fuera de las enseñanzas de Jesús que aparecen en el Sermón del monte, cuando dice: "Vosotros sois la sal de la tierra" (Mateo 5:13). Ahora bien, sabemos que la sal tiene, entre otras cosas, la propiedad de penetrar (que no deja de ser una forma de infiltración). Si se coloca un puñado de sal bruta sobre un pedazo de carne, en poco tiempo toda esa masa estará penetrada por ella. Sólo que la sal penetra para "preservar" y "conservar", no para dañar. Asimismo, el plan de infiltración resulta muy útil para la evangelización en las universidades; es una estrategia excelente.

La razón de nuestra propuesta de "infiltración" está en el hecho de que hay mucha resistencia a la religión en ciertos ambientes culturales. La experiencia ha demostrado que cuando ingresamos a una universidad para evangelizar utilizando nuestros métodos convencionales, encontramos discriminaciones de todo tipo, y el proceso resulta difícil.

Para que podamos elaborar un proyecto de "infiltración" —que podría tener un nombre diferente— es necesario tener fundamentalmente en cuenta ciertos aspectos:

(1) *El entrenamiento de los participantes.* Los jóvenes deben darse totalmente y con toda seriedad al entrenamiento exigido, como hace el mundo en sus misiones político-ideológicas.

a. La capacitación bíblica. El participante debe tener un conocimiento aceptable de la Biblia, principalmente de los libros que son motivos de controversias científicas y filosóficas, como es el caso de Génesis. Hay buenos libros en cuanto a este asunto, pero debe haber la intervención de especialistas para impartir la capacitación.

b. La disciplina. Los participantes del proyecto deberán estar listos para someterse a una disciplina personal rigurosa. Perdemos mucho en la evangelización en contextos altamente críticos, por el testimonio negativo de ciertos creyentes. Quien se dedique a la infiltración evangelística tiene que aceptar el cumplimiento de las disciplinas. La conducta cristiana será llevada rigurosamente en serio.

c. La vida espiritual. El joven creyente debe tener una vida espiritualmente madura para poder dedicarse a este tipo de actividad. Debe tener un programa personal de crecimiento espiritual. Hoy, los conceptos cristianos en cuanto a ética, por ejemplo, están muy cerca de los conceptos del mundo. Pero el joven que quiera testificar en las universidades deberá tener una vida cristiana modelada sobre conceptos firmes e inequívocos. Evidentemente, lo que importará no será su denominación, sino su vida de intimidad con Dios. El joven debe ser un modelo de cristiano.

d. Las teorías socialistas. El estudiante evangélico debe dominar principalmente la teoría de Marx, considerado el padre del socialismo moderno, hasta el punto de poder criticarlo con firmeza, a la luz de la Biblia.

e. Las teorías evolucionistas. De la misma manera, el estudiante evangélico debe conocer bien los trabajos de Darwin, principalmente su teoría sobre *el origen de las especies,* y saber argumentar contra ella con la doctrina bíblica de la creación.

*f. Estar sie*mpre al tanto de las nuevas ideologías que surjan en el mundo de la literatura científica y filosófica.

(2) La selección de los participantes. Cuando se trata de evangelizar en las universidades, debemos tener un "grupo selecto". Los participantes de este tipo de proyecto evangelístico deben ser escogidos con sumo cuidado. Además de tener una vida cristiana ejemplar y una vida espiritual manifiesta, el participante debe ser inteligente y aplicado al estudio. El estudiante que tenga siempre bajas calificaciones, o que tenga que depender de los demás para aprobar los exámenes, carecerá de toda autoridad moral para participar en esta actividad. Todos sabemos que hasta los mismos jóvenes evangélicos, lamentablemente, muchas veces son irresponsables, capaces de copiarse en los exámenes, y que viven siempre a la sombra intelectual de sus compañeros aplicados. Jesús tiene gente competente e inteligente, y sin desconocer que la conversión de los pecadores es obra del Espíritu Santo, creemos que esto es también importante cuando se trata de evangelizar en el medio universitario.

(3) Las reuniones fuera de la universidad. Con el fin de capacitación, reforzamiento, oración y evaluación, los integrantes del proyecto deberán reunirse fuera de la universidad, tal vez en una iglesia. El grupo tiene que ser más o menos secreto, para evitar presiones y rechazos.

(4) El proceso de admisión de los integrantes. Todo nuevo integrante deberá someterse a una selección cuidadosa, y después de ello recibir un entrenamiento riguroso. Sólo después de esto podrá dedicarse a trabajar, estando así debidamente capacitado para la tarea.

(5) El trabajo individual. El trabajo de evangelización será estrictamente individual. Cada estudiante se encargará de una persona. Es un proceso de adopción.

(6) El trabajo de abordaje deberá ser hecho con mucho cuidado y oración, y obedecerá a los siguientes pasos:

a. La selección de la persona a evangelizar, mediante la oración.
b. La aproximación natural, mediante el establecimiento de una amistad franca y sencilla.
c. Evitar identificarse como evangélico o como religioso.
d. Seguir las técnicas de abordaje ya enseñadas en este libro.

(7) Una vez hecho el abordaje, y haberle presentado el plan de salvación, si la persona demuestra interés, el evangelizador podrá hacer estudios bíblicos con ella, preferentemente fuera de la universidad. También podrán hacerse en encuentros normales en el domicilio de algún otro estudiante.

(8) El estudiante evangelizador deberá evitar cualquier involucramiento sentimental con la persona. Por ejemplo, evitará tener relaciones amorosas con personas del sexo opuesto en el proceso de abordaje.

(9) El estudiante evangelizador hará después la transición del convertido a la iglesia.

(10) Después de haber sido bautizado, el nuevo convertido comenzará a ser preparado en el sentido de convertirse también en un agente de Cristo en la universidad.

(11) El estudiante agente será siempre un modelo y no podrá fallar.

(12) En este tipo de proyecto no se debe dar importancia al factor "denominación". Cada agente evangelizador llevará e integrará al estudiante a su propia iglesia, y nunca deberá haber, bajo ninguna circunstancia, discusiones de tipo doctrinal. Esto no significa descaracterizar a las denominaciones. Lo que se tiene que hacer es respetar cada una de ellas.

No es sin razón que la misma Biblia hace esta afirmación: "Pues los hijos de este mundo son en su generación más sagaces que los hijos de luz" (Lucas 16:8b). Muchas veces no logramos buenos resultados porque no aplicamos la sabiduría. Ahora bien, este tipo de trabajo debe ser hecho por alguien que pertenezca al contexto, que viva los mismos problemas, que hable el mismo lenguaje, y que tenga acceso a todos y a todo, sin reservas. Y ese alguien es el estudiante, el estudiante evangélico, lleno de poder del Espíritu Santo, pero también de la sabiduría que procede de Dios. Por otra parte, el trabajo no debe ser hecho por un pastor o reverendo —por lo menos si hay un estudiante cristiano que pueda hacerlo— a menos que la universidad sea religiosa. Aun así, los resultados no serán tan buenos.

2. Los programas culturales

Se pueden llevar a cabo actividades de alto nivel, realizadas por personas evangélicas. He aquí algunas sugerencias que hacemos en base a experiencias anteriores:

(1) Conferencias científicas. Grandes personajes, aun de fama internacional, pueden ser invitados a hablar de temas de interés científico y cultural. Durante el programa esas personas podrían dar sus testimonios personales. Preferentemente, las conferencias deben evitar asuntos polémicos como, por ejemplo, la teoría de la evolución. Si un creyente que domina profundamente cierto tema da su testimonio de fe, su testimonio puede estimular el interés de los estudiantes por las "razones" de su fe. Es aquí donde entran en escena los estudiantes creyentes, en un trabajo de tipo personal.

(2) Eventos culturales donde estén involucrados artistas creyentes. Esto puede hacerse en diversas áreas de las artes: en música, poesía, artes plásticas y otras. Pero tienen que ser eventos de alta calidad.

(3) Seminarios de asuntos teológicos. En algunas universidades es posible hacer esto. Yo tuve la oportunidad de participar en un seminario sobre Antropología Bíblica, en una universidad privada, en el área de Filosofía. Hubo charlas, también debates y la actividad resultó de mucho provecho. Con esto se puede lograr llevar visitantes a la iglesia.

Imaginemos, en un curso de Historia, un seminario sobre Arqueología Bíblica. Hay tantos temas interesantísimos que podrían ser discutidos. Esto podría no ser una evangelización directa, pero sí una preevangelización que abriría muchas puertas. Lo que ha sucedido es que profesores que nunca tuvieron la oportunidad de examinar los asuntos teológicos de manera más profunda, no lograron formar sus conceptos de manera correcta. Cuando presenté en una facultad de filosofía una película científica sobre la creación del hombre, hecha por el Instituto Moody, una profesora, que había expresado muchas cosas absurdas en contra de la Biblia, quedó sorprendida y declaró que nunca se había detenido a pensar en lo que había visto.

Lo que sucede con nosotros es que, muchas veces, nos volvemos muy superficiales y hasta fanáticos, y no enfrentamos el problema con sabiduría. Muchas veces, ¿por qué no decirlo? somos unos cobardes que no tenemos el valor de enfrentar a ciertos "sabios" de este mundo.

3. Los núcleos de estudio bíblico

En ciertos casos en que haya más apertura, se puede dar comienzo al sistema de núcleos de estudio bíblico. Esto puede hacerse en la universidad o en los hogares de los estudiantes. Los estudios deben ser programados para estudiantes y hechos por personas que estén debidamente preparadas para el nivel intelectual del grupo. Preferentemente, aconsejamos el método de dinámica de grupos, que va mejor con el gusto de los estudiantes universitarios y hasta de algunos de línea "comunista", que son entrenados a nunca oír sin responder.

"Con estudiantes se pueden aprovechar temas de la sicología, filosofía, historia o sociología que solapan temas espirituales, para hacer resaltar el punto de vista bíblico." [1]

LECTURA SUGERIDA

Varios autores, *Ideas para Actividades con Estudiantes, Profesionales y Parejas,* El Paso, Casa Bautista de Publicaciones, 1988.

---

[1] Lloyd y Vilma Mann, *Diálogos Evangelísticos para Alcanzar a Más Jóvenes para Cristo*, El Paso, Casa Bautista de Publicaciones, 1991, p. 34.

20

FOLLETOS EVANGELISTICOS

Desde que apareció la imprenta de tipos móviles, se han utilizado pequeñas porciones escritas para convencer a las personas en cuanto al evangelio. En la historia de las misiones modernas, sabemos que el folleto ha sido siempre un recurso indispensable para la evangelización. Ni el mundo moderno ni la tecnología han logrado alterar la influencia y el valor del folleto como recurso eficaz para la evangelización.

Si es verdad que el folleto es un recurso eficaz, es también verdad que muchos folletos no logran alcanzar su objetivo evangelístico por haber sido mal elaborados.

EL TITULO DEL FOLLETO

Los folletos o tratados con títulos muy largos no son recomendables. Tampoco son aconsejables los folletos con títulos altisonantes y espectaculares. La regla bíblica es la del aviso que puede ser leído hasta por alguien que pase corriendo (Habacuc 2:2). El título debe ser de acuerdo con el contexto cultural de la población que queremos alcanzar. No debemos utilizar tratados que tengan un título científico o de noticias científicas, si la comunidad es pueblerina y no está familiarizada con el tema. Tampoco es aconsejable utilizar folletos con títulos doctrinales controversiales. Por ejemplo: "El purgatorio es un embuste." Esto sería contraindicado. Los títulos deben ser discretos, claros y objetivos, y no deben atacar ninguna religión, cualquiera que ésta sea. Lo que queremos es evangelizar con folletos.

FOLLETOS DE DISTRIBUCION GENERAL

El tipo de folleto o tratado de distribución general, sin un interés evangelístico inmediato, no debe ser muy largo. Debe ser de lectura rápida y fácil. Aun así, existen ciertos criterios en cuanto a su distribución que mencionaremos más adelante. En cuanto a la selección de estos folletos, se deben tener en cuenta ciertos cuidados especiales:

FOLLETOS PARA COMUNIDADES ESPECIFICAS

Algunos ambientes o grupos exigen mucho cuidado en cuanto al título del folleto o tratado. Este es el caso de los folletos para uso en los hospitales. En cierta ocasión, cuando trabajaba con algunos grupos de evangelización en el Hospital de Clínicas de Sao Paulo, fui amonestado por un médico que afirmó que un paciente suyo había recibido un tratado con el título: "Usted morirá algún día". Después de hacer la debida averiguación, descubrí que la persona que lo había entregado no pertenecía a nuestro grupo. Un extraño se había colado entre el grupo y estaba trabajando por cuenta propia. El médico tenía razón: no se deben repartir entre enfermos folletos que hablen sobre la muerte. Es claro que todos hemos de morir algún día, pero para quien está hospitalizado, y quien sabe si en estado grave, el mensaje apropiado debe ser del amor y esperanza que Cristo da.

De la misma manera, tenemos que tener cuidado al escoger tratados para drogadictos, alcoholizados, homosexuales y discapacitados físicos. El título del folleto debe ser positivo, no negativo. En caso de duda, debemos utilizar folletos que contengan sólo el puro mensaje del evangelio.

FOLLETOS CON TITULOS "CARNADA"

Con "carnada" no quiero decir que debemos hacer uso de prácticas deshonestas para atraer a las personas. No obstante, la evangelización tiene que ver con la pesca. Esto precisamente es lo que dijo el Señor Jesucristo. Sabiendo que hay muchas personas en nuestro mundo actual que tienen reservas contra la religión, y principalmente contra la religión evangélica, resulta muy conveniente que utilicemos folletos cuyos títulos no reflejen lo religioso. Deben ser folletos que llamen la atención por su título original, que comiencen con una historia o con cualquier hecho de la vida real, haciendo en el momento adecuado la transición al mensaje evangelístico. Tenemos que ser sabios para comunicar el evangelio de Cristo.

FOLLETOS PARA LA EVANGELIZACION PERSONAL

A pesar de lo dicho más arriba, creemos que, para la evangelización personal, se pueden utilizar folletos extensos y con títulos claramente evangélicos y evangelísticos. Hay algunos muy bien hechos, como por ejemplo: *Cómo tener una vida abundante y con propósito*, *Permíteme decirte cinco cosas* y *El camino de Dios para la salvación*.

Recientemente se está publicando una pequeña revista evangelística llamada SOLUCION, que ha demostrado ser muy efectiva en presentar el evangelio. Se trata de un material de alta calidad que deja muy bien el nombre de Cristo.

TECNICAS EN CUANTO A LA DISTRIBUCION DE FOLLETOS

No se debe distribuir folletos a diestra y siniestra, pues ello equivale a lanzar la semilla sin discernimiento. Las diversas circunstancias, ocasiones y oportunidades exigen criterios diferentes en cuanto a la distribución de folletos. Algunos de estos criterios son:

1. La selección del folleto
Uno de los principales cuidados en este trabajo es la selección del folleto en cuanto a su presentación y material con que está hecho.

(1) El papel a utilizar. Por lo general, nuestro material es malo y se deforma fácilmente. Es bueno tener cuidado de que el folleto no tenga deformaciones. No se debe distribuir material arrugado. Hay personas de cierto nivel social que no le prestan atención a un folleto de papel periódico, de feo aspecto.

(2) La tinta de impresión. Algunos folletos están tan mal impresos que la tinta utilizada acaba por ensuciar las manos. Tales folletos no merecen confianza ni atención. Las personas, con toda seguridad lo dejarán de lado.

(3) La diagramación. En la presentación del folleto, no se debe despreciar una portada artística. Algo sencillo, pero llamativo y bien hecho, siempre resultará de mayor atractivo. No debemos olvidar que somos pescadores y tenemos que tener "carnadas" apetitosas para los "peces".

(4) El doblado. Ciertos folletos de cuatro páginas nos llegan a las manos sin haber sido doblados. Pero es necesario doblarlos debidamente, con cuidado, para que resulten presentables.

(5) El sellado. De no estar sellados, esto debe ser lo primero que debemos hacer. Un folleto no sellado para que los interesados puedan procurar más ayuda espiritual, está incompleto. He recibido folletos de personas que se decidieron a leerlos y que se dirigieron directamente a la casa publicadora porque no habían sido sellados por la iglesia o entidad religiosa que los distribuyó. Pero hay algo más: parece trivial, pero debo recordar que el sello debe estar bien puesto, para que la dirección quede clara.

Muchas veces el sello sólo ensucia al folleto, dejando apenas una mancha ilegible, de modo que resulta imposible que la persona tenga la información completa en cuanto a la dirección.

2. La distribución de folletos

Generalmente hay dos situaciones en que distribuimos folletos. Podemos hacerlo individualmente, bien como parte de un programa propio de distribución, o eventualmente. En este caso hay ciertas peculiaridades en cuanto a la técnica de distribución. La otra situación es en la que formamos parte de un equipo en algún proyecto especial. Aquí la característica dominante es que estamos formando un grupo para alcanzar con el evangelio a personas mediante la distribución de folletos. Seguidamente me referiré a esta última situación, para ocuparme después de la primera.

(1) La distribución en equipos

a. Decidir cuál sería el folleto a repartir ese día. Cuando distribuimos folletos siempre en un mismo lugar público, debemos variar el tipo y título de los folletos.

b. Contar los folletos a ser distribuidos y seleccionarlos en grupos o paquetes de 50 o 100, para facilitar la cuenta posterior. La estadística es muy importante en la evaluación.

c. Todo evangelizador responsabilizado del trabajo debe leer y estar enterado del contenido del folleto, y debe tener su contenido y mensaje en su mente cada vez que entregue el folleto a alguien, como si tratara de comunicarlo a esa persona. También la persona podría querer saber, de antemano, de qué trata el folleto, y el evangelizador debe estar preparado. Cada día, al distribuir el nuevo folleto, tendrá que tener esto en cuenta.

d. No distribuir los folletos indiscriminadamente a todos los que pasan, pues con toda seguridad será tirado antes de ser leído.

e. Tener en mente que el folleto es una simiente que caerá en la tierra. Haga el trabajo como el sembrador que espera recibir una cosecha.

f. Al hacer la distribución, tenga una mente de oración, de ser posible, por las personas que extienden su mano para recibir el folleto.

g. Sostenga el folleto con delicadeza, teniendo en cuenta que es algo muy importante y valioso.

h. Vea a la persona que se le acerca, teniendo un rostro sonriente, y mentalmente ore por ella antes de abordarla.

i. Al abordarla, hágalo cordialmente, diga rápidamente de qué se trata y ofrézcale el folleto. Si la persona lo rechaza, no insista. Muchas veces fallamos en esto. Entregamos simplemente el folleto, sin saber si la persona lo desea o no.

j. Si el transeúnte inicia la conversación, utilice el evangelismo personal e invierta el tiempo que sea necesario, si la persona dispone de tiempo. Si nota que tiene prisa, no insista. Entréguele solamente el folleto.

(2) La distribución individual. Cuando trabaje por su cuenta, el creyente o evangelizador puede aprovechar las diversas oportunidades. Algunos creyentes hacen de la distribución de folletos su estilo de vida. Pero en cualquiera de ambos casos, es necesario tener algunos cuidados generales:

a. Tener siempre los folletos debidamente sellados y en buen estado de presentación.

b. Decir siempre algo a la persona, al entregarle prontamente el folleto.

c. La distribución puede hacerse en un transporte colectivo, al pasajero que está sentado al lado del evangelizador; en un supermercado, en la caja, en el momento de pagar la cuenta; en una panadería, en el momento de comprar el pan del día siguiente; en un restaurante, después de almorzar o cenar, al mozo que nos ha servido. Esto significa hacer de la distribución un estilo de vida.

LA PRODUCCION DE FOLLETOS PARA LA EVANGELIZACION

Sin pretender profundizar en el campo de las publicaciones, ofrezco algunas ideas generales que podrían ser de ayuda.

1. Los folletos "carnada"

Este tipo de folleto tiene mucho éxito y es de aceptación general. Es el folleto que no dice, de inmediato, que es religioso. Para ello, el escritor debe valerse de hechos curiosos, de ilustraciones de la naturaleza y aun de fábulas y leyendas. Lo fundamental aquí es comenzar con alguna situación intrigante que atraiga al lector, antes que se dé cuenta de que está siendo llevado a un mensaje evangelístico.

2. Los folletos para la evangelización personal

Este tipo de folleto sirve para iniciar la evangelización. No hay duda de que necesitamos folletos objetivos, para trabajar con personas que ya están abiertas y preparadas para el trabajo evangelístico. En este aspecto podemos mencionar algunos ya conocidos, tales como: *El camino hacia Dios, Tan claro como el ABC*, y *El secreto de una vida feliz*. El folleto para la evangelización personal debe ser más extenso, de modo que podamos dedicar tiempo a la persona y tranquilamente exponerle el plan de salvación. Pero tales folletos, no importa por dónde comiencen, deben contener el plan de salvación.

3. Los folletos para la evangelización de grupos especiales

Llamamos grupos especiales a los homosexuales, a los drogadictos y alcoholizados, a las prostitutas y a los delincuentes. Son grupos que exigen un tratamiento especial en la evangelización y, en consecuencia, folletos especiales.

Los folletos para este tipo de personas deben ser, al mismo tiempo, indirectos y adecuados a su problema.

4. Folletos para discapacitados

Esta es otra área especial. Aquí se incluyen los ciegos, los sordomudos y los parapléjicos, entre otros. Estas personas requieren de un tratamiento especial en cuanto a la evangelización.

(1) Personas ciegas. La particularidad de este grupo es la escritura en Braille. En los últimos tiempos ha crecido el interés literario en cuanto a esta clase de discapacitados. Con ellos no es importante hacer un folleto en lenguaje diferente. Basta con transcribir un folleto común al Braille. Lamentablemente, no hay mucho material en este sentido.

(2) Personas parapléjicas. Las personas de este grupo pueden leer normalmente. Tampoco los folletos deben tratarlas como discapacitadas. El modo de expresarse el folleto debe ser de optimismo y motivación, y el mensaje debe ser normal.

(4) Personas sordomudas. Preparar un folleto para estas personas ofrece mayor dificultad. Algunos sordomudos aprenden a leer como cualquier persona normal, pero los sordomudos se comunican por medio de señas. Para los que pueden leer, la diferencia está sólo en utilizar un vocabulario sencillo, ya que por lo general no disponen de mucha riqueza de lenguaje.

5. Folletos para estudiantes

La evangelización de los estudiantes es en el presente un gran ministerio. Sin embargo, a pesar del esfuerzo hecho por algunas organizaciones, no se ha trabajado como se debe. Podrían ser de mucho provecho folletos que abordaran situaciones de tipo cultural y los problemas cotidianos que enfrentan los estudiantes en el mundo de las ideas. Pero de cualquier manera, no importa el asunto a que se refiera, el folleto debe contener el plan de salvación.

Aun en el área estudiantil se puede hacer preevangelización. Algunos folletos que tratan el problema de la existencia de Dios, por ejemplo, podrían servir de preparación para que el estudiante acepte conversar sobre el plan de salvación. Sería, por lo tanto, una tarea en dos etapas. Sin embargo, quien se disponga a realizar este trabajo debe estar calificado para ello. El nivel cultural del escritor del folleto debe estar a la altura del nivel estudiantil a ser alcanzado. Por ejemplo, quien se atreva a escribir sobre la evolución hoy en día debe tener la preparación universitaria adecuada, pues la presión del mundo académico en este sentido es muy fuerte.

6. Folletos para profesionales

Este es un vasto campo para la evangelización que ha sido poco explorado en el área de la literatura. Es evidente que una gran parte de la masa laboral está calificada para realizar alguna actividad específica. Por tanto, cuando aparece un folleto con un lenguaje adecuado a la vivencia profesional de la persona, las posibilidades de receptividad son mayores.

De allí que debe haber folletos para médicos, abogados, periodistas, profesores, mecánicos, etc. En este campo prácticamente no hay límites. Aquí también el escritor de folletos debe pertenecer al área específica para la cual escribe. Resulta una ridiculez, por ejemplo, que un pastor que no sepa nada de medicina se ponga a hablar de un tema médico, pues por mucho que se documente teóricamente no tendrá éxito en su cometido. De manera que el título del folleto, el mensaje y todo lo demás debe ser planificado y calculado con sabiduría. Por lo general, lo fuerte en el folleto debe ser el mensaje. La mención de algún asunto relativo al área profesional específica debe aparecer en el folleto, pero sólo para identificar al autor del mismo con el ramo de la actividad a la cual se está dirigiendo.

Hace algunos años fui invitado a predicar a unos médicos en un hospital, y les hablé de algo común. El tema fue: "La liberación del Señor". Introduje el mensaje diciendo que el médico es, por lo general, quien libera a las personas del problema de la enfermedad, que es uno de los males más graves de la humanidad. Sin embargo, el médico, a pesar de parecer un superhombre, a veces se enfrenta a problemas que van más allá de su capacidad científica. Y de aquí en adelante comencé a hablarles de la liberación que se obtiene en el Señor Jesucristo. Cuando terminé de hablar, un médico se me acercó para decirme que él estaba necesitando precisamente ese mensaje; y además me dijo que si yo me hubiera puesto a hablar de algún tema del área de la medicina, él se habría molestado.

Por consiguiente, los folletos utilizados en el área de los profesionales deben obedecer al criterio fundamental antes señalado.

7. Folletos para enfermos

A muchas personas les gusta evangelizar en hospitales y clínicas. Sin embargo, son pocos los folletos exclusivos para esa área. Este es un gran campo para el trabajo evangelístico. Los folletos dirigidos a los enfermos no deben mencionar el tema de la enfermedad o de la muerte, sino que deben hablar de consolación, esperanza, paz y seguridad. Hace poco vi un folleto titulado: ¿Dónde habrás de pasar la eternidad? Este no es un buen folleto para un enfermo. Su mensaje era correcto y verdadero, pero podría crearle preocupación al enfermo y alterar su estado de salud.

COMO ELABORAR UN FOLLETO

Seguidamente presento un modelo en cuanto a la elaboración de un folleto. Tomemos, por ejemplo, uno de los que he escrito: "La casa vieja". Este es uno de esos folletos "carnada", pero que sirve para diversos tipos especiales de personas.

En este tipo de folletos utilizamos cuatro fases distintas: 1) La ilustración o la narración de un hecho; 2) La transición; 3) La aplicación del mensaje; 4) El llamamiento.

Transcribimos el folleto en las cuatro fases de su elaboración.

LA CASA VIEJA

Cierto hombre tenía una casa muy vieja y decidió renovarla. Quiso reparar una pared, pero cuando puso la parte nueva, se desprendió un pedazo de la pared vieja, razón por la cual tuvo que hacer mayor la parte nueva. Luego quiso poner tejas nuevas y mejores, pero las vigas y los listones apenas podían soportar el peso del hombre que las estaba colocando. Finalmente, el hombre llegó a la conclusión de que lo mejor sería derrumbar totalmente aquella casa vieja y hacerla de nuevo.

(Nota: Aquí concluye la ilustración)

Jesús nos enseñó algo parecido al decir que "nadie pone parche de tela nueva en vestido viejo, porque el parche tira del vestido y la rotura se hace peor" (Mateo 9:16).

(Nota: Esta parte sirve de transición entre la ilustración y la aplicación del mensaje)

La experiencia de esta casa vieja nos enseña algo en cuanto a la vida espiritual. El hombre se siente derrotado e infeliz en la vida —como si fuera una casa vieja— y se pone a hacer remiendos. Acude a la religión como remiendo: hace oraciones, cumple sus deberes y hasta gasta su dinero tratando de reformarse. Pero Jesús no vino para remendar la vida vieja y la caída del hombre. El vino a hacer un trabajo mucho más completo: a darnos una vida nueva. Y esto es lo que hace con la experiencia conocida como "nuevo nacimiento". El dijo: "A menos que uno nazca de nuevo no puede ver el reino de Dios" (Juan 3:3). El apóstol Pablo, que también tuvo esa experiencia con Jesús, la llamó "el hombre nuevo" y "nueva criatura". El dijo: "... despojaos del viejo hombre que está viciado por los deseos engañosos; pero renovaos en el espíritu de vuestra mente, y vestíos del nuevo hombre..." (Efesios 4:22-24). Y añadió: "De modo que si alguno está en Cristo, nueva criatura es; las cosas viejas pasaron; he aquí todas son hechas nuevas" (2 Corintios 5:17). El apóstol Pedro, a su vez, se refiere a esto de la manera siguiente: "Pues habéis nacido de nuevo, no de simiente corruptible sino de incorruptible, por medio de la palabra de Dios que vive y permanece" (1 Pedro 1:23).

La religión de Jesús, por tanto, no es un remiendo sino una vida nueva. Una vida nueva plantada en el corazón de la persona, de adentro hacia afuera. Para convertirse en una persona nueva, el hombre debe reconocer su situación de pecador. Luego, necesita arrepentirse de sus pecados y creer en Jesús como su Salvador. Desde el mismo momento en que el hombre toma la decisión de aceptar a Cristo como aquel que murió en la cruz por sus pecados, tiene la experiencia de la vida nueva. Una dirección nueva comienza a orientarlo hacia objetivos nuevos, y él mismo se transforma en morada de Dios. Es el apóstol Pablo quien lo afirma: "¿No sabéis que sois templo de Dios, y que el Espíritu de Dios mora en vosotros?" (1 Corintios 3:16).

(Nota: Hasta aquí la aplicación del mensaje)

Querido amigo, ¿está usted haciendo remiendos a su vida? ¿No está ya cansado tratando de arreglar algo que no tiene arreglo? ¿Por qué no deja que Cristo transforme su vida desde los cimientos, comenzando todo de nuevo? ¡Fue para eso que él vino a este mundo!

(Nota: Este es el llamamiento)

Observaciones

(1) *Tamaño*. El tamaño ideal del folleto, para ser puesto en el bolsillo de la camisa, o en un bolso, sin que ésta lo doble, es de 14 cm. de altura por 9 cm. de ancho (es decir, después del doblaje para hacer cuatro páginas). Puede haber folletos de tamaño mayor, pero en ese caso el folleto no tendrá el formato ideal adecuado a la persona.

(2) *Extensión*. En un tamaño como el indicado, la primera página es ocupada por la portada, en la cual puede hacerse una ilustración artística con el título del folleto. Puede comenzar el texto al pie de la ilustración. En la segunda y tercera páginas se sigue con el texto, y en la cuarta se concluye. Es conveniente reservar, por lo menos, las dos terceras partes restantes del folleto para colocar el sello de la iglesia o de la entidad responsable de su distribución.

PARTE IV

Evangelización de grupos especiales: Adictos, prostitutas, homosexuales

Evangelización de discapacitados: ciegos, parapléjicos, sordomudos y otros

21

EVANGELIZACION DE GRUPOS ESPECIALES

Por "grupos especiales" queremos decir: drogadictos, alcohólicos, homosexuales, prostitutas y delincuentes. Algunos autores hablan de éstos como grupos "marginales", y añaden a esta clasificación a los sordomudos, a los ciegos, a los parapléjicos y aun a los mongólicos. Sin embargo, para nuestros propósitos didácticos hemos adoptado otra clasificación y por ello hablamos de "grupos especiales" para referirnos a los primeros, mientras que los últimos están ubicados bajo el título de "discapacitados", a los cuales nos referiremos en capítulo aparte.

ELIMINANDO LOS PREJUICIOS

Para evangelizar a los drogadictos, a los alcohólicos, a los homosexuales, a las prostitutas y al resto de este tipo de personas, tenemos que eliminar nuestros prejuicios, no sólo en cuanto a su evangelización, sino también a su integración o incorporación a la iglesia de los que se conviertan. Por lo general, los creyentes, en algunos casos por falta de una sana doctrina, tienen la tendencia a evitar el contacto con estas personas que viven practicando ciertos pecados socialmente condenables. Este es el caso, por ejemplo, de las prostitutas. Un pastor siempre tendrá dificultades para explicar su motivación si es visto hablando con una mujer de mala reputación. Sin duda alguna, correrá el riesgo de ser malinterpretado por la comunidad de su iglesia y, quien sabe, si hasta por su propia familia.

De la misma manera, nunca faltarán los temores y recelos por parte de los evangelizadores y de los miembros de la comunidad eclesiástica en cuanto a los drogadictos y a los homosexuales. Todo el mundo trata de evitar a los que consumen drogas, por el temor de ser influenciados por ellos o hasta de ser detenidos por las autoridades.

En ciertos casos podemos llamar prejuicio a esta reacción; y en otros, temor. Hasta cierto punto, esto es justificable, pero no totalmente. Cuando menos, el evangelizador tendrá que pagar el precio de entender que tales personas están en la lista de los pecadores que Cristo vino a "buscar y a salvar" (Lucas 19:10).

Pero el problema no tiene que ser enfrentado únicamente por el evangelizador. Este es un problema de toda la comunidad evangélica y eclesiástica. Por lo general, cuando las personas de ese contexto moral y social se interesan por el evangelio y comienzan a visitar una de nuestras iglesias, comienzan inmediatamente a enfrentar la discriminación, y hasta pueden crearles problemas a las personas que se acercan. Y, lo que es todavía peor, cuando un ex adicto o cualquier otro que se halla en esta clasificación hace algo escandaloso, después de haber sido integrado a la iglesia, todos procuran librarse de él.

Para poder ocuparnos de la evangelización de tales personas, tenemos que reformular nuestros conceptos en cuanto al pecado, a la salvación y a la vida cristiana. Tenemos que entender que ciertos pecadores enfrentan mayores dificultades que otros para su recuperación. En este caso están los adictos, que tienen dependencias de toda índole, y que necesitan de amor y comprensión. La comunidad y el pueblo en general deben saber que una iglesia evangélica, cualquiera que sea su denominación, no es una comunidad perfecta. El mundo exige siempre eso de nosotros, pero no es verdad. No perseguimos la perfección como ideal, pero nuestro interés tampoco está totalmente en las cosas de este mundo. La diferencia está en que ciertos pecados de los ex adictos y de los ex delincuentes son más evidentes y por ello se notan con más facilidad, mientras que los que nunca fuimos adictos también tenemos nuestros problemas y pecados que, muchas veces, permanecen ocultos. Por consiguiente, si un ex adicto, que es ahora miembro de la iglesia, hace algo escandaloso, debemos hacer sólo dos cosas: explicar a la sociedad que esa persona está en un proceso de recuperación y sufrió una "recaída", y luego ayudarlo a levantarse. A veces, por darle más importancia a lo que piensa la sociedad descuidamos estas almas preciosas que necesitan de la salvación. Por lo general, la sociedad está siempre lista para condenar nuestros defectos, pero al mismo tiempo quienes forman parte de ella se niegan a recibir a Jesús como su Salvador.

Aconsejamos a las iglesias que se preparen mejor en cuanto a este tipo de ministerio. Los que se ocupan de este tipo de evangelización han tenido dificultades para incorporar a las iglesias a estos nuevos creyentes, una de cuyas necesidades es involucrarse en la actividad cristiana. En las instituciones cristianas donde están como internos, la recuperación de los tales se logra, realmente, con el evangelio. Hay reuniones todos los días y el mensaje de la Palabra de Dios es la medicina cotidiana. Sin embargo, nuestras iglesias por lo general realizan sólo tres reuniones a la semana: oración los miércoles; escuela bíblica dominical y culto los domingos por la mañana; y culto el domingo por noche. Esto significa que durante el resto de la semana, el hermano ex adicto no se vincula con la iglesia y esto es muy peligroso para su vida cristiana ya que, por lo general, tiene que luchar cada día con cicatrices de "heridas" recientes.

Las iglesias que últimamente se están dedicando al sistema de ministerios múltiples —principalmente las iglesias bautistas que ya tienen considerable experiencia en esta área— podrían fácilmente involucrar a los ex adictos en alguna actividad de este ministerio.

Aparte de eso, los nuevos creyentes necesitan ser tratados con amor y comprensión, de manera que no se sientan excluidos o rechazados, o tratados con desconfianza. Debemos vivir con ellos sin temor o recelos, pues no son diferentes de nosotros, que también fuimos rescatados de nuestros pecados.

Para que no perdamos los resultados en este tipo de evangelización, lo más conveniente sería que invitemos a especialistas, preferentemente de la misma institución de internos que se ocupó del ex adicto, a presentar una o dos charlas en la iglesia sobre el tema, a fin de concientizar a los miembros en cuanto a la necesidad de acogerlo adecuadamente. O, lo que sería aun más interesante, la iglesia podría entrenar debidamente a un equipo para que se ocupe de este ministerio, para ofrecer ayuda a las personas que han salido de este tipo de experiencia. Este equipo trabajaría no sólo con estos nuevos creyentes especiales, sino también con la iglesia, para concientizar a todos en cuanto a esta nueva situación.

CONTEXTO DEL ABORDAJE

¿Cuándo se debe abordar a personas de esta clase? ¿Dónde hacerlo? ¿Cómo hacerlo? En este caso tenemos que trabajar con dos posibilidades o etapas.

En la primera etapa, las personas de este tipo podrían ser abordadas en el contexto normal de la comunidad. Pueden ser abordadas por el evangelizador en la calle, en una tienda, en un colegio y aun en medio de una crisis que estén experimentando. Es importante señalar que no es aconsejable que abordemos a estas personas en el contexto donde se hallen practicando sus vicios. Por ejemplo: no estaría bien ir a un lenocinio a abordar a prostitutas con el evangelio, pues haríamos el ridículo. De la misma manera, no sería apropiado que fuéramos a un punto de venta de drogas a abordar a toxicómanos y hasta a traficantes. Tampoco sería positivo que fuéramos a un ambiente de *gays* o de homosexuales para abordarlos. Hemos sabido de evangelizadores que lo hacen, pero los resultados no son muy positivos. Por lo general, tal actitud corre el riesgo de ser vista como una provocación, lo que podría generar una situación de violencia. Aparte de eso, los especialistas aconsejan que nunca se debe abordar, con propósitos evangelísticos, a un adicto mientras se encuentra drogado.

Algo muy importante a tener en cuenta en esta primera etapa es no abordar al adicto, ni al homosexual, ni a la prostituta como tales, pues éstos difícilmente reconocen que están viviendo una vida equivocada.

El pastor José Francisco Veloso, especialista en esta área, dice lo siguiente:

"Nunca aborde como tal a este tipo de persona, pues no le gusta que se lo señalen. El adicto negará que es un vicioso y el abordador no podrá hacer nada pues lo estará "ofendiendo", perdiendo así la oportunidad de evangelizarlo. El adicto es un perdido como cualquier otra persona, y por ello necesita de la predicación sencilla del evangelio. No hay un mensaje especializado para este tipo de personas, aunque quizás sí, una manera de transmitirlo."[1]

La segunda etapa, o posibilidad, sería abordarlo en la institución donde se encuentra recluido. Es posible que sea aquí donde se dé inicio al trabajo de evangelización.

En las entidades de reclusión —de las cuales hay muchas en Brasil, como es el caso del Proyecto Amor— el trabajo asume características muy especiales. A estas instituciones acuden personas ya evangelizadas y convertidas, así como personas aún no evangelizadas.

EL ABORDAJE DENTRO DE LAS INSTITUCIONES DE RECLUSION

1. Problemas ya conocidos

Aquí no se trata de un abordaje común, pues la persona ya es conocida por su problema especial de homosexualidad, droga, alcohol, prostitución u otro. Pero, por lo general, participan en más de un vicio; una cosa involucra otra. Como dice el salmista: "Un abismo llama a otro abismo" (Salmo 42:7a).

2. Ambiente de actividad

Las instituciones tienen, por lo general, actividades programadas para todas las horas del día: actividades físicas, mentales y espirituales. Entre éstas se encuentran: trabajos manuales y físicos (en este último caso, cuando las instituciones están en lugares donde hay huertas, granjas, etc.), juegos de inteligencia y cultos. Todo es hecho en un clima de relativa libertad, en el que todos los internos aceptan voluntariamente las tareas que se les asignan.

3. Tratamiento enérgico de los problemas

En este ambiente debe haber mucha franqueza, mucho

---

[1] José Francisco Veloso, *Um Tapa nas Drogas*. Río de Janeiro, JUERP, 1988, p. 26.

amor, pero también mucha energía. Existen ciertas prohibiciones para alejar a las personas de todo aquello que pueda inducirlas al vicio. Al homosexual se le exige que no se ponga adornos femeninos —éstos son un tipo de amuleto para ellos— y que camine y hable sin afectación. Su homosexualidad es después interpretada por la Biblia como algo condenado por Dios y por el propio orden de la naturaleza (1 Corintios 6:10; 1 Timoteo 1:9). La prostituta, asimismo, es puesta dentro de un esquema en el que no podrá poner en práctica su vicio. Se la hace participar en actividades físicas, mentales y de aprendizaje para que supere su situación. Por otra parte, como lo que la ha llevado al comercio sexual pecaminoso es por lo general una necesidad de tipo económico, ahora se encuentra protegida y no estará sujeta a tales tentaciones. El alcohólico no podrá ingerir licor bajo ninguna circunstancia, y sus problemas más profundos serán atacados y atendidos.

4. Los medicamentos y la Biblia

Muy rara vez estas instituciones acuden a medicamentos, lo cual hacen sólo en situaciones excepcionales de crisis. Aquí la Biblia funciona poderosamente. Es la Biblia aplicada a la vida. Cuando comencé a trabajar en este campo, me di cuenta, con mucho entusiasmo, de que la Biblia, efectivamente, tiene la solución para todos los problemas.

Visité, en cierta ocasión, el Proyecto Amor, de la ciudad de Paraíba do Sul, y noté que las Biblias habían sido muy utilizadas. En el tiempo del mensaje, el pastor utilizó Jeremías 38, y al desarrollar el mensaje se valió de dos ideas principales: Primera, la de alguien que se encuentra en una cisterna y necesita ser rescatado por alguien; segunda, la del verso 11, que se refiere al momento en que Jeremías fue sacado, para que las sogas no se rompieran. Y de esto aplicó la idea de que muchas veces, ciertas personas, como trapos raídos y rasgados, son despreciadas por la sociedad, pero alguien puede recogerlas y utilizarlas. Tal es la situación de las personas involucradas en vicios y en una vida de delincuencia. Esto es la Biblia aplicada a los problemas. Al final, el pastor preguntó quiénes querían salir de la cisterna, y muchos levantaron sus manos.

5. Evangelización abierta y permanente

Nadie es obligado, pero el plan de salvación es siempre presentado a las personas en los cultos. Nadie es coaccionado, pero algo tienen siempre claro: que sólo Jesús puede cambiar su situación, por el poder del Espíritu Santo. Eso fue precisamente lo que Jesús vino a hacer en este mundo.

6. El concepto de pecado en lenguaje conveniente

Para este tipo de pecadores que, además de los problemas espirituales normales, tienen dependencias de todo orden, una correcta explicación de lo que significa el pecado resulta de mucha ayuda.

De los muchos conceptos que se encuentran en la Biblia, dos son importantísimos. El primero es que "pecar" es "errar el blanco."[3] El ser humano, al desobedecer los mandamientos de Dios, erró el blanco, el propósito para el cual fue creado, razón por la cual es ahora como un barco sin rumbo.

El segundo concepto es que "pecar" es "transgredir", "traspasar el límite". En el capítulo 7 de Romanos, Pablo se refiere al pecado en términos de voluntad: "Hallo esta ley: Aunque quiero hacer el bien, el mal está presente en mí" (Romanos 7:21). Pablo habla de la presencia del pecado en el ser humano como una "ley", como si fuera una de nuestras leyes fisiológicas. Es el caso, por ejemplo, de las leyes del apetito y de la sed. Estas leyes se manifiestan como una voluntad que nos impulsa a buscar aquello que necesitamos para nuestro cuerpo. Sin embargo, la "ley" del pecado en nosotros, que hemos heredado todos, sin excepción (Romanos 3:23) funciona como una voluntad imperfecta, que nos impulsa siempre a objetivos equivocados, que no son buenos para nosotros. Esta es la razón por la cual el alcohólico se dirige al fango; el homosexual pervierte el uso del sexo; la prostituta lo utiliza para alimentar su estómago; y el adicto intenta reprimir sus problemas por la ilusión de las drogas. Estos son defectos de la voluntad, la cual ha sido deformada por la "ley" del pecado. Es por ello que Pablo habla de la recuperación del pecador de la siguiente manera: "Porque la ley del Espíritu de vida en Cristo Jesús me ha librado de la ley del pecado y de la muerte" (Romanos 8:2). ¡Qué maravillosa es la Palabra de Dios!

La voluntad es controlada por el conocimiento, pero el conocimiento es afectado por la mente. Dado que el "arrepentimiento" es un cambio de mente producido por el Espíritu

---

[3] B. A. Copass, *Manual de Teologia do Velho Testamento*. Sao Paulo, Empresa Batista Editora, 1958, pp. 99, 100.

Santo, cambio permitido voluntariamente por la persona, ésta deberá experimentar el arrepentimiento para poder cambiar su conocimiento y controlar así su voluntad.

INTEGRACION A LA IGLESIA

La integración de estas personas presenta algunas características especiales. Aparte de lo que normalmente se requiere para la integración a la iglesia de todo nuevo creyente, es preciso considerar lo siguiente:

1. La preparación de la iglesia

Como dijimos al comienzo de este capítulo, las iglesias no siempre están preparadas para incorporar en su seno a personas que estuvieron en el mundo de las drogas, de la prostitución, de la homosexualidad y del alcohol. Algo que resulta indispensable son charlas de orientación para toda la iglesia, por parte de especialistas, que hablen con toda franqueza sobre el asunto, antes de que la persona sea incorporada a la iglesia. También debe formarse una comisión especial para que trabaje con la iglesia y este tipo de personas.

2. La preparación del nuevo creyente

El nuevo creyente de este tipo también debe ser preparado. El debe estar consciente del hecho de que va a entrar en un ambiente especial. Antes tenía hábitos de la vida vieja que ahora deben ser eliminados. Y esto es bíblico. En Efesios 4:20-32, Pablo habla precisamente de la necesidad de abandonar la antigua manera de vivir. Por tanto, no debemos, como algunos pretenden modernamente, crear iglesias con tipos de cultos especiales para quienes han sido adictos, prostitutas, homosexuales, y otras cosas. Los pecadores convertidos fueron todos antes pecadores perdidos y deben estar preparados para cambiar. *Cambio* es la palabra clave a lo largo de toda nuestra experiencia cristiana. Quien no acepte cambiar es porque todavía no ha sido realmente convertido.

3. El manejo de las causas de los problemas

Una de las dificultades que se presentan en cuanto a la integración a la iglesia de las personas que han estado en esta condición, es la "recaída". Muchas de ellas, después de ser miembros de una iglesia, vuelven a caer en el pecado en que vivían antes. El gran problema es, entonces, atacar las causas que llevaron a la persona a volver a la situación pecaminosa previa a su conversión. Esto es lo que, por lo general, ocurre:

(1) Los adictos tenían problemas familiares, por falta o exceso de cariño. En algunos casos, eran rechazados; en otros, eran hijos de matrimonios separados, y como consecuencia de esto se lanzaron al mundo de las drogas para huir de las duras realidades de la vida.

(2) Muchas de las prostitutas cayeron en este tipo de pecado por razones económicas: por la pobreza y por la falta de oportunidades para conseguir algún trabajo. Es posible que hayan existido otras causas como, por ejemplo, las drogas; pero, en general, las razones económicas constituyen la causa principal.

(3) Los homosexuales, por lo general, llegaron a esa situación por haber sido criados de manera incorrecta. Algunos se vieron obligados al convivir todo el tiempo con varones, y nunca con chicas. Algunos se criaron sólo con mujeres; y otros, carentes del cuidado de sus padres, fueron víctimas de abusos por parte de muchachos más fuertes de la escuela o de la comunidad, teniendo que ceder a sus presiones sexuales; y por falta de diálogo en la familia jamás lo revelaron a sus padres. También hay ciertos casos de homosexualidad por razones patológicas y orgánicas, pero son pocos, según los mejores especialistas en la materia.

(4) Los alcohólicos están incluidos en la clasificación general de los adictos. Muchos de éstos se refugiaron en la bebida para olvidarse de los problemas familiares y económicos, de las frustraciones, y de los desastres financieros. Y también una buena parte de ellos comenzó a beber para cumplir con ciertos convencionalismos de la sociedad, a fin de estar a tono con ella. Empezaron con una cerveza, y de allí pasaron al aguardiente y después al whisky.

El evangelizador competente tendrá que escuchar constantemente las historias de las vidas de esas personas. Es una labor que demanda tiempo y esfuerzo para poder llegar al origen del problema y, una vez conocido, comenzar a trabajar para eliminar la causa. Muchas veces habrá la necesidad de involucrarse en un trabajo con los familiares del alcohólico. Siempre será muy conveniente escuchar a los familiares.

El trabajo consistirá no sólo en tratar de eliminar o alejarlo de la causa por la cual la persona bebe, sino también prepararla mentalmente para que la supere. La vida de fe en Cristo es la mejor medicina para este tipo de problema. Muchas veces, en verdad, no se la podrá alejar de la causa, en cuyo caso la persona tendrá que eliminarla de su mente o sencillamente aprender a no hacer caso de ella.

El homosexual tendrá que ser reeducado y enseñado bíblicamente para que acepte la necesidad de tener un cambio. Es muy peligrosa la "teología" de algunos modernistas que dicen que la persona homosexual tiene que seguir con su mismo estilo de vida, y que su vida sexual nada tiene que ver con su vida cristiana. Esto trastorna totalmente la naturaleza del evangelio, porque evangelio es cambio de vida, "novedad de vida", citando las palabras del apóstol Pablo. El pecado no tendrá más dominio sobre la persona que ha sido salvada (Romanos 6:14).

La prostituta, además de ser enseñada bíblicamente en cuanto a cómo vivir la vida cristiana y el cambio de conceptos en cuanto a moral y ética, debe ser preparada profesionalmente. Se le debe enseñar una profesión, de acuerdo con su inclinación, y ayudarla después a conseguir un trabajo.

En términos generales, estos detalles deben ser tomados en cuenta en relación con la incorporación de la persona a la vida de la iglesia, una vez que se haya producido su conversión. Debe haber, por lo tanto, la ayuda programada e intensa, sin la cual un alto porcentaje de estas personas volverá a la vida antigua.

22

LA
EVANGELIZACION
DE LOS
DISCAPACITADOS

Este es un grupo muy especial de personas que ha sido desatendido por la sociedad, y aun por las iglesias, principalmente, en cuanto a la evangelización. Por formar parte del grupo de discapacitados, a tales personas no se las ve fácilmente en los lugares comunes donde normalmente evangelizamos, y por ello merecen un tratamiento especial a fin de alcanzarlas para Cristo.

Nuestro principal argumento en cuanto a la atención que debemos darle a este asunto, es que todas las personas poseen un alma inmortal, ya esté esta alma en un cuerpo normal o en un cuerpo con discapacidades. Al fin de cuentas, desde el punto de vista espiritual todas las almas son discapacitadas, "porque todos pecaron y no alcanzan la gloria de Dios" (Romanos 3:23).

CLASIFICACION Y TERMINOLOGIA

Algunos llaman "grupos marginales" a estas personas por el hecho de que, en general, han sido olvidadas por la sociedad. Sin embargo, el término "marginales" es peyorativo y debe evitarse inmediatamente. El nombre correcto para esta clase de personas es "discapacitados", entre los que pueden ubicarse también los deficientes mentales.

Nuestro objetivo en este capítulo no es ocuparnos de los aspectos médicos y científicos de estas personas, sino más bien sugerir estrategias y técnicas de evangelización.

1. Parapléjicos
Podemos clasificarlos en dos grupos:

(1) Parapléjicos propiamente dichos. Son los que están inmovilizados de la cintura hacia abajo.

(2) Cuadripléjicos. Son los discapacitados de brazos y piernas.

2. Amputados.
Son las personas que perdieron, por accidente o por cirugía, un brazo o una pierna, o ambos a la vez.

3. Talidomídicos
A madres que en cierta fase de sus embarazos tomaron un medicamento llamado "talidomida", les nacieron hijos con problemas físicos. Los bebés nacieron con sus pequeñas manos o pies como si les hubieran sido mutilados. Este medicamento fue prohibido posteriormente, pero hay mucha gente víctima de él.

4. Ostomizados
Son personas a las que les faltan ciertos órganos: vejiga, hígado, riñones, intestinos, y otros, lo que las obliga a utilizar aparatos recolectores de excrementos.

5. Hansenianos
Son las personas portadoras de cierto tipo de lepra y que, debido a la enfermedad, pierden partes de su cuerpo.

6. Amauróticos
Son las personas ciegas. Hay dos tipos de personas ciegas:

(1) Amauróticos parciales. Poseen cierto porcentaje de visión, pero no lo suficiente como para ser considerados normales.

(2) Ciegos propiamente dichos.

7. Auditivos
Son los sordomudos en general.

8. Minusválidos cerebrales
Son personas que sufrieron lesiones cerebrales que les dejaron secuelas, quedando afectadas en su coordinación de movimientos. Estas personas pueden tener una inteligencia normal y entender perfectamente lo que se les dice, pero por lo general no coordinan los movimientos del cuerpo debido a sus dificultades en cuanto a coordinación motora.

9. Deficientes mentales
En cuanto a este grupo existen diversas clasificaciones.

10. Enanos
Personas normales, pero de baja estatura, por lo general problemáticas por la discriminación de que son víctimas por parte de la sociedad.

11. Discapacitados múltiples
"La discapacitación múltiple y la concurrencia, en una misma persona, de más de una discapacidad, ya sea de tipo visual, auditiva, física o mental. Diferentes combinaciones producen diferentes dificultades y necesidades, variando en grado de acuerdo con el individuo, dificultando sus respuestas al medio en que vive."[1]

---

[1] *Oásis, Desafio de Hoje.* Río de Janeiro, Empresa Jornalística e Editora Ltda. Ejemplar No. 79, diciembre de 1988, p. 5.

12. Congénitos

Son personas que nacieron con ciertas deformaciones físicas. Resulta complicado hacer una clasificación de éstas.

No pretendemos, naturalmente, diseñar una metodología evangelística para cada tipo de esta vasta clasificación. Lo que haremos será tomar los tres tipos más comunes: parapléjicos, ciegos y sordomudos, y diseñar una metodología para cada uno de ellos. Los demás podrán ser alcanzados adaptando estas tres metodologías básicas.

CONCIENTIZACION Y ADAPTACION DE LOS ESPACIOS FISICOS

Antes de hacer cualquier intento de elaborar técnicas, debemos tratar de concientizar a la población en general, y particularmente al pueblo de Dios, en cuanto a la necesidad de que nos ocupemos de estas personas por las cuales también murió Cristo. Después de esto, debemos ocuparnos, en ciertos casos, de la adaptación física de nuestros ambientes de iglesias, principalmente para los parapléjicos, en el sentido de facilitarles el acceso al templo, cuando vengan a adorar a Dios.

1. Concientización

Por lo general, el pueblo de Dios imita, con raras excepciones, la actitud de la sociedad de rechazar o, por lo menos, no dar la debida atención a las personas discapacitadas. Esto es así porque este tipo de personas exige todo el tiempo cuidados especiales en todo sentido.

La razón principal de nuestra concientización para ocuparnos de este ministerio es que los discapacitados tienen un alma por la cual Cristo murió, y las almas de todos los hombres están delante de él en la misma condición: discapacitadas. El número de personas discapacitadas en nuestros países es alarmante. Y, lo que es más grave, por la naturaleza de su problema estas personas por lo general se "esconden" y no son fácilmente encontradas y alcanzadas por nuestros programas normales de evangelización.

De hecho, Jesús nos dio un ejemplo de su visión global en cuanto a las personas que necesitan de la salvación. Habló a los ricos (el joven rico, Zaqueo), a los sabios (Nicodemo), a los pobres (el endemoniado gadareno), a los parapléjicos (el paralítico de Capernaúm) y otros tipos de pecadores. Uno de los pasajes más hermosos del Nuevo Testamento es la llamada Parábola de la Gran Cena, donde en cierta parte dice: "Vé pronto a las plazas y a las calles de la ciudad y trae acá a los pobres, a los mancos, a los ciegos y a los cojos... Vé por los caminos y por callejones, y exígeles que entren para que mi casa se llene" (Lucas 14:21, 23).

2. Adaptación de los espacios físicos

La expresión de arriba: "...trae acá a los pobres, a los mancos, a los ciegos y a los cojos" me asusta. La pregunta que me incomoda es: ¿tenemos condiciones físicas y ambientales para tener con nosotros, por ejemplo, a las personas que viven en sillas de ruedas?

Ciertos países nos dan lecciones en este sentido. Es el caso, por ejemplo, de los Estados Unidos de América, donde todo está adaptado para los discapacitados. Allí existen aceras especialmente hechas para el desplazamiento de los peatones; los edificios públicos tienen rampas o declives para el acceso de personas en sillas de ruedas, y en muchos casos ascensores especialmente para éstas; lo mismo existe en las iglesias. Las estaciones del metro tienen ascensores exclusivos para los discapacitados; y los autobuses una escalera mecánica para introducir al vehículo al parapléjico que está en su silla de ruedas. En algunos casos, la misma silla de ruedas le sirve de asiento a los conductores parapléjicos; y en todas partes hay espacios de estacionamiento de vehículos para personas parapléjicas, así como retretes especialmente adecuados.

Si nuestras iglesias quisieran trabajar en esta área de evangelización, tendrían que tener, por lo menos, rampas y sanitarios adecuados. Llevar a un parapléjico a un local donde deberá permanecer por más de una hora, cuando ese local no dispone de instalaciones sanitarias adecuadas, demuestra indiferencia para con esa persona. Por lo general, en esas condiciones no se la logra llevar a la iglesia. Si no adaptamos físicamente nuestros templos, lo más que podremos hacer será tratar de alcanzar a esas personas en sus casas o instituciones donde se encuentran, para lo cual nos hará falta un entrenamiento especial.

"Si el edificio que ocupa la iglesia no está acondicionado con rampas, pasamanos, puertas anchas, baños accesibles a personas con sillas de ruedas, etc., hay que buscar la manera en que se puedan hacer las modificaciones necesarias... Se recomienda hacerlas según el código internacional de construcción para que las medidas y los declives sean correctos. Si se consigue la asesoría apropiada, las modificaciones, por lo general, no tienen que ser muy costosas."[2]

Hemos hablado de la adaptación de los lugares físicos sólo en relación con los parapléjicos, que son los que más necesitan de que exista tal adaptación.

PARTICULARIDADES DE CADA TIPO

Para que podamos estar preparados para la evangelización de los discapacitados, tenemos ante todo que conocer algunas particularidades de los principales tipos. No deseamos entrar en especificaciones científicas y técnicas, pues no es ese nuestro objetivo, sino más bien ofrecer algunos datos de valor práctico en cuanto al abordaje evangelístico.

1. Parapléjicos y amputados
(1) Sistema mental. Por lo general, salvo cuando son discapacitados múltiples, los parapléjicos son mentalmente sanos. Ellos pueden utilizar su inteligencia para aprender y comprender lo que se les dice. En consecuencia, una de las exigencias en cuanto a la relación con estas personas es que sean consideradas normales.

Por ejemplo, nunca se debe decir, al presentar a estas personas en un culto como visitantes: "Tenemos hoy la presencia del parapléjico fulano de tal", pues eso sería totalmente negativo. Preséntelo como una persona normal, mencionando sólo su nombre. Si la persona está en silla de ruedas, pídale que levante la mano. En caso de ser cuadripléjico, pida a alguien de la iglesia que se ponga de pie al lado de esa persona.

No hay que olvidar que, por tratarse de personas con discapacidades sólo de naturaleza física, tanto los parapléjicos como los amputados están en condiciones de participar en actividades de tipo mental. Siendo así, se pueden utilizar estudios bíblicos dinámicos, juegos de inteligencia, debates, charlas, etc. para evangelizar a estas personas.

---

[2] Short, Sarah y Torres, Neus, *Los minusválidos: un ministerio especial de la iglesia.* Casa Bautista de Publicaciones, 1990, p.30.

(2) Situación psicológica. Debido a sus limitaciones físicas y al sentimiento de rechazo por parte de la sociedad, en muchos casos vamos a encontrar en estas personas un cierto estado de rebeldía, de frustración y de rechazo. Los que nacieron con el problema o lo adquirieron siendo niños, posiblemente ya han aceptado su situación; pero los que lo tuvieron después de haber experimentado la vida normal, siempre tendrán algún tipo de frustración en lo más íntimo. En muchos casos las personas no demuestran tener problemas, pero el rechazo a su condición estará siempre latente.

Como consecuencia de esa situación, nuestra relación con tales personas debe ser de amistad auténtica. Con estas personas no se puede ser evangelizador casual, sino que el trabajo con ellas tendrá que comenzar con una relación más sistemática, que ponga en evidencia una amistad y un vínculo sinceros de nuestra parte.

(3) El acceso físico. El gran problema de los parapléjicos y de los amputados es su desplazamiento y acceso a los lugares. En algunos casos no necesitan utilizar una silla de ruedas, pero usan aparatos especiales para caminar, o muletas. Casi siempre a estas personas no les gusta ser tratadas con compasión; ellas desean enfrentar sus propios problemas de limitación física.

Sea como sea, la iglesia que quiera dedicarse a este tipo de ministerio deberá tener, por lo menos, una rampa para silla de ruedas e instalaciones sanitarias adecuadas. Si el grupo crece y la iglesia tiene que ocuparse del transporte de esas personas, resulta aconsejable disponer de una camioneta de pasajeros u otro tipo de vehículo adaptado, provisto de ganchos para sujetar las sillas.

(4) Disposición para enfrentar los desafíos. Las personas parapléjicas, casi instintivamente, van tras la ley de la compensación y se vuelven sumamente esforzadas y optimistas. Les gustan los deportes y realizan hazañas notables. Yo mismo he presenciado, en diversas ocasiones, competencias deportivas llamadas "paraolímpicas", entre personas parapléjicas. Esto es algo realmente notable. Imagine un partido de fútbol con un equipo de personas a quienes les falta una pierna, jugando con muleta (en lugar de la pierna amputada), o un partido de voleibol, utilizando una malla baja, entre personas sin piernas.

(5) Espíritu de sociabilidad

Normalmente, a los parapléjicos y amputados, a diferencia de otros tipos de discapacitados, les encanta moverse, conversar, conocer gente nueva y hacer nuevas amistades. Esto es algo positivo para las campañas evangelísticas de las iglesias, las series de conferencias y otras actividades de grupo.

(6) Capacidad de lectura

Los parapléjicos carecen de movilización en las piernas, y a veces de los brazos (en el caso de los cuadripléjicos), pero tienen una inteligencia normal, dentro de las variaciones del IQ (cuociente de inteligencia) que hay en cualquier otra persona. Por ello, pueden ser incentivados a la lectura, tanto de la Biblia como de otros libros de naturaleza evangelística e inspiracional, ya que la dificultad de locomoción favorece el estado de quietud necesario para la lectura.

7) Sugerencias para su evangelización

(1) *Evangelización personal.* Dentro del principio de hacer amistad y de relacionarse con la persona parapléjica de manera más afectiva, se deben usar los encuentros deportivos —antes o después de la actividad— para el trabajo evangelístico, en el que se le expondrá el plan de salvación. No es necesario tener un folleto especial para parapléjicos. Puede ser un folleto común. Utilice con ellos las técnicas de abordaje que han sido presentadas en un capítulo especial de este libro.

También dentro del método de evangelismo personal, el evangelizador podrá visitar algunas veces a la persona en su casa. En esas ocasiones, el evangelizador descubrirá qué tipo de actividades prefiere realizar la persona. Por ejemplo, si le gusta la lectura, el evangelizador podrá interesarla en la lectura de cierto libro de carácter evangelístico. O puede ser que le guste coleccionar algún tipo de cosas. De modo, pues, que el evangelizador tendrá mil maneras de comenzar su relación con el propósito de evangelizar a la persona, en términos de evangelización personal.

(2) *Evangelismo de grupos o masivo.* En este caso, el evangelizador tendrá la oportunidad de hablar al grupo antes o después de una competencia deportiva, utilizando temas optimistas o dirigiendo la aplicación de su mensaje al evangelio. Es una evangelización indirecta que puede funcionar como preevangelización.

Otra estrategia es tener equipos que se encarguen del transporte de esas personas a los cultos normales de la iglesia. No conviene tener reuniones especiales sólo para ellas, sino que deben participar en el culto normal de la iglesia.

En las campañas de evangelización de la iglesia local, o en las grandes campañas denominacionales, se debe tener una comisión sólo para encargarse de estas personas y para preparar invitaciones para ellas. El equipo debe estar estructurado de tal manera que haya una persona que se encargue de cada una de esos invitados especiales, para ayudarlos en cualquier emergencia, a menos que hayan venido acompañados de familiares que puedan ocuparse de ellos.

En resumen, los métodos para evangelizar a estas personas son los mismos que se utilizan para el resto de las personas. Lo que sí hay de especial aquí es el esfuerzo y la movilización de los que se dedican a la evangelización de esas personas.

2. Personas sordomudas

Una segunda clasificación que queremos destacar es la de las personas sordomudas. Estas, por no poseer uno de los principales canales de comunicación —la audición— y, como consecuencia, no poder expresarse por el principal instrumento de respuesta —la voz— son personas muy especiales en cuanto a la comunicación del evangelio.

Algunos aspectos de las características generales de esas personas nos ayudarán a su abordaje evangelístico.

(1) Dificultad para comunicarse. Mientras que el parapléjico tiene dificultades de movimiento y accesibilidad, el sordomudo tiene dificultades para comunicarse: no oye, ni habla. Su método de comunicación es el gestual, valiéndose especialmente de las manos. Por lo tanto, antes que nada, para alcanzar a este tipo de personas hay que dominar el proceso de comunicación por medio de señas.

(2) Pocos recursos de lenguaje. Debido al sistema de señales que utilizan, estas personas no disponen de mucho vocabulario. Por ello, tanto la recepción de ideas como la expresión de sus pensamientos son limitadas. Siendo así, el evangelizador debe estar consciente de esta realidad y *codificar* su mensaje de acuerdo con la capacidad del sordomudo de *decodificarlo*. Ver el capítulo "El Evangelismo y el Proceso de Comunicación".

3) Sociabilidad. A las personas sordomudas les gusta estar con otras personas y hacer nuevas amistades. Les gusta, por ejemplo, asistir a la iglesia. Esto es algo sumamente positivo para su abordaje evangelístico. Es importante, en este caso, preparar un buen grupo de personas que se puedan expresar por medio de señas, para que sirvan de intérpretes. Durante el culto, un solo intérprete será necesario, pero en los pasillos del templo, antes y después del culto, harán falta más intérpretes para que estas personas puedan relacionarse con facilidad.

4) Capacidad de lectura. A pesar de los métodos especializados para enseñar a leer a estas personas, no todas aprenden a leer normalmente. La mayoría sólo logra aprender la lectura por señas. Por ello, nuestro trabajo dependerá casi exclusivamente del sistema gestual. En consecuencia, la presencia del evangelizador será siempre indispensable.

(5) Responsabilidad. Por la naturaleza del problema de que adolecen, las personas de este grupo necesitan del cuidado especial de las personas cuando salen con ellas. Si las llevamos a la iglesia, tenemos que tener cuidado de que no se extravíen. Hace no mucho tuve un problema de este tipo, cuando unos padres le reclamaron a nuestro equipo el hecho de que su hijo había sido traído tarde a casa. Lo que sucedió fue que, después del culto, se entretuvo en otro lugar. El problema se agrava aún más cuando las personas son internas de alguna institución.

(6) Sugerencias para evangelizarlas. Ya que la mayoría de los discapacitados tienden a reunirse en lugares y situaciones apropiados a sus necesidades, conviene siempre tener en mente cuál sería el mejor contexto para el abordaje.

a. *Contexto del abordaje.* En el caso de los sordomudos, no es tan fácil abordarlos en cualquier contexto, principalmente por las limitaciones de tipo comunicacional. Lo mejor es comenzar por medio de instituciones educativas.

También la persona puede ser abordada en visitas a su casa, si se sabe dónde vive. Pero el mejor lugar es la iglesia. El equipo podrá tomar las previsiones para traer a estas personas a la iglesia.

b. *Estrategias.* Se pueden adoptar ciertos tipos de programas para alcanzar a las personas sordomudas.

(a) *En las instituciones.* Personas capacitadas en el lenguaje gestual podrían, con la debida autorización, presentar charlas en instituciones.

(b) *Los deportes*. A las personas sordomudas, al igual que las parapléjicas, les gusta practicar deportes. Involucrarlas en competencias y actividades de este tipo es un buen trampolín para su posterior evangelización. En los deportes se puede utilizar la evangelización personal, antes, durante y después de las competencias.

(c) *La iglesia*. Presentar a estas personas en los cultos normales de la iglesia constituye una de las mejores estrategias. El ambiente social, el contacto con muchas personas, el culto, la música, todo es motivo de estímulo para ellas.

Hay que tener en cuenta algunas providencias especiales cuando se hace trabajo evangelístico con estas personas en la iglesia:

• *Su ubicación en el culto*. Algunos pastores consideran que es mejor colocar al grupo de sordomudos en la galería, separados del grueso de la iglesia, porque el proceso de interpretación distrae la atención de las demás personas. En mi opinión, sin embargo, la mejor ubicación es en los primeros bancos del salón principal. Ellos deben quedar de frente al púlpito, como todas las demás personas que se hallan presentes. No pasará mucho tiempo antes de que todos se acostumbren a los movimientos del intérprete. La razón es que no se debe hacer ningún tipo de discriminación con los sordomudos, ya que ellos desean estar en igualdad de condiciones con los demás.

• *Ayuda permanente*. No es que sea peligroso dejarlas solas en medio de la gente, pues estas personas por lo general saben estar solas. El asunto es la integración de ellas en cada uno de los aspectos de la reunión. Ellas quieren comunicarse, conocer personas y el intérprete debe estar siempre cerca.

• *Participación en eventos*. Aunque todavía no sean miembros de la iglesia, ciertos eventos de ésta —paseos, retiros y competencias deportivas— podrían incluir a personas sordomudas. También se podría formar un coro de personas sordomudas. Ellas cantan por mímica y vibran con la música, por increíble que parezca. En iglesias que he pastoreado hemos tenido estos coros con resultados muy positivos.

3. Personas ciegas

Como la mayoría de los demás tipos de discapacitados, los discapacitados visuales o amauróticos pueden ser abordados evangelísticamente como cualquier otra persona. La mayor dificultad está en la literatura y en la propia Biblia en Braille, que no es fácil conseguir.

(1) Material literario. Ya que las personas ciegas carecen del importante canal de comunicación de la vista, todo lo que tenga que ver con la lectura en su evangelización enfrentará dificultades. Es cierto que la mayoría de los discapacitados visuales aprenden a leer la escritura en Braille, que se caracteriza por diminutas figuras grabadas en papel grueso, que el ciego capta a través del tacto, con la punta de los dedos. Pero el gran problema es que, a pesar de la preocupación de algunas instituciones educativas específicas, no se les ha dado mucha atención en el área evangelística.

a. *Folletos evangelísticos.* Tanto por mi experiencia en este campo, como por lo que he podido aprender de los especialistas, no creo que el lenguaje de un folleto evangelístico para personas ciegas tenga que ser especial y exclusivo. Lo que sí hace falta es la preparación de folletos en Braille y la transformación en ese lenguaje de los que ya existen. No tengo conocimiento de que esto se esté haciendo.

b. *La Biblia.* Las Sociedades Bíblicas están realizando un ministerio importantísimo al tratar de ofrecer la Biblia en idioma Braille para las personas con dificultades visuales. Conviene averiguar en su país cómo obtener este material y en qué versiones de la Biblia está disponible.

c. *Casetes.* Este es un poderoso instrumento para el trabajo evangelístico con personas ciegas. Recomiendo averiguar en librerías y editoriales cristianas en cuanto a qué material evangelístico disponen en casetes.

d. *Computadoras.* Gracias a los avances tecnológicos, muchas personas invidentes pueden "leer" mediante programas especiales de computadoras.

(2) Aspectos generales. Algunas características personales, de conducta y de sentimientos comunes de los discapacitados visuales nos ayudarán a la elaboración de estrategias y técnicas en esta área.

a. *Trato normal.* Los ciegos son personas a las que les gusta ser tratadas como personas normales. No aprecian el trato especial. Note que ellos prefieren andar solos. Algunos, en casos muy especiales, permiten ser conducidos por otra persona, pero no es lo normal. Por lo general, aprenden a andar por la ciudad sin el auxilio de los demás. Tengo un gran amigo que es ciego de nacimiento, que nunca usó ni siquiera un bastón. Y cuando anda con un amigo en la calle, no acepta ser guiado.

Por ello, cuando se ponga en Braille algún folleto evangelístico común, hay que evitar poner: "Folleto para ciegos". Sencillamente se lo pone en Braille, y nada más. Igualmente, si un ciego asiste a un culto en nuestra iglesia, nunca debe ser presentado como ciego. Sencillamente se dice: "Tenemos el honor de tener con nosotros al señor (o señora) fulano (a) de tal."

b. *Amistad auténtica.* Como ocurre con los demás casos de personas discapacitadas, los invidentes desean tener verdaderos amigos, no "misericordiosos" extravagantes. Los ciegos no quieren sentir que los estamos ayudando por misericordia, mucho menos cuando nuestro objetivo es su evangelización. La mejor manera de acercarnos a ellos es a través de una amistad sincera y natural. Tampoco debemos hacer nuestro trabajo evangelístico esporádicamente con esas personas, sino continuamente para que se vea como un esfuerzo totalmente natural.

c. *Deseo de sociabilidad.* Los discapacitados visuales tienden a sentirse aislados con mucha facilidad, algo que no les gusta. Muchas veces, aun en la iglesia, permanecen quietos e inmóviles, no por iniciativa propia, sino porque nadie se acerca a ellos. En realidad, a ellos les gusta conversar y obtener nuevos conocimientos. Así pues, facilitar el que hagan nuevos amigos, y traerlos a la iglesia para los servicios, y aun para las celebraciones sociales, es una excelente estrategia para su evangelización.

d. *Capacidad auditiva.* Los ciegos desarrollan grandemente el sentido de la audición, ya que para poder guardar en su memoria lo que necesitan, sus oídos captan todo lo que llega a sus orejas.

Esta capacidad es de gran ayuda en el diseño de estrategias y de técnicas de evangelización con los discapacitados visuales. Un buen recurso es la formación de un equipo especializado de evangelización que capacite a personas para la lectura de algunos libros y aun de ciertos folletos para personas ciegas. Sé de invidentes que hicieron estudios universitarios como cual-

229

quier persona normal, simplemente escuchando las lecturas hechas por otras personas. También se puede utilizar el recurso de los casetes y, más recientemente, de computadoras especiales. Los sermones, los trozos bíblicos y la propia Biblia en casete pueden ser utilizados con gran provecho.

e. *Capacidad de memorización*. Como no pueden ver para grabarse ciertas figuras, y no tienen mucha habilidad para hacer anotaciones en el momento preciso, las personas ciegas desarrollan una gran capacidad de archivar en su memoria todo lo que les es útil: direcciones, nombres de personas, datos y otras cosas. Esto es muy importante en el proceso de evangelización, inclusive para la memorización de citas bíblicas.

f. *Capacidad mental*. Por no poder ver, las personas ciegas tienen cierta dificultad para imaginar cosas y hacer abstracciones. Los expertos aseguran que a los ciegos les resulta difícil tener ideas de conjunto. Ellos tienen, por ejemplo, una idea de lo que es un árbol. Una persona ciega palpará un árbol pequeño e imaginará que es grande si palpa el tronco de uno mayor. Pero tendrá dificultades para imaginar un bosque, lleno de árboles de diversos tipos.

Esta característica es muy importante para ayudar al evangelizador en cuanto al tipo de lenguaje que deberá utilizar con personas ciegas, las cuales no tienen un vocabulario pobre. Por el contrario, pueden aprender palabras mucho mejor que cualquier otra persona. Pero la idea o el sentido de la palabra sí puede significar un problema. De allí que hay que tener cuidado al utilizar ciertas figuras del lenguaje al hablar con estas personas. Por ejemplo, si decimos: "La vida religiosa de fulano de tal es un verdadero 'laberinto', ¿qué podría significar eso para un discapacitado visual? Prácticamente nada. Sólo después de utilizar una serie de palabras adicionales será posible que la persona ciega pueda tener idea de lo que es un 'laberinto'."

g. *Capacidades artísticas*. Las personas ciegas, por lo general, desarrollan gusto por las artes. La música, sobre todo, les resulta muy atractiva. Conozco personas ciegas que son eximios pianistas, organistas, guitarristas y bateristas. Los invidentes tienen también inclinación por la oratoria y la poesía. Estas capacidades y otras más de este campo pueden ser utilizadas en nuestro trabajo evangelístico.

(3) *Sugerencias para la evangelización*.

a. *Contextos de abordaje*. Las personas ciegas pueden ser

abordadas en cualquier contexto o ambiente en que se encuentren. No obstante, hay ciertos ambientes especiales que ofrecen mejores oportunidades para el abordaje.

(a) *Puntos de mendicidad*. Así como hay muchas personas comunes que son pobres y se dedican a la mendicidad, también hay ciegos que están en la misma situación. Lo que sucede es que muchas veces no tuvieron ningún estímulo y por eso no lucharon para triunfar en la vida. Pero como ocurrió con el famoso ciego Bartimeo del Nuevo Testamento, un ciego mendigo puede levantarse, dejar su vida antigua y renacer para una nueva vida en Cristo, de manera que nunca más vuelva a vivir de la caridad pública.

(b) *Instituciones para ciegos*. Hay ciertos internados para invidentes, ya sea con fines meramente asistenciales, o para brindarles educación y prepararlos profesionalmente. Estos pueden ser un buen contexto en el que, si se utilizan estrategias y técnicas adecuadas, se puede alcanzar con el evangelio a estas personas ciegas.

(c) *Las iglesias*. Las iglesias podrían tener equipos preparados para traer a personas ciegas a las conferencias, a las campañas evangelísticas y aun a los programas normales de la iglesia como, por ejemplo, la Escuela Bíblica Dominical. Aparte de hacer las previsiones necesarias para que los ciegos puedan llegar a la iglesia, y desplazarse dentro de ella, no es necesario hacer nada especial para que escuchen y entiendan el mensaje del evangelio.

(d) *Visitas a domicilio*. Muchas personas ciegas tienen una total independencia personal y económica. Viven una vida normal en sus casas. Tales personas podrían ser alcanzadas por la evangelización personal que hacemos a través de la visitación de las casas.

b. *Estrategias*

(a) *Charlas especiales en instituciones para ciegos*. Los predicadores astutos podrían utilizar temas de interés general para presentar charlas en institutos donde se concentren personas ciegas, aprovechando estas charlas para presentar el mensaje del evangelio.

(b) *Programas musicales*. La presentación de un buen coro, de un buen cuarteto, y aun de un buen o una buena solista, podría ser motivo de mucho entusiasmo en un ambiente de personas ciegas. Se pueden presentar mensajes breves entre una interpretación musical y otra, adecuando esos mensajes al tema de cada presentación musical hecha.

(c) *Lectores*. Tomando las debidas precauciones, se pueden tener lectores en equipos de evangelismo para que lean a las personas ciegas. Podría, inclusive, tratarse de la lectura de libros seculares que la persona ciega utiliza en sus estudios. El evangelizador le ayudará y le presentará el mensaje cuando se presente la oportunidad. Este es un ministerio muy importante.

(d) *Casetes*. El equipo podría tener un equipo de grabación para grabar los programas de la iglesia, con mensajes y otras partes interesantes del culto. Una vez que haya hecho amistad con el discapacitado visual, el evangelizador podrá presentarle uno o más casetes para que los escuche. En una comunidad para privados de la vista se puede diseñar un horario para que todos puedan escuchar individualmente los casetes.

(e) *La lectura de la Biblia en Braille*. Si el ciego no es creyente, es muy difícil que tenga alguna porción de la Biblia en Braille. ¿Por qué, entonces, no proporcionarle uno o dos libros para que los lea? Se los podría prestar o regalar.

(f) *La Biblia en casetes*. También hay Biblias en casetes. Muchos invidentes no la tienen porque resulta muy cara. ¿Por qué, entonces, no conseguir algunos casetes para que los oigan? Una vez que hayan tenido la experiencia de escucharlos, se podrá concertar una cita un día y una hora específicos para responder cualquier pregunta. Esto dará buen resultado.

(g) *Actividades artísticas*. En la evangelización de los invidentes también se puede echar mano de ciertas actividades artísticas que pueden ser hechas por ellos. Por ejemplo, ¿por qué no tener un cuarteto, una pequeña orquesta y aun un coro de personas ciegas? A partir de aquí se puede desarrollar una actividad evangelística entre ellos. Lo importante de esto es que estas personas se sienten valorizadas por la sociedad y podrán entender el gran amor de Dios.

4. *Los otros tipos de discapacitados*

Hemos mencionado los principales tipos de discapacitados, pero los demás pueden ser incluidos, para los fines metodológicos, en los tres grupos aquí discutidos. Probablemente el único grupo que exigiría un tratamiento diferenciado sería el de los hansenianos (leprosos) que aun padezcan la enfermedad. En este caso se trata no sólo del problema de la discapacidad, sino además del problema de la enfermedad misma, por lo que debemos combinar las técnicas de evangelización en hospitales con las de evangelización de las personas discapacitadas.

Los ostomizados (personas a quienes les faltan ciertos órganos, lo que las obliga a utilizar aparatos recolectores de excrementos) sufren solamente la molestia del aparato, lo que puede ser superado con el conocimiento que tenemos de su manejo. Sin embargo, estas personas a veces tratan de aislarse por el mal olor que puede despedir el aparato.

Los minusválidos cerebrales padecen, en la mayoría de los casos, de falta de coordinación motora, pero pueden entender normalmente lo que se les dice. Sin embargo, hay una serie de problemas en esta área, lo que hace que la comunicación sea, en algunos casos, imposible. No obstante, aunque la mayoría de las veces la persona luce desencajada por la falta de coordinación motora, tiene la capacidad mental de entender.

Los deficientes mentales tienen características muy complejas y no entraremos en esta área.

Los enanos, sólo limitados por su baja estatura, pueden ser tratados con una metodología normal.

Los discapacitados múltiples deberán ser tratados con dos o más metodologías, como es el caso, por ejemplo, de una persona que sea ciega y al mismo tiempo sordomuda. Otro ejemplo sería una persona ciega que a la vez haya sido amputada.

Los talidomídicos (que nacieron sin ciertos miembros, o con miembros reducidos, como consecuencia de cierta droga llamada talidomida, utilizada por sus madres durante el embarazo) pueden perfectamente ubicarse, para los fines metodológicos, en la clasificación de los parapléjicos.

LECTURA SUGERIDA

Un muy buen material sobre la responsabilidad de la iglesia hacia los discapacitados es un breve libro titulado *Los minusválidos: un ministerio especial de la iglesia*. Esta obra apunta a abrir los ojos de los cristianos evangélicos a reconocer que el mandato de llevar el evangelio "a toda criatura" incluye a las personas discapacitadas.

Casa Bautista de Publicaciones, Sarah de Short y Neus de Torres, 1990.

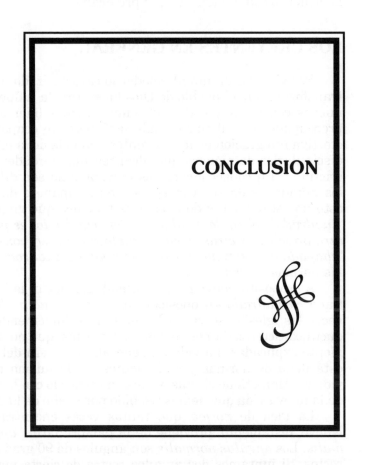

CONCLUSION

Como ya lo he señalado repetidamente, no he pretendido ofrecer en este libro la última palabra en cuanto a metodologías evangelísticas, ya que, en ciertos aspectos, mi labor ha sido apenas un comienzo en cuanto sistematización. Mi llamado es que todos los creyentes de Jesucristo, todas las iglesias, cuando se dispongan a evangelizar, piensen en alcanzar a todas las personas, en todos los lugares, de manera que nadie se quede sin escuchar las buenas nuevas del evangelio.

Finalmente, hay algo que me preocupa: la vida del pueblo de Dios, la vida de los obreros de Dios y la vida de las iglesias del Señor Jesucristo. Podemos conocer y dominar toda una sofisticada metodología en cuanto a la evangelización, y a pesar de ello no lograr evangelizar al mundo, si no tenemos una vida de acuerdo con el mensaje que predicamos.

LOS CREYENTES EN GENERAL

Por vivir en un mundo moderno caracterizado por su veloz transformación, el pueblo de Dios ha sufrido la influencia de los nuevos conceptos y estilos de vida. Muchos líderes se hallan preocupados por "llenar las iglesias", pero sin ocuparse de una efectiva integración de los creyentes a la vida de la iglesia, ni de discipularlos de manera que alcancen una verdadera madurez cristiana. En consecuencia, los creyentes no son diferentes de los mundanos en sus conceptos y en su manera de vivir. Con esto no estoy queriendo decir que tenemos que vivir una vida *"cuadrada" (Nota del traductor: Ser "cuadrado" es para la cultura brasileña y otras, como la anglosajona, ser "conservador" o "chapado a la antigua")* pero sí una vida *encuadrada* dentro de las normas del evangelio.

A propósito, conviene que entendamos mejor la idea de cristiano *encuadrado* en oposición a cristiano *cuadrado*. Muchas veces las iglesias se van a los extremos, imponiendo una conducta caracterizada por reglas y exigencias, que no son debidamente explicadas. La vida en general, aun fuera del evangelio, está llena de normas y reglamentos; de la misma manera, la vida cristiana tiene ciertas normas de acuerdo con la naturaleza de la nueva vida que hemos recibido por medio de la conversión.

La idea de *norma* que tantas veces encontramos en el Nuevo Testamento, proviene de la palabra latina *angulus normalis*. Los *angulus normalis* son ángulos de 90 grados, ángulos rectos. Si juntamos dos ángulos rectos de cierta manera, tendremos una figura cuadrangular o cuadrada, y lo que esté dentro de ese cuadrado estará encuadrado. Las "normas" (ángulos rectos), por consiguiente, están formadas por líneas rectas que se encuentran para formar un ángulo recto (y esas líneas son las *regulas*, en latín, o normas, de donde se origina la palabra *reglamento*. Nosotros sabemos que todo lo que está bien ajustado o encuadrado es bello y elegante. Una foto, por ejemplo, tiene que estar debidamente enfocada o encuadrada. Un diseño, una pintura, debe estar dentro de un marco, y por ello decimos que está enmarcada o encuadrada.

Pues bien, la vida cristiana debe estar *encuadrada*, es decir, colocada dentro de ciertas normas del evangelio; y para conocer las reglas y las normas de la vida cristiana, el pueblo de Dios debe estudiar la Palabra de Dios.

Lo que el pueblo de Dios debe hacer hoy es invertir tiempo en el estudio de la Biblia. En la vida agitada del mundo moderno en que vivimos, nadie tiene tiempo para ocuparse del estudio profundo de la Biblia, pero esto es algo que debe hacerse. Hay muchos líderes que mantienen a sus iglesias "a viva fuerza", pero si las personas no reciben una correcta enseñanza en cuanto a lo que significa la vida cristiana, no llegaremos muy lejos.

Sin una madurez cristiana, sin una conducta ejemplar, sin un esfuerzo por ser "sal de la tierra" y "luz del mundo" (cf. Mateo 5:13-16), tendremos siempre, como cristianos, un mal testimonio que impedirá que otros lleguen a conocer a Jesús.

Me impresiona mucho lo que encontramos en Hechos 2:47, en el sentido de que los creyentes tenían "el favor de todo el pueblo". Eran una comunidad respetable.

El pueblo de Dios necesita hacer un estudio serio en cuanto al pecado —al pecado entre los creyentes—desde el punto de vista de Dios. El pecado del creyente no lo llevará al infierno, según nuestra comprensión de la Palabra de Dios, pero sí ocasionará dos daños terribles: neutralizará toda la vitalidad espiritual del creyente, convirtiéndolo en un fracasado, impotente y derrotado, e impedirá que la iglesia a la cual pertenece gane almas para Cristo. Según el apóstol Pablo en 1 Corintios 12:12-31, somos miembros del cuerpo de Cristo, que es la iglesia. En el versículo 26, dice que "si un miembro padece, todos los miembros se conduelen con él". Por ello, todo el cuerpo es afectado por el pecado de un creyente que pertenezca a la iglesia.

Las palabras de Jesús, en el sermón del Monte, son muy apropiadas para el pueblo de Dios, en relación con su testimonio frente al mundo: "Así alumbre vuestra luz delante de los hombres, de modo que vean vuestras buenas obras y glorifiquen a vuestro Padre que está en los cielos" (Mateo 5:16).

LOS PASTORES Y LIDERES EN GENERAL

Nada hay que cause tanto daño a la evangelización del mundo, que algún escándalo en la vida de un líder del evangelio. En estos tiempos modernos, con la aparición de una sociedad permisiva entre nosotros, los líderes también se han aflojado y se ha vuelto común la ruina espiritual de muchos, en todas nuestras denominaciones.

Sabemos que Satanás tiene interés en derribar a los líderes del movimiento evangelístico del mundo; y cuanto más encumbrado esté el líder, mayor será el escándalo.

He observado que hay, por lo menos, tres áreas en las cuales los líderes evangélicos están yendo a la ruina:

1. Familia y sexo

Es alarmante el número de pastores que están cayendo en el pecado del adulterio, en algunos casos por falta de control de sus impulsos sexuales. El mundo de hoy parece estar dirigido por el sexo, haciendo del placer sexual la suprema motivación. No obstante, el siervo de Dios no puede dejarse arrastrar por tales impulsos.

Por otra parte, muchos líderes están teniendo hoy roces e incompatibilidad con sus esposas y hasta con sus hijos, razón por la cual se están produciendo muchos divorcios entre pastores y líderes. Cuando esto ocurre, los pastores divorciados lucharán por ajustarse nuevamente a su ministerio, pero no tendrán la misma autoridad para enseñar a los miembros de sus iglesias.

Que nadie se engañe: la gente tendrá que confiar primero en nosotros, para poder confiar después en el Cristo que predicamos. Esto significa que si no tenemos una vida irreprochable, como lo enseña la Palabra de Dios, no lograremos evangelizar a nadie. Podremos, sí, fundar asociaciones y clubes religiosos, pero no iglesias del Señor Jesucristo. Los textos de Tito 1:5-16 y 1 Timoteo 3 sirven de saludable reflexión.

2. Dinero

Muchos obreros hoy caen al ser tentados en esta área. Algunos no saben manejar el dinero y se meten en problemas aun con el dinero de la iglesia. Hay otros que tienen afán de lucro y van por la vida como si siempre habrán de vivir en este mundo.

El pastor o líder que se dedique a cualquier tipo de ministerio del Señor no tiene que vivir, por supuesto, una vida de extremas privaciones, pero tampoco debe tener afán de enriquecerse. Hay quienes, inclusive, utilizan el mismo nombre del Señor Jesús y el de su causa para sacar provecho y beneficiarse económicamente. Pero el líder debe estar completamente libre de cualquier interés subalterno en este asunto. Podrá, quizás, obtener ciertos resultados durante algún tiempo, pero "su pecado lo alcanzará" (Números 32:23).

3. Vanidad personal

Un factor que ha arruinado a muchos buenos obreros del Señor es la vanidad. Esto ocurre cuando comienza a tener éxito en el trabajo que hace y, como consecuencia, a albergar sentimientos de vanidad y a ser seducido por la fama y la popularidad. Cuando el obrero cristiano comienza a aceptar fácilmente los elogios de la gente y empieza a envanecerse, ya está rondando la caída. Y la vanidad personal puede conducir al obrero a otros pecados, tanto del área sexual como del dinero.

En mi vida como predicador hay algo que me fascina: la sencillez de Jesús. Fue él mismo quien dijo: "Bástale al discípulo ser como su maestro" (Mateo 10:25a). Y el apóstol Pablo aconsejaba: "Tened un mismo sentir los unos por los otros, no siendo altivos, sino acomodándoos a los humildes" (Romanos 12:16). El obrero del Señor no debe tener ansias de popularidad, de ostentación, de ser considerado el mejor.

Para terminar, dirijo a los lectores a Filipenses 2:1-11. Aquí tenemos una maravillosa descripción en cuanto a Jesús. En cuanto a esto mismo, el apóstol Juan dice: "El que dice que permanece en él debe andar como él anduvo" (1 Juan 2:6).

Puede parecer muy difícil, pero el mundo tiene que ver a Cristo en nosotros. Una joven que recibió recientemente a Cristo en una campaña evangelística en una de nuestras iglesias de Río de Janeiro, cuando estaba siendo atendida por la comisión de aconsejamiento, dijo: "Yo sólo espero ver aquí al Cristo que vi en aquel predicador."

LAS IGLESIAS

Finalmente, nuestras iglesias deben ser, cada vez más, instituciones dignas de confianza. La sociedad exige de las iglesias la seriedad promedio que se espera de toda entidad religiosa. Por ello, la manera como la iglesia contribuya con la comunidad, como vea los problemas de ésta, como sienta los problemas de la gente, aun de los no creyentes, todo ello repercutirá en la imagen que de Cristo tendrán las personas.

Las vidas de los miembros de la iglesia y de su pastor crearán una imagen de institución ante la sociedad. La gente verá a la iglesia, al pueblo de Dios reunido, y saliendo juntos de las reuniones, de manera que todo lo que se haga en la iglesia deberá resultar simpático, no antipático. Hay iglesias que se hacen hostiles a la comunidad. He notado que no son muchas las iglesias que logran ganar a sus vecinos para Cristo. Por lo general, los vecinos no ven con buenos ojos a la iglesia, ya sea debido al ruido que hacen en los cultos, o por la manera de comportarse de sus miembros. La iglesia de hoy necesita tener "el favor de todo el pueblo" como ocurría con la iglesia primitiva.

Cuando pienso en la imagen que Pablo describe, mostrando a la iglesia como el cuerpo de Cristo (1 Corintios 12:12-31), y principalmente en la idea que presenta de Cristo como cabeza de ese cuerpo, me pongo a pensar en la idea de la *fisonomía* de ese cuerpo y de esa cabeza. Imaginemos, figurativamente a la iglesia con la cabeza de Jesús. ¿Cómo vería la iglesia las necesidades del mundo a su alrededor? ¿Cómo sería una iglesia con los oídos de Jesús? ¿Cómo oiría el clamor del mundo que sufre, y aun las críticas del mundo? ¿Cómo sería una iglesia con la boca de Jesús? ¿Qué diría si tuviera la boca y los labios de Jesús? ¿Qué le diría Jesús a nuestra comunidad? Sí, una iglesia con el rostro de Jesús. Una iglesia con semblante alegre, pero al mismo tiempo serio, firme, sin dudas, incertidumbre o descontento.

Finalmente, Pablo dice en Efesios 1:22, al referirse a esta idea de la iglesia como un cuerpo, que Dios sujetó las cosas a los pies de Cristo, que es la cabeza de la iglesia. Imaginemos a la iglesia como el cuerpo de Cristo, utilizando la cabeza y los pies de Cristo, dominando todas las cosas; a una iglesia conquistando a las personas, inspirándolas a transformarse mediante la predicación del evangelio que provoca el nacimiento de una *nueva criatura*. Lamentablemente, hay iglesias que están hoy dejándose transformar por el mundo, en vez de intentar transformar al mundo. No tenemos que conformarnos al mundo, sino que es el mundo quien debe conformarse a nosotros. Somos los pies de Cristo y debemos dominar todo el territorio que pisemos con nuestros pies. Esto no significa una revolución política, sino un dominio de las vidas por el poder transformador del evangelio del arrepentimiento y de la fe.

Será de esta manera que podremos llevar a cabo un evangelismo total para la conquista total de la totalidad del ser humano.

APENDICE

¿Qué es vuestra vida?
(Módulos de estudio bíblico)

Estudios
dramatizados de los Evangelios
(Módulos de estudio bíblico)

INSTRUCCIONES EN CUANTO AL USO DEL APENDICE

El presente apéndice consta de dos partes.

La primera es un módulo de estudios bíblicos adecuado para la evangelización e integración o incorporación a la iglesia del llamado grupo especial (adictos, prostitutas, homosexuales). Este módulo puede también ser utilizado por otros grupos, pero especialmente por éste. Hemos creado este módulo precisamente con personas así.

La segunda parte es también un módulo de estudio bíblico para la evangelización e integración, y podrá ser utilizado entre estudiantes y demás personas a las que les guste hacer uso de la dramatización. El título de este módulo es justamente *Estudios dramatizados de los Evangelios.*

Si se hace un estudio bíblico semanal, cada módulo tendrá una duración de ocho semanas, o dos meses.

Nuestra metodología en estos módulos es la dinámica de grupos, razón por la cual no incluimos una sección de preguntas y respuestas estereotipadas.

Módulo I
¿QUE ES VUESTRA VIDA?
Texto básico: Santiago 4:13-17

Introducción

La vida es un bien que todos poseemos, ya seamos pobres, ricos, sabios o ignorantes. Sin embargo, son pocos los que están conscientes del significado de la vida y no saben hacer uso de ella. Pero no estamos intentando aquí estudiar la vida desde el punto de vista científico. Nuestro propósito, por tanto, es tratar de entender la vida desde el punto de vista de su Creador. La única forma de saber qué dice Dios en cuanto al significado de la vida, es a través de la Biblia.

1. Propósito de estos estudios

Estos estudios llevarán a las personas al conocimiento del plan de Dios para la salvación del pecador. No obstante, el objetivo de este módulo es alcanzar a las personas involucradas en las drogas, en cualquier tipo de adicción, en la prostitución, en los juegos de azar, en la homosexualidad y a todos los que se encuentren en los grupos llamados *marginales* o de conducta irregular. Nuestra metodología, por tanto, que comienza con averiguar sobre la vida de la persona, sobre su origen, la despertará a la verdad de que sólo viviendo para Cristo es como podemos valorizar de manera correcta nuestra vida, ese bien que Dios nos ha dado.

2. Metodología

Se hará una lectura inicial del texto bíblico, dando luego la oportunidad de hacer preguntas y de dar respuestas, para efectos de discusión. Si el alumno es tímido y no pregunta, o no responde, comenzaremos la dinámica preguntando cuál fue la idea más interesante, o la palabra o pensamiento más importante que encontró. De aquí partirá la discusión. A veces las ideas serán absurdas, pero el instructor deberá respetar cualquier cosa que digan. En el momento de las conclusiones, el instructor presentará las enseñanzas correctas del texto, aclarará las opiniones equivocadas que hayan surgido, y al final hará la aplicación evangelística.

En nuestra metodología no queremos que el alumno tenga un librito de preguntas, sino que tenga una Biblia en sus manos. El tendrá que acostumbrarse a este libro llamado Biblia, y podrá subrayarla, hacer anotaciones y escribir lo que desee en ella. Si lo desea, podrá tener papel o un cuaderno para tomar notas, pero lo que deseamos es que aprenda a extraer por sí mismo las enseñanzas directas del texto bíblico. En verdad, lo que queremos es que el alumno tenga la Palabra de Dios abierta todo el tiempo que dure el estudio bíblico.

Para facilitar el manejo de la Biblia, todo el grupo, incluso el instructor, deberá utilizar la misma versión de la Biblia. Recomendamos la versión Reina-Valera Actualizada de la Casa Bautista de Publicaciones.

243

3. Los textos de estudio bíblico

Los estudios no son textuales, en el sentido de estar basados en un solo texto para cada uno de ellos. Siendo estudios más bien temáticos, cada uno de ellos utilizará versículos de diferentes partes de la Biblia. No obstante, utilizaremos el menor número de versículos posible, para no confundir a los participantes. La idea es utilizar pocos versículos en cada estudio para que el alumno entienda bien lo que queremos enseñar.

> ### Estudio No. 1
> ### La vida en la práctica
> ### Texto: Santiago 4:13-17

Leer el texto tres veces. La primera vez únicamente el instructor. La segunda, antifonalmente y la tercera, todos a la vez.

Introducción

El texto llama nuestra atención en cuanto a ciertos aspectos prácticos de la vida. Analicemos estos aspectos para ver si no ocurre lo mismo con nosotros.

I. Comentario

1. La naturaleza incierta de la vida

"No sabéis lo que será mañana" (v. 14). Esto es lo que nos enseña la experiencia siempre. Hacemos planes para el futuro y el tiempo se nos va sin que los hayamos logrado. Comparar esto con Salmo 90:10 y Lucas 12:16-20.

2. El carácter efímero de la vida

"Porque sois un vapor que aparece por un poco de tiempo y luego se desvanece" (v. 14b). Comparar otra vez con Salmo 90:3-5 e Isaías 40:6-8. Nuestra tendencia es vivir como si la vida nos va a durar para siempre. Pero tenemos que estar conscientes de que moriremos algún día. Tenemos, pues, que pensar en lo que haremos aquí y en nuestro destino eterno, para que podamos enderezar nuestras vidas.

3. El carácter frágil de la vida

Por asociación de ideas, el pensar en la naturaleza efímera de la vida nos lleva a la idea del carácter frágil de la existencia. Ver nuevamente Isaías 40:6-8. La ilustración de la hierba y la flor del campo es muy adecuada. Pensemos en la belleza y el perfume de una flor. En pocos días, sin embargo, ésta se secará. Cualquier acto de violencia de nuestra parte, o cualquier acción fuerte del sol, del viento y de otros factores de la naturaleza la dañará. Igual ocurre con la vida. Ella está sujeta a enfermedades, a accidentes, a desastres, a la muerte, por lo que debemos tener mucho cuidado con ella. Es por eso que los vicios del tabaco, del alcohol, y de las drogas son condenables. Aun conducir irresponsablemente un automóvil es condenable, pues constituye un atentado contra la vida misma.

4. La voluntad de Dios en nuestra vida

"Si el Señor quiere..." (v. 15). Es importante notar que el Creador de la vida la ha formado dentro de cierta estructura genética. El día que descubramos cómo saber científicamente todo lo relativo a nuestra estructura genética, podremos saber el día que moriremos. Pero esto es algo que sólo el Creador sabe. Sólo él sabe si podremos o no llevar a cabo lo que nos proponemos en la vida. Ver 1 Pedro 1:23-25. El se refiere también a la hierba como símbolo de la naturaleza humana; asimismo, habla de la Palabra del Señor y dice que quien hace la voluntad de Dios *permanece para siempre*. Finalmente, ver 1 Juan 2:17.

II. Preguntas y respuestas - Discusión

La discusión puede ser dirigida al lado práctico de la vida. Una buena sugerencia sería referirse al efecto de los vicios sobre la vida. En otras palabras, el efecto del pecado sobre la vida: efectos físicos, efectos biológicos y efectos psicológicos. No entre todavía en los detalles espirituales, sino cuando llegue el momento. Este tipo de exposición de ideas es muy eficaz para las personas atrapadas por las drogas y el alcohol.

III. Conclusión

El instructor deberá en este punto corregir algunas ideas equivocadas que hayan surgido durante la discusión. Después debe ocuparse de poner en orden las ideas principales del texto, basándose en puntos mencionados en el comentario. Aproveche las ideas buenas y las ilustraciones que surjan durante la discusión. Finalice diciendo que, dentro de la lógica del texto bíblico, la vida tiene un final, que es la muerte. Si lo considera oportuno, hable un poco acerca de la muerte, advirtiendo a los participantes la necesidad de que estemos preparados para ese día.

IV. Aplicación evangelística

1. Utilice Juan 10:10, especialmente la afirmación de Cristo: "Yo he venido para que tengan vida, y para que la tengan en abundancia." Llévelos a pensar que vivir una vida buena equivale a esa vida abundante.

2. Muestre lo que hizo Jesús para darnos la vida: dio su vida por nosotros. Utilice Juan 3:16 y compárelo con Romanos 5:8. Aquí se nos muestra la manera como Cristo dio su vida para que nosotros tengamos vida.

3. Muestre lo que debemos hacer para tener vida en Cristo. Utilice de nuevo Juan 3:16. (No debemos utilizar muchos textos la misma vez para no confundir a la persona. Por tanto, hasta donde sea posible, utilizaremos el mismo versículo para expresar las diversas ideas.) Juan 3:16 dice *cómo* tiene la vida "todo aquel que cree". Muestre lo que es creer. Una esta idea a la idea de arrepentirse, también.

Estudio No. 2
El origen de la vida
Texto: Génesis 1:24; 2:4-17

Leer el texto como prefiera. Tal vez cada participante podría leer una parte.

Introducción

La ciencia ha luchado por encontrar una teoría creíble para el origen de la vida humana. Lo mejor que piensan haber descubierto es que el hombre desciende del mono —esta es la teoría del evolucionismo—. Examinemos la fuente bíblica para darnos cuenta de que la teoría creacionista es más lógica, más razonable y más digna de aceptación.

I. **Comentario**

1. **Una afirmación sencilla, pero convincente**

"Hombre y mujer los creó" (v. 27). Es mucho más razonable aceptar que un ser superior creó premeditada e inteligentemente al hombre, que creer que éste se originó de una ameba microscópica unicelular que evolucionó hasta llegar a la etapa actual. Si el ser humano es inteligente, hay que entender que ha sido creado por un ser mucho más inteligente que él mismo. En 2:7 el autor dice: "Entonces Jehovah Dios formó al hombre..." La idea es que Dios actuó directamente en la creación del hombre: lo formó, le dio forma. El argumento de que no hay efecto sin causa, resulta muy útil aquí. Por ejemplo, si hay un reloj, tiene que haber sido hecho por alguien. Entonces, el ser humano es efecto de Dios, y Dios es la Causa o el Causador.

2. **A imagen y semejanza**

En Génesis 1:26 encontramos cosas maravillosas. En primer lugar, dice: "Hagamos". Esto significa que Dios está actuando aquí en su naturaleza trinitaria. Compare esto con Juan 1:1-3. Jesús ya se encontraba presente, como Hijo de Dios, en el acto de la creación. La segunda idea muy especial aquí es la de *imagen y semejanza*. No sabemos cómo era, o cómo es, la imagen de Dios. Pero tenemos mucho de Dios en nosotros, principalmente en lo que atañe a nuestra parte moral y espiritual. La diferencia es que nosotros somos finitos, mientras que Dios es infinito. Además, por causa del pecado, hemos perdido parte de esa imagen y semejanza. El Salmo 8:3-9 se refiere a un poco de esa grandeza del hombre creado por Dios.

3. El hombre - corona de la creación

El ser humano fue creado como corona de toda la creación. Si leemos de nuevo Génesis 2:1-17, descubriremos que, cuando el hombre fue creado, ya todo había sido preparado para él: el cielo, la tierra, las plantas, los animales, el agua. Después, Dios plantó un jardín para el hombre. Ver Génesis 2:8. Por lo tanto, somos la criatura más importante de todo el plan de Dios.

4. El hombre fue creado como un ser inteligente

Vemos que el hombre fue creado por el toque directo de Dios (2:7a) y que recibió la vida por el soplo directo de Dios (2:7a); y que también fue determinado que todo ser creado procrearía según su propia especie (Génesis 1:11, 12, 21, 27, 28). El hombre fue hecho como una obra acabada y completa. Fue creado como ser inteligente. En Génesis 2:19, 20 vemos que Adán le dio nombre a todos los animales. Era, por tanto, una especie de científico. Pensemos en los zoólogos de hoy clasificando a los animales. Esa idea del hombre de las cavernas, del hombre eslabón, se debe al hecho de que la historia natural puede remontarse sólo hasta cierto período antes del Edén. Mas el científico no logra entrar en el Edén para hacer sus averiguaciones, porque fue después de la desobediencia que el hombre retrocedió y se embruteció. Pero el ser humano fue hecho inteligente, perfecto y erguido sobre sus dos pies.

5. Preguntas y respuestas - Discusión

La finalidad de este estudio es poner en la mente de los participantes la idea de que la vida humana fue creada por Dios, y generar en cada uno de ellos el deseo de recuperar esa naturaleza. Si hemos sido hechos a imagen y semejanza de Dios, ¿por qué vivir, entonces, esclavizados por vicios y pecados? ¿Por qué tener una vida derrotada? No se debe permitir que el asunto se desvíe mucho hacia el lado del evolucionismo, a menos que el instructor esté bien preparado en el tema.

III. Conclusión

El instructor deberá tratar de corregir los conceptos erróneos, y dejar bien establecido el hecho de que fuimos creados por Dios; de que fuimos creados a su imagen y semejanza; de que tenemos en nosotros su soplo divino: la parte espiritual. Somos la corona de la creación de Dios y él tiene interés en rescatarnos.

IV. Aplicación evangelística

- La recuperación de la imagen y semejanza. El problema de la caída lo explicaremos ahora.

247

- Para una mejor comprensión del asunto, conviene leer el capítulo 3 de Génesis.

- Habiendo sido hecho un ser libre, el hombre pecó. Dios ahora toma ciertas medidas para rescatarlo. Es una manera de arreglar el problema, ya que no podrá volver a hacerlo todo de nuevo. Las medidas fueron:

a. Sacó al hombre de aquel ambiente para evitar el riesgo de que comiera de otro árbol, el árbol de la vida, y vivir así eternamente en la condición pecaminosa, sin ninguna posibilidad de cambiar su suerte. Ver Génesis 3:22, 23.

b. La promesa del Redentor: Génesis 3:15. El texto parece muy sencillo, pero no lo es: "Esta te herirá en la cabeza", esto es, la descendencia de la mujer destruiría a Satanás, que aparece aquí bajo la figura de una serpiente. Ver Romanos 16:20 y las referencias a este versículo. Todos los eruditos bíblicos están de acuerdo en que esta es una referencia al Salvador, que de hecho nació de una mujer (Isaías 7:14).

c. En el tiempo preciso, Dios envió al Redentor: Gálatas 4:4.

d. La venida de Jesús fue por causa nuestra: Juan 3:16 y Romanos 5:8. Ver también 1 Timoteo 1:15.

e. Dependiendo de la receptividad de los participantes, pasar seguidamente a explicar el plan de salvación. Si el momento no es oportuno, esperar hasta los próximos estudios.

Estudio No. 3
La naturaleza espiritual de la vida
Texto: Génesis 2:4-7; Eclesiastés 12:1-7

Como el primer texto ya es del conocimiento del grupo, sólo el instructor lo leerá. El segundo podrá ser leído antifonalmente y también al unísono.

Introducción

La mayoría de las personas viven como si el ser humano fuera un animal común: inclinado solamente hacia las cosas materiales. Pocas personas están conscientes de que tienen una parte espiritual, que no muere nunca. Nuestro estudio de hoy enseñará, mediante la Biblia, que tenemos una naturaleza espiritual.

I. Comentario

1. Diferencia entre el hombre y los demás seres vivientes

Génesis 2:7, especialmente, nos enseña que tenemos una naturaleza espiritual. Compárese, por ejemplo, la diferencia que hay entre la creación de los demás seres vivientes y el hombre, según Génesis 1:20-25 y 2:7. Notemos que en los demás casos Dios ordenó: "Haya", "produzca", "hizo Dios". Pero en el caso del hombre, Dios "creó" y después "sopló" en su nariz aliento de vida, y el hombre llegó a ser un ser viviente. Aquí se encuentra la gran diferencia.

2. Cuerpo, espíritu y alma en el Antiguo Testamento

Según el Antiguo Testamento, el hombre es *bassar*, animado por el *ruah*, y convertido en *nephesh*. A veces, la palabra *nephesh*, alma, es utilizada en el mismo sentido de *ruah*, espíritu. Esta palabra *ruah*, espíritu, es la palabra hebrea que aparece en Eclesiastés 12:7: "Y el espíritu vuelve a Dios..." Pues bien, Dios sopló en el hombre el fuego de la vida, cuando lo creó. De ahí en adelante, dentro del sistema biológico de procreación establecido por Dios, Zacarías 12:1 dice: "(Dice) Jehovah, que extiende los cielos, que pone los cimientos de la tierra y forma el espíritu del hombre dentro de él". Por lo tanto, al producirse la creación del ser humano en el útero femenino, de alguna manera previamente establecida por Dios surge la parte espiritual del ser humano.

3. El espíritu no muere

El capítulo 12 de Eclesiastés llama la atención del ser humano en cuanto a esta verdad. El pasaje contiene la gran enseñanza de que la vida humana tendrá fin aquí en la tierra, y que el espíritu continuará viviendo para encontrarse con Dios. La palabra utilizada para espíritu en el versículo 7 es *ruah*.

4. Espíritu y alma en el Nuevo Testamento

En el Nuevo Testamento, cuya lengua original es el griego, aparecen tres palabras importantes: *psiqué, nús* y *pneuma*. *Psiqué* se refiere al espíritu, tanto del hombre como de Dios, al igual que la palabra griega *ruah*. *Nús* es mente. Sin embargo, *psiqué* y *pneuma* son utilizadas, a veces, como sinónimas. Aquí se da una controversia en cuanto a *dicotomía* y *tricotomía*, es decir, entre si el hombre está compuesto de cuerpo, alma y espíritu, o si sólo lo está de cuerpo y espíritu. Para facilitar nuestra comprensión del problema, pensemos sólo en el espíritu del hombre, que es la parte que nunca muere y que va a Dios, según Eclesiastés 12:7.

5. El peligro de perder el alma (el espíritu)

Es muy importante que el ser humano esté consciente de esta verdad. Jesús dijo: "¿Pues, de qué le sirve al hombre si gana el mundo entero y pierde su alma?" (Mateo 16:26). (Aquí "alma" es utilizado como sinónimo de "espíritu".) Note que en Apocalipsis se habla de "las almas de los que habían sido muertos" (Apocalipsis 6:9).

II. Preguntas y respuestas - Discusión

La naturaleza espiritual de la vida es un tema fascinante no discutido aquí exhaustivamente, porque tendríamos que hablar de la inmortalidad del alma o del espíritu. Lo que desea discutir aquí es si el ser humano tiene o no una parte espiritual que no se extingue con la muerte. Hay que tener cuidado si en el grupo hay personas que hayan tenido algún contacto con Testigos de Jehová, ya que ellos tienen un concepto diferente del nuestro en cuanto a este asunto.

III. Conclusión

1. En nosotros hay una parte espiritual que nunca muere.
2. Alma y espíritu son términos utilizados como sinónimos.

Tratar de poner en orden las ideas finales dentro de los propósitos del estudio. Eclesiastés 12 habla del proceso de la vida, desde la juventud hasta la muerte. Este es centro de nuestra exhortación en este estudio. Si queremos estar con Dios, debemos estar preparados para ello.

IV. Aplicación evangelística

• Habiendo establecido que en el ser humano hay una parte espiritual —alma o espíritu— cite las palabras de Jesús que se encuentran en Mateo 16:26.

• La idea de perderse tiene el mismo sentido de extraviarse —la del espíritu que no va a donde debiera ir. Una buena ilustración es la parábola del rico y Lázaro en Lucas 16:19-31.

• Jesús vino a buscar y a salvar lo que se había perdido (Lucas 19:10).

• El hombre que gana al mundo, pierde su alma. Mas Cristo nos invita a perder el mundo para ganar la vida eterna.

• Por tanto, es preciso arrepentirse y creer en Jesús, aceptándolo como Salvador.

• Cuando el pecador hace esto, nace de nuevo. La vida espiritual es reactivada nuevamente y vuelve a tener comunión con Dios, como al principio. Ver Juan 3:3; 2 Corintios 5:17; 1 Pedro 1:23.

**Estudio No. 4
El potencial de la vida humana
Texto: Génesis 1:24-31; Salmos 8:1-9**

El instructor podrá comenzar la lectura del texto, y los participantes lo harán después, antifonalmente o al unísono.

Introducción
Los primeros capítulos de Génesis darían pie para escribir muchos libros sobre la vida. Aquí, cada palabra, cada frase, representa un universo de ideas.

I. Comentario

1. El potencial
El versículo clave de nuestro tema de hoy es 1:28. A pesar de que aquí no aparece por ninguna parte la palabra *potencial*, la idea está implícita. Dios bendijo al hombre y le dio poder para tener dominio sobre todas las cosas.

2. Demostración del potencial
La primera demostración de la inteligencia humana en acción aparece en 2:19, 20, cuando Adán le asigna nombre a todos los animales. En realidad, lo que él hizo fue una clasificación zoológica de los animales. Desde aquí ya se infiere, sin mucho esfuerzo, la calidad de potencial que Dios le dio al ser humano.

3. La grandeza del hombre
La otra manera de observar el potencial humano está en Salmo 8:5, donde dice que el hombre fue hecho un poco menor que los ángeles. En realidad, la palabra correcta aquí no es *Angel* sino *Dios*. Es evidente que, si el texto dice que el hombre fue creado a "imagen y semejanza de Dios", tiene un potencial muy grande (1:26).

4. Las grandes hazañas del hombre
Otra manera de conocer el potencial del ser humano es por lo que hace. Para ello, basta pensar un poquito en los avances de la ciencia y de la tecnología de nuestros tiempos.

Todo bebé que viene a este mundo trae consigo un potencial maravilloso. Allí, en esa pequeña acumulación de materia gris (el cerebro) están almacenados todos sus poderes humanos, principalmente las aptitudes profesionales y artísticas.

5. El potencial desaprovechado
El gran problema es que el ser humano no siempre sabe aprovechar su potencial. Salomón, uno de los hombres más grandes del mundo, dijo: "A todos les llega el tiempo y el contratiempo. Porque el hombre tampoco conoce su tiempo" (Eclesiastés 9:11, 12). Ignorante de esta realidad, el ser humano muchas veces arruina su vida. Los vicios, principalmente el alcohol y la droga, acaban con la inteligencia y la capacidad de producción de las personas (Proverbios 20:1; 23:29-35). Es alarmante la gran multitud de hombres, mujeres y jóvenes que se entregan a la bebida y a las drogas. Estas personas están arruinando el potencial que Dios les dio.

II. Preguntas y respuestas - Discusión

El tema del potencial humano es igualmente fascinante. Este estudio es más indicado para personas que estén o han estado involucradas en vicios. El propósito es que tomen conciencia del inmenso valor de la vida. Lleve la discusión hacia este objetivo.

III. Conclusión

1. Para que pueda aprovechar bien su potencial, el ser humano necesita encontrar la sabiduría. El gran sabio Salomón dijo: (Ver todo el texto de Proverbios 3:13-26, y enfatizar los versículos 13, 16, 19, 23, 26).

2. La verdadera sabiduría comienza con el temor del Señor: Ver Salmo 111:10. Temer es, en definitiva, obedecer, seguir. De hecho, eso es exactamente lo que dice el versículo.

3. El ser humano necesita encontrar la sabiduría porque es un ser mortal e inteligente que ha perdido el verdadero sentido de la vida por causa del pecado. Recuerde que *pecado* significa *errar el blanco*. Los animales, por ejemplo, lo hacen todo por el instinto, que funciona maravillosamente bien. Pero el hombre, si sólo actuara siguiendo sus impulsos naturales, no haría nada bien.

4. Añadir aquí las ideas obtenidas durante la discusión.

IV. Aplicación evangelística

• Utilizando las conclusiones, mostrar que sólo teniendo a Jesús en la vida es posible sacarle verdadero provecho a la existencia.

• Jesús es el camino, la verdad y la vida (Juan 14:6).

• 1 Juan 5:12 - *"Quien tiene al Hijo tiene la vida..."*

• Juan 10:10 - Jesús vino para que tengamos vida abundante.

• Cómo apropiarse de la vida, que es Jesús: Arrepentirse y creer.

Estudio No. 5
La gran tragedia de la vida
Texto: Génesis 3:1-14

Leer el texto dos veces. La primera vez lo hará sólo el instructor; y la segunda, leer antifonalmente con el grupo.

Introducción

Este es el texto más discutido y probablemente el peor entendido del mundo. No obstante, aquí está la fuente de todos los problemas de la humanidad. Tratemos de entenderlo bien.

1. Comentario

Aquí vemos muchos puntos polémicos, pero nos limitaremos a los que resulten más prácticos para nuestro propósito.

1. El asunto de la serpiente

El primer punto se refiere a la serpiente. Si vemos Apocalipsis 12:9, encontraremos que es Satanás quien está actuando. Posiblemente el diablo tomó forma de serpiente o se valió de una serpiente para hacer su trabajo. Algunos creen que la serpiente era un animal que hablaba en aquel tiempo, aunque la Biblia no lo dice. Sin embargo, quizás la razón por la cual Eva dio tanta atención a la serpiente se debió precisamente al hecho de que el animal le estaba hablando, lo cual era normal.

2. El árbol del conocimiento del bien y del mal

Otro punto interesante del texto es el "árbol del conocimiento del bien y del mal" (ver Génesis 2:8, 9). Aquí aparecen dos árboles importantes: el ya citado y el *árbol de la vida*. Dios prohibió a la pareja comer del primero (Génesis 2:16, 17). Estaba así estableciendo la primera norma de vida: la prohibición de comer cierto fruto.

3. ¿Qué fruto era ese?

Muchos piensan que el árbol era un manzano, pero en ningún lugar de la Biblia se dice que era un manzano. La Biblia habla simplemente del "árbol del conocimiento del bien y del mal". Pudo haber sido algo parecido a una planta alucinógena, tal como cierta variedad de cáñamo narcótico u otro. Pero esto tampoco se sabe. Hay también quienes dicen que el árbol es un simbolismo, queriendo referirse a la relación sexual, que el ser humano todavía no conocía. Pero tampoco hay evidencia de ello, ya que antes había sido el mandamiento de "crecer y multiplicarse", y de "llenar la tierra" a los que habían sido creados *macho* y *hembra*. De manera que no hay ninguna razón para pensar en restricciones en cuanto al uso del sexo. El punto fundamental aquí es que había una prohibición y la pareja la desobedeció. La palabra clave aquí es, simplemente, desobediencia.

4. Los pasos de la tentación

Veamos ahora cómo se desarrolló la tentación, que sigue siendo igual hoy en día cuando alguien es tentado.

a. El primer paso fue tergiversar el mandamiento de Dios: 3:1b: *"¿De veras Dios os ha dicho: No comáis de ningún árbol del jardín?"* Pero en verdad esto no era así (ver 2:16, 17). Este es el método del tentador: torcer el sentido de las cosas, de los conceptos. Con esto provocó la respuesta de la mujer.

b. El segundo paso consistió en poner en duda la verdad de Dios: *"Ciertamente no moriréis"*. Hoy en día, cuando los cristianos dicen que cierta actitud o acción es pecaminosa, el diablo dice, por intermedio de alguien: "No, eso no es verdad".

c. El tercer paso consistió en poner en la mente de la mujer una ambición que ella nunca había tenido: ser como Dios, conociendo el bien y el mal (v. 5). El pecado está siempre poniendo delante de nosotros el deseo por lo desconocido, y vamos tras ello. Sólo que al final no resulta como fue dicho por el tentador.

d. El cuarto paso muestra a la mujer *viendo*. Parece ser que ella nunca antes le había prestado atención a la fruta, pero ahora se le despierta la curiosidad. Vio que la fruta era apetecible, y se le abrió el apetito y el deseo. El pecado trabaja mucho con nuestros deseos, impulsos y pasiones (v. 6a).

e. En el quinto paso el tentador hizo que los ojos de la mujer vieran algo atractivo (v. 6b): *"era atractivo a la vista"*. Este es el poder de las apariencias.

f. Sexto paso: *"codiciable para alcanzar sabiduría"*. Despertó su curiosidad intelectual (v. 6c).

g. El séptimo paso es la acción: *"tomó y comió"* (v. 6d). Cuando nuestros sentidos son estimulados y se ponen en actividad llega el momento en que la acción es inevitable.

5. **Las consecuencias del pecado**

a. Realmente les fueron abiertos los ojos y se dieron cuenta de que estaban desnudos (v. 7), haciendo que se sintieran avergonzados, por lo cual buscaron cubrirse. Aquí comenzó su derrota.

b. Inmediatamente ambos se escondieron al escuchar la voz de Dios. Antes estaban acostumbrados a aquella voz, pero ahora se sentían avergonzados de que Dios los viera y se escondieron (v. 8).

c. Se rompió la comunión que antes tenían con Dios. Es ahora Dios quien tiene que acercarse a ellos.

d. Comienza el juego de la transferencia de culpas: *"La mujer que me diste..."* (v. 12). *"La serpiente me engañó..."* (v. 13).

e. Comienzan las dificultades de la vida:
(1) La hostilidad con el medio ambiente (v. 15).
(2) Las dificultades del parto (v. 16).
(3) Las dificultades del trabajo (vv. 17-19).

f. La separación de Dios (vv. 23, 24). El juicio de expulsión fue inevitable, ya que el hombre habría podido comer el fruto del árbol de la vida, perpetuando así por toda la eternidad su condición de pecador. A partir de ese momento el hombre pecador nace siempre exiliado, por haber errado el blanco al traspasar el límite, la línea divisoria, que le había sido impuesta. De allí que los dos principales significados de pecado en la Biblia son: *errar el blanco* y *transgredir*.

II. **Preguntas y respuestas - Discusión**

Este tema en cuanto al pecado y la caída es, repito, muy polémico, por lo que debemos limitarnos al texto bíblico, sin caer en otras especulaciones. Los pasos de la tentación son muy importantes.

III. Conclusión

1. Todo el material del comentario puede ser utilizado en las conclusiones, y se deben aclarar los conceptos equivocados que hayan podido surgir en la discusión.

2. El gran problema fue la desobediencia, nada más.

3. Hablar del problema de la herencia de pecado transmitida a toda la raza humana, sin entrar a discutir las diversas posiciones teológicas. Utilizar Romanos 5:12. Hacer énfasis en Romanos 3:23.

4. El pecado es parecido a una enfermedad hereditaria, que pasa de padres a hijos afectando a toda la familia.

5. Aunque no estemos de acuerdo con este proceso de transmisión del pecado a la raza humana, hay que aceptar la realidad. Esto es algo de lo que nadie se salva.

6. Aunque no somos responsables del pecado de Adán, por el hecho de ser pecadores engendramos inevitablemente nuestros propios pecados. Alguien dijo que somos *pecadores* y *pecaminosos*. Por esto somos responsables de nuestros propios pecados.

IV. Aplicación evangelística

• El problema de la realidad del pecado en nosotros no es para que nos descorazonemos, ya que la Biblia presenta no sólo la enfermedad sino también el remedio. Ver Romanos 3:21-25 y también Romanos 6:23.

• El pecado introdujo la enemistad entre el hombre y su Creador. Pero en Cristo se produce la reconciliación y se le pone fin a la enemistad. Ver Romanos 5:1-11; Efesios 2:13-17.

• La obra de llevar al hombre al pecado es del diablo, pero Cristo vino a destruir las obras del diablo (1 Juan 3:8).

• Debemos aceptar la recuperación que Dios nos ofrece en Cristo, arrepintiéndonos de nuestros pecados y aceptando a Cristo como nuestro Salvador. Ver 1 Timoteo 1:15.

> **Estudio No. 6**
> **El plan de Dios para**
> **la recuperación de la vida**
> **Texto: Romanos 5:1-11**

Leer el texto tres veces. La primera vez lo hará el instructor; la segunda será antifonal; y la tercera, al unísono. Este método lleva a los participantes a captar bien el sentido.

Introducción

Tomemos un pequeño *hilo* del texto de Génesis, que ya hemos estudiado suficientemente, y relacionémoslo con este texto. El *hilo* está en la palabra *enemistad* que aparece en Génesis 3:15. Aquí, como ya hemos visto, está la promesa de victoria del Salvador contra Satanás, bajo la figura de la serpiente. En el texto de Romanos que estudiaremos hoy, la palabra *enemistad* es fundamental. Es por causa de esta *enemistad* que Cristo vino, para ser mediador de paz. La recuperación dependerá, por tanto, de la reconciliación del hombre con Dios.

I. Comentario

1. La enemistad

Si relacionamos el primer versículo, donde dice *"tenemos paz con Dios"*, con el versículo 10, que dice que *"éramos enemigos"*, entendemos que *tener paz con Dios* es hacer las paces y estar bien con Dios. En Efesios 2:3, Pablo dice que *"por naturaleza éramos hijos de ira"*. Por esta razón el mundo se volvió nuestro enemigo dándonos enfermedades y adversidades de toda índole, y el ser humano, a su vez, pasó a ser enemigo de Dios. La palabra "paz" significa en griego *unir con el mismo lazo, reunir en uno solo*; de allí la idea de armonía.

2. La enemistad desaparece al producirse la reconciliación

El hombre tiene que hacer las paces con Dios, y esta reconciliación es efectuada por Cristo. El es quien hace posible que esta unión se produzca. La figura de la cruz es muy adecuada para este mensaje. Pablo utiliza esta idea en 2 Corintios 5:11-21. El verso 19 es muy profundo: *"Dios estaba en Cristo reconciliando al mundo consigo mismo..."*

3. El proceso de la reconciliación

El proceso de la reconciliación, que logra la recuperación del pecador, se produce gracias a la muerte de Cristo en la cruz. Los textos de Colosenses 1:16-23 y 2:12-14 son muy significativos. En la cruz tenemos la idea de la justificación, cuando dice que *"él anuló el acta que había contra nosotros"*. El acta era como un pagaré en el día de hoy. Era el compromiso de una deuda. El día que debía producirse el pago, el *acta* era fijada en un lugar público y el deudor venía a pagar la deuda. En este caso, nuestra *acta* fue inutilizada y declarada cancelada por Cristo.

4. La reconciliación por el arrepentimiento y la fe

Hacemos las paces con Dios mediante el arrepentimiento y la fe. El texto principal dice: "Justificados, pues, por la fe..." (5:1).

El texto principal contiene varias ideas del proceso de la reconciliación: la justificación por la fe, la muerte de Cristo por nosotros (v. 8), la mención de la enemistad (v. 10) y la reconciliación, que también aparece en el versículo 10.

Cuando el hombre hace la paz con Dios, encuentra de nuevo el orden y la armonía en la vida, y toma otra vez el camino de la vida. Ha sido rescatado.

II. Preguntas y respuestas - Discusión

Si los participantes no hacen preguntas, el instructor podrá comenzar la discusión preguntando qué fue lo que más les llamó la atención del texto de Romanos :1-11. El tema de la paz motivará mucho la discusión. El mundo no tiene paz porque no está en armonía con Dios. El desorden de nuestra vida es consecuencia de nuestra desarmonía con Dios.

III. Conclusión

1. La recuperación del pecador está íntimamente ligada con el restablecimiento de sus relaciones con Dios.

2. Esta relación fue interrumpida por el pecado de desobediencia, y es esta condición lo que le causa turbación y hace infeliz a la humanidad.

3. Cristo es el mediador de ese restablecimiento de relaciones. Y es por él, solamente por él, que nos reconciliamos con Dios. Ver, por ejemplo, 1 Timoteo 2:5.

4. Hacer uso de las demás ideas que hayan surgido en la discusión.

IV. Aplicación evangelística

• Todo el mundo ansía tener paz. La falta de paz que sentimos en la vida diaria es sólo una manifestación de nuestro desorden espiritual.

• Cuando el texto habla de *fe*, incluye la idea de arrepentimiento. Arrepentimiento es cambio de mente. Si cambiamos nuestra mente, la vida recupera el orden. El pecado entró a la mente mediante el conocimiento, y deberá salir de la misma manera que entró, mediante el arrepentimiento.

• Fe y confianza. Confiamos en Cristo; confiamos en su obra en la cruz por nosotros; confiamos en su amor por nosotros y hacemos de ese amor una bendición individual y personal. Confiamos en que él puede organizar nuevamente nuestras vidas; que él restaurará de nuevo la comunión rota con Dios. Cristo es nuestro maravilloso Mediador y Sacerdote.

• Desde el momento en que tomamos la decisión de creer en estas verdades, logramos la paz. Ordenamos nuestra vida, de acuerdo con la voluntad de Dios. Tenemos sosiego y confianza, y las enemistades y los conflictos cesan.

Leer el texto tres veces. La primera lectura debe ser hecha por el instructor, segunda antifonalmente, y la tercera vez cada participante leerá un versículo.

Introducción

Lo que hemos visto hasta ahora es que el pecado le arrebató al hombre el verdadero sentido de la vida. Al recuperar la verdadera vida, como vimos en el estudio anterior, el ser humano tiene ahora una nueva vida, una nueva manera de ser, un nuevo modo de vivir, un nuevo estilo de vida. En el estudio del texto de hoy repetiremos, naturalmente, algunos principios ya estudiados, pero nos detendremos más en la naturaleza de nuestra nueva vida ya recuperada y ahora en Cristo.

I. Comentario

1. Pablo se refiere en el texto al ministerio de la reconciliación que está, de cierto modo, relacionado con la idea del estudio anterior.

2. El versículo clave aquí es el 17, que habla de la nueva criatura. Los demás versículos que lo anteceden se explican por sí mismos.

3. *Nueva criatura* significa aquí *nueva* —de naturaleza diferente— y no nueva en el sentido de haber sido creada recientemente. Esto es algo profundo, porque se trata de una nueva naturaleza dada por Dios, efectuada en Cristo. El versículo termina diciendo: "He aquí todas son hechas nuevas."

4. Este texto se refiere a la obra fundamental que Cristo vino a realizar en el ser humano. El no vino a hacer un *maquillaje* religioso en el exterior del hombre, sino que vino a crear algo nuevo, desde adentro hacia afuera.

5. Una vez comprendido esto, ello no quiere decir, sin embargo, que la *nueva criatura* sea totalmente perfecta. Pedro, siguiendo en la misma línea de pensamiento de 1 Pedro 1:23, dice después en 2:1 que somos como "niños recién nacidos", es decir, *bebés*, y habla de crecimiento por medio de la "leche espiritual". La idea de regeneración es, por tanto, la de creación de un ser, de naturaleza definida, pero que necesita crecer. Pablo esboza el mismo pensamiento en 1 Corintios 3:1, 2. Según éste, la nueva criatura mantiene todavía, de alguna manera, relación con su vieja naturaleza carnal (ver Gálatas 5:16, 17).

6. El convertirse en una nueva criatura es producto de la reconciliación con Dios, como ya hemos visto en otros estudios.

7. La nueva criatura se manifiesta de la manera siguiente:

a. Hay una nueva manera de enfrentar la vida en la tierra. Ahora sabemos apreciar las cosas y adquirimos un nuevo concepto en cuanto a los valores.

b. El pesimismo da paso al optimismo, y nuestro ser es dominado por una nueva esperanza.

c. La principal motivación de nuestra vida es ahora una nueva conciencia en cuanto a las cosas futuras, principalmente de nuestro destino espiritual.

d. En resumen: la nueva vida en Cristo inyecta en nosotros nuevos recursos a nuestra vida terrenal y nos prepara para la vida celestial.

II. Preguntas y respuestas - Discusión

Este es un tema interesantísimo. Es posible que los participantes se sientan motivados a hacer preguntas, pero si no lo hacen utilice la estrategia sugerida repetidas veces: preguntar qué fue lo que el participante encontró interesante en el texto.

III. Conclusión

1. Los puntos fundamentales que los participantes deben atesorar son:

a. El significado de la declaración *nueva criatura*.

b. La repetición de la idea, tanto en Jesús como en Pedro en cuanto al nuevo nacimiento.

c. Enfatizar la idea de que la *nueva criatura* no quiere decir perfección absoluta. Se trata de un nuevo ser, espiritual, que ha nacido y que va a crecer. Primera Pedro 2:1, 2 habla de crecimiento.

d. Enfatizar también la existencia de dos naturalezas: la espiritual y la carnal, según Gálatas 5:16, 17.

e. Mostrar algunos aspectos de la naturaleza de la nueva criatura. Hablar de los cambios que ocurren en la persona que se ha convertido en una nueva criatura.

2. Sacarle provecho a otras ideas que hayan surgido en la discusión.

IV. Aplicación evangelística

• Notamos que el programa de Dios para la vida humana es un programa completo. El no quiere *remendar* la vida vieja, sino crear una nueva vida. El mismo Jesús dijo que no se debe poner parche de tela nueva en vestido viejo, ni vino nuevo en odres viejos (Mateo 9:16, 17).

• Jesús vino a realizar una obra de recuperación de la vida, desde adentro hacia afuera. Este fue el deseo de Dios desde el Antiguo Testamento (Jeremías 31:31-34).

• Pedro dice que la nueva creación en nosotros se produce por la simiente incorruptible, que es la Palabra de Dios. Ver 1 Pedro 1:23.

• Nuestra mente es comparada con el campo que recibe la semilla. Cuando recibimos la Palabra de Dios, la aceptemos o no; abrimos el terreno de nuestro corazón para recibirla, o lo cerramos para no hacerlo.

• La Palabra de Dios ordena que debemos arrepentirnos y creer. Vea nuevamente el texto de hoy. En 2 Corintios 5:11, Pablo habla de persuadir a los hombres a tener fe. Cuando reconocemos que somos pecadores, nos arrepentimos; y al mismo tiempo, creemos en Jesús como nuestro Salvador personal.

• Cuando se produce el arrepentimiento y surge la fe, tiene lugar la nueva creación. Esta es la maravillosa experiencia de la nueva criatura.

Estudio No. 8
La vida eterna
Texto: Juan 3:1-21; 5:24-29

El instructor hará la primera lectura, y la segunda será hecha en forma antifonal entre el instructor y el grupo. Una tercera lectura —un versículo cada uno— podrá ser hecha por los participantes. El texto es un poco largo, pero la triple lectura facilitará que los participantes capten bien la trama del contenido.

Introducción
El primer estudio de este módulo, basado en Santiago 4:13-17, puso de manifiesto la fragilidad de la vida y su naturaleza efímera. El último estudio de este módulo tratará de la vida eterna, lo máximo que Dios tiene en su plan para nosotros.

I. Comentario

1. Un tema ya discutido: el nuevo nacimiento y la nueva criatura
En el primer texto de este estudio, la parte que va del versículo 1 al 12 está dentro de la misma idea de los estudios anteriores. Lo que nos interesa aquí es el texto a partir del versículo 13, principalmente los versículos 14, 15 y 16, que se refieren a la vida eterna. Pero el texto que antecede a estos versículos es importante porque en él aparece el fundamento de la vida eterna.

En la primera parte, Jesús habla del nuevo nacimiento que, como ya hemos visto, se corresponde con la nueva criatura. El nuevo nacimiento es lo que Pedro llama "nacido de nuevo" (2 Pedro 1:23). El nuevo nacimiento es un milagro de

Dios. Jesús dijo que esto no es fácil de explicar, de la misma manera que no resulta sencillo explicar ciertos fenómenos de la naturaleza (Juan 3:7, 8).

2. El nuevo nacimiento como base para la vida eterna

El texto enseña dos cosas muy importantes:

a. Que la persona nace de nuevo al creer en Cristo (3:15, 16).

b. Que el resultado del nuevo nacimiento es la vida eterna (3:15, 16, la última parte de estos versículos).

3. Liberación total por la vida eterna

De los versículos 17 al 21 aprendemos que:

a. Cuando la persona obtiene la vida eterna por la fe, queda libre de la condenación espiritual que produce el pecado (3:18).

b. Si alguien se condena es por su propia decisión de no creer en el Hijo de Dios.

c. Los hombres caen en este triste engaño, pues aman más las cosas de este mundo, que son las tinieblas, que las cosas de la vida espiritual, que son la luz (3:19, 21).

4. La razón de ser de la vida eterna

Detengámonos un poco más en la idea de la vida eterna. Eterno, aquí, significa "sin fin". Pero esto no es todo. Si alguien viviera eternamente en el contexto de pecado en que nos encontramos, la vida sería entonces una eterna pesadilla. Por ello, el nuevo nacimiento, la nueva creación de Dios en nosotros, nos libra de la corrupción del pecado para que la vida eterna sea algo agradable y fascinante.

5. La naturaleza de la vida eterna

El texto de 5:24 y los siguientes nos ofrecen algunos detalles importantes:

a. La vida eterna es algo garantizado e irrevocable. Todavía, por estar vivos, no estamos disfrutando de ella, pero su posesión es irrevocable. Note la expresión de 5:24: "sino que ha pasado de muerte a vida". Note también el tiempo verbal presente de "tiene vida eterna", y no de "tendrá".

b. La idea aquí lleva a la resurrección (5:28, 29). El nuevo nacimiento no solamente planta la naturaleza espiritual en nosotros, que se desarrollará cada vez más hasta el día de Cristo, sino que nos reserva también un nuevo cuerpo después de la muerte. Por consiguiente, la vida eterna que Cristo nos da es completa: nos convierte en nuevas criaturas; nos libra completamente de la condenación eterna; y nos da la esperanza de la resurrección el día postrero.

II. Preguntas y respuestas - Discusión

El tema es cautivante y, sin duda, provocará mucho interés. Una buena pregunta que el instructor podría hacer sería: ¿A quién de los que están aquí le gustaría vivir eternamente en la condición que se encuentra actualmente?

III. Conclusión

1. En resumen, la vida eterna es vida sin fin. Pero sin un nuevo nacimiento no hay vida eterna, lo que la haría absolutamente indeseable.

2. La manera de obtener la vida eterna es mediante la fe en Cristo. La obra de Cristo es completa.

3. Tenemos seguridad de la vida eterna. En Efesios 1:13, 14, Pablo habla del sello del Espíritu Santo, que es la garantía de nuestra herencia. El resumen es el siguiente: Cuando creemos, recibimos el don del Espíritu Santo (Juan 7:37-39; Hechos 2:37, 39); el Espíritu Santo nos es dado como garantía de toda la herencia espiritual (Efesios 1:13, 14; 4:30); el Espíritu Santo viene a morar en nosotros (1 Corintios 6:19, 20); y el Espíritu Santo testifica a nuestro espíritu que somos hijos de Dios (Romanos 8:16, 17). Esto produce en nosotros esperanza y la seguridad de la vida eterna. Es por ello que Juan dice que tenemos la vida eterna (1 Juan 5:19, 20).

4. Sacarle provecho a otras ideas que hayan surgido en la discusión.

IV. Aplicación evangelística

• Muchas personas, por causa de algunos placeres meramente terrenales de esta vida, están perdiendo la bendición de la vida eterna. Esto fue lo que Jesús quiso decir en Mateo 16:24-27.

• Sólo en Jesús podemos tener la vida eterna. Esta es la razón por la cual estudiamos la Biblia: porque ella testifica de Jesús, que nos da la vida eterna (Juan 5:39, 40; 20:30, 31).

• Mientras estamos vivos tenemos la gran oportunidad de escoger la vida eterna. La Biblia enseña que sólo podemos hacer uso de esta oportunidad mientras vivimos. Después de la muerte, ya nada se puede hacer. Ver Juan 11:25, 26. El versículo 26 quiere decir: "Y todo aquel que, mientras tiene vida, cree en mí no morirá para siempre."

Módulo II
ESTUDIOS DRAMATIZADOS DE LOS EVANGELIOS

Estos estudios fueron preparados para ser utilizados en grupos que tengan la capacidad de hacer dramatizaciones. Por ello, este es un buen módulo para estudiantes y personas de nivel secundario y universitario, como también para profesionales y empleados que tengan la capacidad de hacer conclusiones.

Sin embargo, si se excluye de estos módulos la parte de la dramatización, los estudios podrán aplicarse a cualquier grupo. El módulo, por lo tanto, es muy adaptable.

Debe recordarse, repito, que todos estos módulos preparados para la enseñanza de la Biblia, serán utilizados por laicos. Esto se debe a que sabemos que es difícil conseguir tantos pastores para un proyecto que tiene la santa ambición de alcanzar a millones de personas en sus hogares. Por tanto, nuestro lenguaje es sencillo, y algunas veces trata también de referirse a lo que resulta claro en materia exegética y teológica.

I. Instrucciones generales

1. La dramatización nunca deberá ser una alteración del texto bíblico. El mensaje que debe permanecer y orientar todos los estudios es el del texto. La dramatización debe ser desarrollada dentro del espíritu del texto y nunca deberá ir más allá de él. Pero la dramatización será de mucho provecho para la involucración de los participantes.

2. Por otra parte, la dramatización no debe ser demasiado elaborada, para que no ocupe todo el tiempo del estudio del día. En algunos casos podrá ser elaborada en casa y traída al grupo. Sin embargo, la mayoría de las veces podrá ser creada en el mismo ambiente del estudio.

3. Sea cual fuere la dramatización presentada, deberá ser bien recibida por el instructor, para no frustrar a los participantes. Y si la dramatización resulta peligrosa, el instructor hábilmente corregirá las conclusiones.

4. La primera lección será sólo para preparar al grupo en cuanto al estudio que va a ser impartido. Son conocimientos elementales generales, pero muy importantes, principalmente los que se refieren a los Evangelios, porque es con ellos que vamos a trabajar.

5. El instructor tendrá cuidado de indicar, al final de cada estudio, el estudio de la semana siguiente, dando instrucciones en cuanto al tipo de dramatización que se hará.

6. Tenemos que permitirle al grupo que se ocupe de la dramatización durante la semana. Para ello, los participantes tendrán que leer mucho los textos, que deben ser proporcionados anticipadamente por el instructor.

7. El instructor dispone de una semana para preparar su estudio, de manera que si se encuentra con alguna dificultad tendrá tiempo para consultar a su pastor o para acudir a algún comentario bíblico.

8. Siempre que sea posible, el instructor deberá dominar el estudio y utilizar, en la hora del estudio, solamente la Biblia, no el módulo. Si no lo logra totalmente, haga un pequeño bosquejo a su conveniencia.

Nuestro deseo y nuestra ferviente oración, son que el Señor Dios nuestro utilice estos estudios para conducir a millares de personas a la salvación en Cristo Jesús.

> ### Estudio No. 1
> ### Estudios Introductorios
> ### Texto: Oseas 4:1-6; Juan 5:37-47

Siendo este el primer estudio, el instructor hará la lectura lentamente, después de haber pedido a los participantes que lo acompañen en silencio y de haberles indicado la página de la Biblia donde se encuentran los textos. Para ayudarlos a que lo sigan, dígales que los capítulos aparecen con el número grande, y los versículos con el número pequeño.

I. Información general

1. La palabra *Biblia* quiere decir "conjunto o colección de libros". La Biblia contiene un total de 66 libros, de los cuales 39 pertenecen al Antiguo Testamento y 27 al Nuevo Testamento.

2. La Biblia fue escrita por hombres inspirados por Dios (2 Pedro 1:20, 21), en un período aproximado de 1.600 años, por 40 autores diferentes.

3. No obstante haber sido escrita en tiempos y culturas diferentes, la Biblia tiene unidad en su mensaje al ser humano.

4. La razón de esta unidad es que su autor es uno solo —Dios— quien simplemente utilizó a instrumentos vivos —los hombres— para que la escribieran.

5. El Antiguo Testamento trata de asuntos que van desde el origen del univer-

so y del ser humano, hasta un tiempo después del retorno del pueblo de Israel del cautiverio babilónico, es decir, hasta cerca de 400 años antes del nacimiento de Jesucristo.

6. El Nuevo Testamento comienza con el nacimiento de Jesucristo, y trata del desarrollo de la iglesia cristiana. El último libro escrito fue, posiblemente, el Apocalipsis de Juan, que debió haber sido escrito entre los años 90 y 100 de nuestra era. Juan fue el último apóstol en morir.

7. Los Evangelios son cuatro libros del Nuevo Testamento, que se dedican específicamente a narrar los hechos de la vida de Jesús, es decir, todo cuanto él hizo y enseñó. Cada autor de los Evangelios escribió los hechos que recopiló, como creyó más conveniente. Es por ello que uno puede encontrar detalles que otro no menciona, o que uno se extienda más narrando un hecho que otro, pero todos se ocupan de narrar los hechos y las enseñanzas de Jesús. Mateo, Marcos y Lucas son los llamados Evangelios *sinópticos* porque son los que más se parecen en el relato general. La palabra "sinópticos" quiere decir "mirados juntos", es decir, vistos en forma conjunta. El Evangelio de Juan es el que más difiere de los otros, ya sea porque omite hechos que los demás registran, o porque presenta datos que los otros no presentan.

8. La Biblia es como una ciudad. Cuando llegamos a una ciudad que no conocemos, no sabemos dónde quedan el supermercado, o el hospital, o sus plazas principales. Pero a medida que vivimos en ella, nos vamos familiarizando poco a poco con el plano de la ciudad y aprendemos dónde queda cada calle, cada plaza, cada sitio a donde deseamos llegar. De la misma manera debemos aprender a conocer la Biblia.

II. Principios de aplicación

1. Por ser el libro de Dios, la Biblia tiene un mensaje para el ser humano en cualquier tiempo y lugar. Por ello, la Biblia tiene un mensaje para nosotros.

2. Sin embargo, a pesar de que los hechos narrados por la Biblia son presentados en contextos culturales diferentes al nuestro, los principios universales que contienen son válidos para nosotros en nuestro propio contexto moderno. Por ejemplo, el ejemplo conocido por nosotros: Los Diez Mandamientos (Exodo 20).

3. Muchas narraciones y enseñanzas de la Biblia han sido puestas en términos generales, sin entrar en detalles. No obstante, con un poco de habilidad e imaginación podemos descubrir detalles que se encuentran implícitos en el texto, enriqueciendo así los estudios. Por ejemplo, en Juan 11 se narra la enfermedad y muerte de Lázaro, quien formaba parte de una familia muy querida por Jesús. En el versículo 3 dice que sus parientes le mandaron a decir que Lázaro estaba enfermo. Una dramatización de mucho provecho podría ser imaginar quién fue a llamar a Jesús y qué tipo de conversación tuvieron ambos. Sin embargo, hay que tener cuidado que estos detalles no tergiversen la enseñanza central del texto bíblico de estudio.

4. El estudio de la Palabra de Dios por parte del grupo producirá, inevitablemente, resultados transformadores. Isaías dijo: "Porque como la lluvia y la nieve descienden del cielo y no vuelven allá sino después de haber saciado la tierra y de haberla hecho germinar, producir y dar semilla al que siembra y pan al que come, así será mi palabra que sale de mi boca: No volverá a mí vacía, sino que hará lo que yo quiero, y será prosperada en aquello para lo cual la envié". (Ver también Hebreos 4:12.)

III. Razones para estudiar la Biblia

1. Por ser el libro de Dios, la Biblia es la mejor fuente de información que tenemos sobre el universículo, sobre nosotros mismos y en cuanto a nuestro Creador.

2. El texto de Oseas habla dos veces de conocimiento. En el versículo 6 el profeta dice: "Mi pueblo es destruido porque carece de conocimiento"; y en el versículo 1 también se refiere a la falta de conocimiento de Dios por parte del pueblo. Sólo por la Biblia podemos adquirir ese conocimiento.

3. La gente hoy en día sabe muy poco acerca de Dios, su Creador. Por eso Isaías ya decía que había que conocer más a Dios (Isaías 1:3).

4. El texto de Juan 5:37-39 nos ordena escudriñar las Escrituras; y dice que son ellas las que testifican de Jesús.

5. Escudriñar la Biblia es lo que haremos en estos estudios. Utilizaremos el entendimiento que Dios nos da, dirigidos por su Espíritu Santo, para que comprendamos el plan que él tiene para nuestras vidas.

IV. Tarea para el próximo estudio
Texto: Juan 3:1-21; 7:37-52; 19:38-42.

1. Pida a los participantes que lean detenidamente el texto en sus casas. Si lo desean, podrían hacerlo en grupo, durante la semana.

2. La dramatización consistirá en un *monólogo*. Uno podría representar a Nicodemo, hablando de su encuentro con Jesús. Los elementos informativos para ello se encuentran en los tres textos indicados para el estudio de ese día.

3. Hable brevemente acerca de los fariseos, ya que Nicodemo era un líder entre ellos. Los fariseos constituían una secta político-religiosa en los tiempos de Jesús. Eran legalistas en cuanto a las enseñanzas de Moisés y a las costumbres judías, y durante todo el ministerio de Jesús fueron sus mayores adversarios. Para más detalles, consultar un diccionario bíblico.

4. Indique a los participantes que no se preocupen por hacer un monólogo demasiado elaborado. Será sólo lo suficiente para estimular una mayor involucración del grupo con el texto.

1. El instructor leerá el primero de los tres textos, el principal.
2. Un alumno leerá el segundo.
3. Otro leerá el tercero.

I. Dramatización - Un monólogo

1. Una persona del sexo femenino hará el monólogo. Esta pudo haber sido escogida previamente, o puede hacerse en el momento del estudio.

2. Los textos proveerán algunos elementos para el monólogo: 7:37-52 muestra que Nicodemo era fariseo, pero que simpatizaba con la causa de Jesús; y Juan 3:1-21, que fue a Jesús de noche. Ambos textos dan oportunidades para la imaginación creativa, por ejemplo:

a. La lucha íntima que tuvo para decidirse a ir a hablar con Jesús, considerando su posición de *maestro de Israel* y de pertenecer a un grupo tan legalista.

b. ¿Dónde se produjo el encuentro?

c. El texto no dice cómo terminó la conversación. ¿Cuál pudo haber sido la última palabra de Nicodemo a Jesús, y cuál la última de Jesús a Nicodemo? ¿Qué revela Juan 19:38-42 en cuanto a la valentía de Nicodemo después de lo sucedido? Aquí hay una nueva oportunidad para la imaginación creativa.

3. La dramatización no debe, por supuesto, desvirtuar el espíritu central del texto. No obstante, se aceptará cualquiera que sea, porque las conclusiones serán presentadas por el instructor, quien tratará de corregir cualquier interpretación incorrecta del texto.

II. Comentario

1. La enseñanza central del texto es el nuevo nacimiento. Pablo habla de lo mismo, en 2 Corintios 5:17, al referirse a la *nueva criatura*; y Pedro también lo hace, al hablar de "nacido de nuevo" (1 Pedro 1:23).

2. Nicodemo no entiende las palabras de Jesús. Este le explica que él está hablando de un nacimiento espiritual. La expresión *nacer de agua y del Espíritu* quiere decir un nacimiento espiritual provocado por el Espíritu Santo.

3. El *nuevo nacimiento* es un milagro. Jesús dice que hay ciertos fenómenos naturales que el hombre no comprende, pero que sin embargo suceden. Es lo que ocurría, por ejemplo, con el viento, en la cultura de aquella época (3:8). Hoy siguen

habiendo hechos en la naturaleza que el ser humano todavía no comprende, pero que suceden. Algo semejante ocurre con el milagro de la transformación espiritual que Jesús vino a realizar en el ser humano.

4. Siguiendo con el texto, encontramos el requisito para que se pueda producir en nosotros el nuevo nacimiento. Está en los versículos 16, 17 y en la primera parte del 18. El requisito es: creer. Lo que hace posible el nuevo nacimiento es el hecho de la resurrección de Jesús (v. 14). Esto se refiere a la muerte de Jesús en la cruz. El hecho de tiempos de Moisés que se menciona aquí aparece en Números 21:4-9, y sirve de ilustración en cuanto a la fe que es necesario tener.

5. Finalmente, el texto enseña que quien no cree ya ha decidido su destino final (última parte del versículo 18).

III. **Preguntas y respuestas - Discusión**

Después de la dramatización de Nicodemo (el monólogo), surgirán muchas preguntas, y el instructor deberá permitir que todos hablen. Cuantos más intervengan, mejor. Pero si ninguno habla, el instructor podrá estimular las intervenciones, haciendo él mismo preguntas. En cuanto a esto, ver las instrucciones dadas más atrás.

IV. **Conclusión**

1. Aproveche todo lo que venga al caso con el monólogo.

2. Deseche los posibles errores que surjan durante la discusión.

3. Concéntrese en la idea del nuevo nacimiento.

4. Muestre que el nuevo nacimiento no significa perfección absoluta, sino la presencia en la persona de una nueva vida que va a desarrollarse.

5. El nuevo nacimiento es algo que sólo Jesús puede dar, y es algo que se produce en el interior de la persona.

6. Esto significa que la comunión espiritual que existía entre el ser humano y Dios, que se vio interrumpida por causa del pecado (el hombre murió cuando pecó), es ahora restablecida, produciéndose otra vez esa comunión.

7. Sin el nuevo nacimiento, el hombre nunca podrá ser feliz, porque nunca tendrá intimidad con Dios. Habrá siempre incompatibilidad espiritual.

8. Uno nace de nuevo creyendo en Jesús como su Salvador. Esto es algo que Dios quiere que hagan todos. Enfatizar Juan 3:16.

6. Pensando en el texto de Números 21:4-9, imagine a un hombre que se negó a mirar a la serpiente de metal y murió. Imagine a otro que sí lo hizo y resultó curado.

OBSERVACION

Indicar el texto del próximo estudio. Pedir que lean el capítulo 15 de Lucas.

Estudio No. 3
El hijo pródigo
Texto: Lucas 15:11-32

El texto será leído tres veces.
1. Primero, sólo el instructor.
2. Luego, antifonalmente.
3. Finalmente, alternando las voces femeninas y las masculinas.

I. Creatividad - Dramatización

1. Dividir el texto en cinco partes:
   a. 15:11, 12 - Repartiendo la herencia.
   b. 15:13 - La vida disoluta.
   c. 15:14-19 - Padeciendo necesidades.
   d. 15:20-24 - El camino de regreso.
   e. 15:25-32 - La fiesta.

2. Cada una de las partes deberá ser previamente escrita en un pequeño pedazo de papel.

3. Se deberá señalar en el texto bíblico cada una de las escenas correspondientes a las partes.

4. El instructor podrá mencionar rápidamente las diversas escenas que componen la parábola, e inmediatamente hacer que los distintos grupos se ubiquen en diferentes partes de la casa.

5. La representación puede ser improvisada y no demasiado elaborada. El propósito es involucrar a las personas en la trama de la parábola.

II. Comentario

1. Parábola quiere decir *colocado al lado de*. Es una historia utilizada para hacer una comparación o para explicar una verdad.

2. El hecho de que no aparezca la figura de la madre en este texto puede expli-

carse por la influencia cultural de la época, en que rara vez se mencionaba a las mujeres. No obstante, puede aparecer en la dramatización.

3. Todo el capítulo 15 se refiere a cosas perdidas. En 15:1-10 se habla de la oveja y de la moneda perdidas.

4. La parábola cuenta claramente la historia del pecado: el hombre que se marchó de su casa para probar lo desconocido.

5. La experiencia tenida en la *región lejana desconocida* fue un engaño, un error. Allí cayó en la miseria y comenzó a sentir nostalgia por su hogar.

6. Para poder sobrevivir, acude a algo indigno. Cuidar cerdos era para un judío (y el joven debió ser un judío) la experiencia más humillante del mundo. Esto es lo que el pecado hace, precisamente, en el ser humano: lo lleva a una situación indigna de un ser humano. Por ejemplo: la bebida y la droga.

7. Estando en el chiquero, el joven reconoce que debe regresar al hogar, confesar sus pecados y pedir perdón.

8. Se levanta y regresa, y el padre, lleno de amor, le da la bienvenida. Es la figura del padre amoroso y bueno, siempre presto a perdonar.

9. Se hace una fiesta en la casa. Ropa nueva significa vida nueva (Efesios 4:22, 24). El anillo y el calzado significan dignidad. Por causa del pecado, el hijo había sido humillado hasta el punto de tener que cuidar cerdos, pero ahora, gracias al perdón, es restablecido a su lugar de honra.

10. La reacción del hijo mayor no debe ser objeto de consideración aparte. Se menciona sólo para provocar la hermosa declaración del padre: "Este tu hermano estaba muerto y ha vuelto a vivir; estaba perdido y ha sido hallado" (v. 32).

III. Preguntas y respuestas - Discusión

Como en los demás estudios, habrá preguntas; de no haberlas, provóquelas preguntando qué fue lo que les pareció más importante de la parábola.

IV. Conclusión

Utilizar lo que haya surgido dentro del grupo en la discusión. Mostrar que en todo el capítulo lo que resalta es el amor de Dios. El amor se manifiesta por el anhelo del padre de que su hijo regrese, y por la fiesta que hace.

V. Aplicación evangelística

• El pecado siempre nos deja insatisfechos y nos incita a buscar nuevas aventuras. Es el querer experimentar lo desconocido, el ir a la *región lejana.*

• En esa *región lejana* son muchas las personas que desperdician todo su potencial. El licor, por ejemplo, reduce la capacidad de trabajo y de producción de las personas. Muchas personas valiosas arruinan sus vidas viviendo perdidamente.

• El pecado lleva a las personas hasta lo más bajo e indigno, y por su causa son muchas las que se hallan frustradas y desilusionadas de la vida.

• Dentro de nosotros habrá siempre nostalgia por la casa paterna. Todo ser humano siente la necesidad de pensar en lo que sería estar de nuevo con el Padre celestial.

• *Volver en sí* es reconocer el pecado, el error. Mientras la persona no vuelva en sí, no tendrá fuerzas para levantarse y tomar el camino de regreso.

• El viaje de regreso comienza sólo cuando la decisión se hace efectiva. Tomar sólo la decisión no es suficiente. Es preciso *levantarse e ir.*

• El padre amoroso y bueno estará siempre esperando y correrá a nuestro encuentro, aun antes de que nosotros lleguemos a la casa.

• Cuando un pecador se arrepiente hay alegría en el cielo.

OBSERVACION

Señalar el texto del próximo estudio. Pedirles que lean Lucas 19:1-10. Sugerirles que imaginen ser un hijo de Zaqueo al comienzo de sus años de adolescente. La dramatización puede girar en torno a esta situación.

Estudio No. 4
Zaqueo
Texto: Lucas 19:1-10

---

1. Leer el texto tres veces:
   a. Primero, el instructor.
   b. Luego, antifonalmente.
   c. Escoger a alguien que sirva de narrador, y a los que representen a los personajes del texto: A Jesús hablando (versículos 5b, 9, 10; a Zaqueo (v. 8), etc.

I. Dramatización

1. A la luz de la trama del texto, que tiene que ver con la vida de Zaqueo, con su situación como despreciado cobrador de impuestos, y con su baja estatura; y, además, con su actitud de devolver lo robado, y de repartir sus bienes entre los pobres, alguien podría representar el papel de hijo de Zaqueo.

2. La trama en cuanto al hijo puede ser muy variada. Podemos imaginarlo, por ejemplo, siendo rechazado entre los muchachos del vecindario por ser su padre un cobrador de impuestos, y contándoles todo lo que ha sucedido últimamente con su padre. O podemos imaginar al vecindario preguntando al joven por qué su padre estuvo yendo de puerta en puerta devolviendo dinero. La conmoción era muy grande en los alrededores; nadie habría imaginado que Zaqueo hiciera tal cosa.

3. Otra forma de creatividad podría basarse en la promesa de Zaqueo de restituir lo robado y de distribuir sus bienes entre los pobres. Imaginemos a Zaqueo tocando a la puerta de alguien que lo detesta. Al comienzo se niega a recibirlo, pero Zaqueo insiste y le dice que ha venido a devolver el impuesto cobrado en exceso, y que le pide disculpas. Cuando la persona siente curiosidad por saber la razón de la actitud de Zaqueo, éste le habla de su encuentro con Jesús. O imaginemos a Zaqueo tocando las puertas de las casas de los pobres, y su sorpresa de que ese hombrecillo indeseable los esté buscando.

II. Comentario

1. Jesús se dirigía a pie a Jerusalén, y una gran multitud lo seguía.

2. Zaqueo era uno de los jefes de los publicanos. Este era el nombre que se daba a los cobradores de impuestos, que trabajaban para Roma en ese tiempo. La razón era que Israel estaba bajo el dominio de Roma. Aunque había bastante condescendencia administrativa de parte de Roma para con los judíos, los impuestos eran, sin embargo, gravosos; los cobradores se volvían corruptos y le sacaban al pueblo mucho más de lo legal. Por esta razón, los publicanos no eran vistos con buenos ojos; eran odiados por el mundo, y la sociedad los considerable indeseables.

3. Zaqueo sentía gran interés por Jesús, pero había un problema: era de baja estatura, pero no un enano. La fama de Jesús se extendía por todas partes. Jericó era una gran ciudad comercial y por ella circulaban con gran velocidad las noticias.

4. Por no poder contenerse más, Zaqueo casi se expuso al ridículo: se decidió a subir a un árbol para poder ver a Jesús. Imaginemos a un hombre rico, normalmente bien vestido, trepando a un árbol.

5. Una de las partes más hermosas de este episodio es que Jesús ve a Zaqueo en el árbol, se aparta de la multitud y se dirige a él, llamándolo por su nombre.

6. Zaqueo quería ver, pero ahora la puerta se le abre más y tiene un encuentro personal con Jesús. Es más, éste decide ir a su casa y pasar la noche allí.

7. Cuando está en la casa, en contacto más directo con Jesús, Zaqueo se siente tocado y confiesa sus pecados.

8. Aprovechando la confesión de Zaqueo, Jesús hace una de las declaraciones más extraordinarias: "Hoy ha venido la salvación a esta casa... Porque el Hijo del Hombre vino a buscar y a salvar lo que se había perdido."

III. Preguntas y respuestas - Discusión

De no haber preguntas, estimúlelas preguntando al grupo qué les pareció lo más importante en cuanto a la decisión de Zaqueo. Como se trata de una actividad creativa, sin duda alguna surgirán muchas preguntas y habrá oportunidad de hacer muchos comentarios.

IV. Conclusión

1. Partir de los asuntos que surgieron en la discusión, y corregir las posibles distorsiones que puedan dificultar la interpretación del plan de salvación.

2. El mensaje central del texto es demostrar que no importa el tipo de pecado, pues Jesús vino precisamente a buscar y a salvar lo que se había perdido.

3. Cuando alguien está interesado en conocer la verdad, no importa lo pecador que pueda ser, Jesús le da más atención que a una grande multitud de simples curiosos. Fue por eso que dejó a la multitud y se dirigió a Zaqueo, y posó en su casa ese día.

4. Estando frente a Jesús, Zaqueo confesó sus pecados y se arrepintió.

V. Aplicación evangelística

• En la historia de Zaqueo se observa una secuencia muy interesante:
   a. Zaqueo se entera de los hechos de Jesús y esto despierta su curiosidad.
   b. Zaqueo se esfuerza por ver a Jesús, pero se lo impide la multitud porque es de pequeña estatura. Hoy en día muchas personas encuentran impedimentos y se rinden.
   c. Zaqueo no desistió. Para satisfacer su curiosidad casi se expuso al ridículo, trepando a un árbol.
   d. Cuando alguien toma la iniciativa de buscar a Jesús, con toda seguridad Jesús va a su encuentro.
   e. El encuentro con Jesús siempre produce transformaciones en la persona. Zaqueo se arrepintió y su vida cambió.

2. La experiencia de Zaqueo se repite en la vida de muchas personas.

3. El comienzo de la narración dice: "Habiendo entrado Jesús en Jericó, pasaba por la ciudad." Es muy posible que Jesús esté también pasando hoy por la vida de alguna persona de este grupo.

OBSERVACION

El próximo texto bíblico a ser estudiado se encuentra en Marcos 10:17-31. La pregunta para la actividad creativa sería: *Si tuvieran que escribir la misma historia, ¿qué le añadirían?*

Estudio No. 5
El joven rico
Texto: Marcos 10:17-31.
Este pasaje se encuentra también en Mateo 19:16-30 y Lucas 18:18-30.

Lectura del texto:
1. El instructor.
2. Antifonalmente, alternando voces masculinas y femeninas.
3. Utilizando los personajes del texto.

I. Dramatización

1. La semana pasada les fue hecha la siguiente pregunta: *Si tuvieran que escribir la misma historia, ¿qué le añadirían?* ¿Qué parece faltar en el relato, o que, por lo menos, nos llama la atención?

2. Una tarea de creatividad aquí serían los sucesos anteriores al encuentro del joven con Jesús: un joven obsesionado por la vida eterna buscando a alguien que pueda ayudarlo.

Imaginemos al joven haciendo preguntas a los sacerdotes judíos y también a algún líder religioso de los partidos religiosos de Jerusalén: "¿Qué haré para obtener la vida eterna?" Hasta que un día alguien le pregunta si ha oído hablar del Nazareno. Esta es una magnífica área para hacer trabajo creativo.

3. Una segunda área de creatividad está en los sucesos posteriores al encuentro del joven con Jesús. A la luz de la decisión del joven, después de escuchar el reto que le hace Jesús, ¿cómo fue su vida de allí en adelante? Se podría comparar a este joven rico con el rico de la parábola que aparece en Lucas 16:19-31. No queremos decir que se trata del mismo personaje, pero existen semejanzas entre las dos lecciones.

4. Una tercera área de creatividad sería imaginar lo contrario a la decisión del joven. Imaginemos que acepta el reto de Jesús, y Jesús hace lo mismo que en el caso de Abraham, de Génesis 22, es decir, le exige que se desprenda de todo para probar su capacidad de creer.

Sin embargo, los alumnos podrían sorprendernos trayendo alguna novedad. Si lo que traen no es contrario al espíritu del texto, magnífico.

II. Comentario

1. La narración en Marcos es muy dramática. El versículo 17 dice que "un hombre vino corriendo, y se puso de rodillas delante de él". Parece que el hombre había estado viviendo con aquel problema durante mucho tiempo. Su preocupación era la vida eterna.

2. *"¿Por qué me llamas 'bueno'?"* Pudiera parecer que Jesús está queriendo decir que él no era Dios. Pero el tono de la pregunta indica que Jesús quería probar si el joven tenía la convicción de que él, Jesús, era divino y podía dar solución a su problema.

3. Los mandamientos de la ley de Dios son citados aquí en forma resumida por el autor del Evangelio; la lista completa está en Exodo 20. Esto no quiere decir que Jesús no haya mencionado la lista completa, sino que el escritor simplemente trató de abreviar aquello que todo judío sabía.

4. El joven era muy religioso y cumplía todo al pie de la letra. Nótese que la religión formal no basta. A pesar de cumplir toda la ley de Moisés, él aún sentía una profunda preocupación por su destino eterno.

5. *"Una cosa te falta"*. Todo parecía estar bien con el joven, pero le faltaba algo. Jesús le sugiere que venda todo lo que tiene, que lo reparta entre los pobres, y que lo siga. Pero ello no quiere decir que esta sea la norma para entrar al reino de los cielos.

6. Aquel joven tenía lo que se conoce como el *pecado dominante*. Todo ser humano es pecador; sin embargo, algunas personas están más dominadas por cierto tipo de pecados. Algunos, por ejemplo, están dominados por un vicio. Pero en el caso de ese joven, su pecado era tener el corazón puesto en las riquezas materiales. Jesús lo diagnosticó bien. Pero es posible también que Jesús sólo estuviera probando la fe de ese joven. Si él hubiera estado dispuesto a hacer lo que Jesús le pedía, tal vez no habría sido necesario que cumpliera con tal exigencia. Este fue el procedimiento utilizado por Dios con Abraham, cuando le pidió que ofreciera a su hijo Isaac en sacrificio. (Ver Génesis 22.)

7. Por el versículo 22 podemos notar que este era el gran problema del joven: *"Se fue triste"*. No tuvo el valor de renunciar a las cosas de este mundo, ni siquiera para hacerse poseedor de las cosas eternas: Un *tesoro en el cielo*.

8. En el versículo 24, Jesús confirma lo que hemos dicho. *"¡Cuán difícil les es entrar en el reino de Dios, a los que confían en las riquezas!"* (Santa Biblia, Revisión 1960). El joven rico *confiaba* en las riquezas. Si alguien pone su corazón y su confianza en alguna cosa de este mundo, no conseguirá jamás entrar en el reino de los cielos.

9. Con la expresión del versículo 25: "Más fácil le es a un camello pasar por el ojo de una aguja, que a un rico entrar en el reino de Dios", Jesús posiblemente se estaba refiriendo a un pequeño pasadizo que había en la puerta principal de entrada a una ciudad, por donde resultaba difícil que pasara un animal. Pero también puede significar la descripción de lo imposible. Lo que Jesús quiso recalcar es que, aunque algo sea imposible para los hombres, Dios lo convierte en posible.

III. Preguntas y respuestas - Discusión

El tema dará lugar a muchas preguntas, a partir del ejercicio dramatizado. Las principales cuestiones del texto se hallan respondidas en el comentario. Vuelva a éste, en caso de ser necesario. Permita que el grupo se involucre al máximo en el tema.

IV. Conclusión

1. Se nota que la preocupación del joven era la vida eterna. Había descubierto que había una vida eterna, sólo que no sabía qué hacer para heredarla. Era un hombre acostumbrado a moverse en el mundo del dinero, y por ello utiliza la expresión *heredar*. Pero quería una vida eterna para sí mismo aquí en la tierra.

2. Al hacer la conclusión, no olvide corregir algunos conceptos equivocados que tal vez hayan surgido durante la discusión.

3. Sea cual fuere la creatividad que haya surgido, el texto no deja lugar a dudas en cuanto a la triste realidad del rechazo del joven a la oferta de Jesús.

4. Debe quedar claro que el requisito para poseer la vida eterna no es venderlo todo y repartir el producto entre los pobres. El requisito general, como ya estudiamos en Juan 3, es "nacer de nuevo". En realidad, parece ser que Jesús quería probar hasta qué punto estaba aquel joven arraigado a las cosas de este mundo efímero.

5. De cualquier manera, siempre hay que renunciar a algo para seguir a Jesús y tener un tesoro en el cielo. Los discípulos habían dejado a sus familiares para seguir a Jesús. Siempre habrá algún tipo de renuncia.

6. El texto dice que Jesús "le amó". Imagino la tristeza de Jesús, de pie, mirando largamente al joven que se marchaba pesaroso.

V. Aplicación evangelística

• Hay una cosa buena en el joven: se siente preocupado, de alguna manera, por la vida eterna. Vida eterna quiere decir no sólo vida sin fin, sino además vida de naturaleza espiritual, sin corrupción. Todo ser humano irá a la eternidad, quiéralo o no, pero no todos se hallan preparados para *heredar* la vida eterna.

• Para heredar la vida eterna, el ser humano tiene que hacer una especie de negociación: tiene que cambiar lo terrenal por lo celestial. Tiene que desprenderse de algo. Jesús pide venderlo todo para así tener "tesoro en el cielo". En este mundo hay mucha gente que vende un bien de cierto valor para adquirir otro mucho más valioso. Esto es lo que Jesús quiere en el campo espiritual.

• Pero Jesús no quiere que las personas queden privadas de su sustento aquí en la tierra. Lo único que él quiere saber es si son capaces de renunciar a las cosas de este mundo pasajero.

• La palabra clave es *confiar* (v. 24). La palabra confiar nos lleva a la palabra creer. Quien cree en Jesús para vida eterna entiende que Jesús tiene mucho más que dar que este mundo. Es realmente un *tesoro en el cielo.*

• Jesús ama al pecador y quiere verlo en el cielo, pero no puede obligarlo. Por ello, si después de que la persona sabe qué debe hacer para *heredar* la vida eterna, no lo acepta, lo único que Jesús puede hacer es lamentar su retirada para, quizás, nunca más verla de nuevo.

• ¡Pobre joven! ¡Luchó tanto para encontrar al Maestro, y cuando lo encontró, no quiso obedecerlo!

OBSERVACION

Próxima lección: Juan 11:1-45
La dramatización puede hacerse basándose en el versículo 3. Este texto ofrece información interesante para la dramatización.

> ### Estudio No. 6
> ### Lázaro
> Texto: Juan 11:1-45.
> (Ver también Lucas 10:38-42)

Lectura del texto:
1. El instructor.

2. Antifonalmente, alternando voces masculinas y femeninas.

3. Si el ambiente y el tiempo lo permiten, puede hacerse una lectura utilizando los personajes del texto. Por ejemplo, habrá un narrador para los versículos 1, 2, etc.; dos voces femeninas para el versículo 3 y otros; una voz masculina para Jesús, en el versículo 4 y en otros, y así sucesivamente. El instructor podría también eliminar las dos primeras lecturas y quedarse con esta última, si resulta mejor para el grupo.

I. Dramatización

La dramatización puede surgir del versículo 3. Por ejemplo, el versículo 6 dice que Jesús se quedó dos días más donde estaba, después de recibir la noticia. El versículo 17 dice que cuando Jesús llegó, Lázaro ya tenía cuatro días de muerto. Esto significa que, como mínimo, Jesús estaba a una distancia de dos días de viaje. A juzgar por el versículo 40, de Juan 10, al final del capítulo anterior, Jesús se encontraba en la región de Jericó, tal vez al otro lado del Jordán. La pregunta es: ¿Quién había ido a avisar a Jesús; cuál pudo haber sido el recado que Jesús envió a sus amigas; y cuál la reacción de Marta y María al enterarse de su posible demora?

II. Comentario

1. La familia es amiga de Jesús. Posiblemente no tenían padre ni madre. Otra referencia en cuanto a esta familia aparece en Lucas 19:38-42.

2. El versículo 5 revela que sentía un amor muy especial por aquellos tres hermanos. Entre ellos había una afinidad muy grande. Esto sucede todavía hoy. Hay personas que son más espirituales que otras.

3. En los versículos 11-14, Jesús utiliza una expresión muy común en la Biblia para referirse a la muerte: *dormir*. A Pablo, especialmente, le gusta utilizar esta expresión.

4. En el versículo 18 vemos que, estando Jerusalén muy cerca de Betania, muchos amigos habían venido desde allá para consolar a Marta y a María.

5. Los versículos 20 y 21 muestran que Marta está todavía un poco herida por la demora de Jesús, pero demuestra creer que no todo está perdido.

6. Desde los versículos 23 al 27 tenemos una de las doctrinas más maravillosas de la Biblia: la doctrina de la resurrección.

7. Luego viene la declaración clara y transparente de Jesús en cuanto a que, quien cree en él mientras vive, no morirá para siempre (vv. 25-27).

8. En el versículo 27 tenemos la profesión de fe de María. Ella creía en Cristo, no como el simple amigo, sino como el Cristo, el Hijo del Dios vivo, que había de venir al mundo.

278

9. Ahora entra María en escena. Los versículos 32 y 33 parecen demostrar que la afinidad con María era aun mayor. Comparar nuevamente con Lucas 10:38-42. Cuando María habla con Jesús, éste se conmueve. El versículo 35 dice que Jesús lloró. Esta es una de las pocas veces que la Biblia dice que Jesús lloró.

10. Los sepulcros de aquellos tiempos estaban, por lo general, cavados en rocas. Una piedra redonda cerraba la entrada. Jesús ordenó que quitaran la piedra. Llama la curiosidad que, a pesar de que haría el milagro de resucitar a Lázaro, no se ocupó de quitar la piedra mediante un milagro; e igualmente que, después de resucitar al muerto, ordena que alguien lo desate. Las cosas que el hombre puede hacer, Dios no las hace mediante milagros.

11. "Si crees verás la gloria de Dios" (v. 40). Es mediante la fe que vemos la gloria de Dios.

12. El versículo 45 muestra que por el milagro hecho por Jesús, los judíos creyeron en él. Las maravillas llevadas a cabo por Jesús tenían este propósito. A través de estas señales él mostraba su naturaleza divina.

13. La gran lección de este texto está en el mensaje de la resurrección y en la profesión de fe de la familia de Lázaro, que creía en Cristo como Hijo de Dios. Y una lección aún mayor: que Jesús se preocupa por nuestros problemas humanos.

III. Preguntas y respuestas - Discusión

Aquí podrían surgir muchas preguntas, principalmente en cuanto a las sectas que predican los milagros hoy. Jesús realmente dijo que los que creyeran en él podrían hacer obras mayores que las suyas (Juan 14:12). Pero no encontramos a sus propios discípulos realizando la resurrección de los muertos, con excepción de Pedro (Hechos 9:36-43) y quizás Pablo (Hechos 20:9-12). Pero esto sucede en el período en que se estaba formando el Nuevo Testamento. Si las preguntas que hacen los participantes tienen que ver con temas controversiales, es preferible llamar su interés a otras enseñanzas más útiles.

IV. Conclusión

1. La conclusión dependerá en gran parte, como siempre, de la discusión. Aquí habrá la oportunidad de corregir los posibles conceptos equivocados expresados por los participantes.

2. Lo que más debe recalcarse en este estudio es el mensaje de los versículos 23 al 27. Aquí encontramos los siguientes puntos importantes:
a. María estaba al tanto de la resurrección el día postrero. Ella debió haberlo aprendido de Jesús, en las muchas visitas que éste hizo a su casa (v. 24).
b. Jesús es la resurrección. El está confirmando la creencia de Marta (v. 25).

c. La oportunidad de creer mientras uno está vivo: "Todo aquel que vive y cree en mí" (v. 26).

d. La profesión de fe de María: "Yo he creído que tú eres el Cristo, el Hijo de Dios, el que había de venir al mundo."

3. Los versículos 32 al 35 enseñan que Jesús se compadece de nuestros problemas humanos. El llora por nosotros.

4. Los versículos 41 al 45 indican que Jesús estaba demostrando a la multitud que él procedía de Dios, que era divino, y que tenía poder sobre la vida y la muerte. Y esto hizo que muchos creyeran en él (v. 45).

V. Aplicación evangelística

• El hecho de que Jesús sea nuestro amigo íntimo no significa que dejaremos de tener problemas. Aquella familia, a pesar de ser muy amiga de Jesús, tenía problemas. Sin embargo, cuando tenemos a Jesús como amigo, no importa la gravedad del problema, pues él dará la salida.

• La gran victoria de aquella familia estaba en la convicción que tenían de Jesús como Señor, Salvador y Divino. Esto se desprende de la confesión de Marta, que fue también la misma confesión de María y de su hermano.

• Aunque no fuera posible hacer volver a Lázaro de la muerte, por alguna razón especial de parte de Dios, la familia también sabía que él resucitaría "en el día final" (v. 24). La familia que tiene a Jesús tiene esperanza.

• En los días actuales debemos ser consolados por la misma esperanza. Pero esto se convertirá en una realidad para nosotros después de que creamos en Jesús como nuestro Salvador.

OBSERVACION

El próximo estudio estará basado en Lucas 13:22-30 y Mateo 7:13, 14. La dramatización puede hacerse basándose en el versículo 26 de Lucas 13; o bien, a partir de la idea del camino espacioso o del camino estrecho.

Lectura:

1. El instructor hará la lectura la primera vez.

2. La segunda lectura será hecha por los personajes, principalmente el versículo 26, que será respondido por todo el grupo. El texto de Mateo podrá ser leído por todos, al unísono.

I. Dramatización

1. La creatividad en este texto puede ser variada.

2. En Lucas, la dramatización puede comenzar en el versículo 26. Se podría imaginar a una familia moderna, el día del juicio. Acaban de escuchar de Jesús que no les conoce.

El jefe de la familia argumenta que eran cristianos; que cerca de su casa había una iglesia grande; que ellos hicieron varias visitas a esa iglesia; que les gustaban los cristianos, etc. Mas Jesús podrá responder que ellos nunca tomaron una decisión por él. Imaginemos luego a la mujer hablando con el marido, reclamándole y lamentando que las veces que tuvieron la oportunidad de hacerlo, nunca se decidieron.

3. En Mateo, la dramatización podrá partir de la idea del camino ancho. Alguno de los participantes podría imaginar cuáles serían las características del camino espacioso. O también cómo podría representarse el camino ancho.

II. Comentario

1. La enseñanza sobre la puerta angosta surge de una pregunta. Alguien estaba preocupado por saber si serían pocos o muchos los que se salvarían.

2. *Esforzaos*, haced todo cuanto esté a vuestro alcance para que podáis entrar por la puerta estrecha.

3. *Muchos procurarán entrar, y no podrán*. Esto quiere decir que llegarán después de la hora, cuando la oportunidad ya no exista. Esto es lo que entendemos del versículo 25. Por ello, hay que esforzarse por entrar por la puerta estrecha mientras haya oportunidad.

4. "La puerta estrecha". En Mateo la idea de la *puerta estrecha* está asociada con la idea del *camino angosto*. Está también la idea de la *puerta ancha* y del *camino espa-*

281

cioso. La enseñanza se vincula con los sacrificios que debe hacer la persona que quiera tener la vida eterna (Mateo 7:14). Debido a nuestra naturaleza pecaminosa, lo normal en la vida es seguir el camino espacioso, donde no hay restricciones, donde todo es válido, donde se puede ser al mismo tiempo religioso y mundano. Este camino y esta puerta son buscados por muchos (Mateo 7:13). La idea de la puerta estrecha y del camino angosto está asociada a otra declaración de Jesús en Mateo 16:24-28, en la que habla de la necesidad de seguir a Jesús. Lea este texto, por favor. Finalmente, Jesús es la puerta y es por esta puerta por donde se debe entrar. Vea Juan 10:9 y una este texto a Juan 14:6.

5. Los versículos 25 al 27 enseñan que Jesús se estaba refiriendo al día del juicio. En otros pasajes Jesús utiliza la misma figura del *padre de familia*. Cuando él habla del cielo, en Juan 14, versículo 2, él habla de "la casa de mi Padre". Llegará la hora en que la persona tratará de cambiar de camino, pero ya no tendrá la oportunidad de hacerlo. Esta persona no pasó a formar parte de la *familia de Dios*, convirtiéndose en *hijo de Dios*, por la fe en Jesús. Ver Juan 1:12.

6. *"Allí habrá llanto y crujir de dientes."* Hablando del juicio venidero, Jesús se refiere aquí a la triste separación que habrá entre los creyentes y los incrédulos. Se pueden consultar otros pasajes paralelos, tal como Mateo 25:31-46, especialmente los versículos 34, 41 y 46.

7. El versículo 28 podría entenderse mejor a la luz de Lucas 16:19-31, especialmente los versículos 23 y 24. El gran dolor de la persona que no entró por la puerta estrecha, cuando debió hacerlo, será descubrir después que los que sí entraron están felices, pero que ella nunca podrá entrar.

8. *"Los últimos y los primeros"*. Jesús utilizó esta expresión varias veces. Ver, por ejemplo, Mateo 19:30 y 20:16. Aquí él quiere decir que los judíos recibieron primero las noticias en cuanto al reino de Dios, pero que, de acuerdo con el versículo 29, los gentiles vendrán de todas partes y también serán salvos. Los judíos, debido a su dureza de corazón, no quisieron recibir a Jesús (Juan 1:11). Por ello, no obstante haber sido los primeros en tener la oportunidad, podrían ser los últimos.

III. **Preguntas y respuestas - Discusión**

El asunto involucra temas polémicos. El instructor debe profundizar lo más que pueda; sin embargo, si considera que el asunto es complejo, debe concentrarse sólo en lo que sea de mayor utilidad inmediata para el grupo. El tema es excelente para la evangelización.

IV. **Conclusión**

1. Desde el comienzo conviene corregir algunos posibles errores manifestados por los participantes.

2. Aproveche las buenas ideas producto de la discusión del estudio.

3. La idea central del texto es que hay una vida que sólo se logra entrando por la puerta angosta, que es Jesús. Jesús insiste en que las personas deben entrar por esta puerta, cuanto antes.

4. Quienes no lo hagan, no tendrán la oportunidad de entrar al cielo. Esto es tan terrible, que la Iglesia Católica logró implantar la doctrina del purgatorio y de la misa por los muertos. El ser humano quiere una segunda oportunidad, pero en la Biblia no hay apoyo para tal doctrina.

5. Hay que enfatizar el camino ancho, para que las personas puedan ser advertidas en cuanto a sus peligros. Este es el camino que lleva a la perdición.

6. Cabe aquí la enseñanza de Mateo 16:24-28. Se trata de salvar o perder la vida.

7. Es muy consolador también mencionar la idea de la puerta, que aparece en Juan 10:9. La idea es la de salvación, seguridad y satisfacción.

V. Aplicación evangelística

• Recordemos que la enseñanza en cuanto a la puerta surgió por la pregunta muy sabia hecha por alguien: "¿Son pocos los que se salvan?" No sabemos si quien hizo la pregunta sentía preocupación por su propia salvación. Pero debemos preocuparnos por nuestra salvación, antes que de cualquier otra cosa.

• Al hablar de muchos o de pocos, Jesús dice que hay una puerta y un camino que llevan a la vida. Esta puerta es la puerta estrecha, y el camino es el camino angosto. Jesús dice que él mismo es el camino, la verdad y la vida (Juan 14:6). Comparar esto también con Juan 10:9, donde Jesús dice que él es la puerta. Es a través de Jesús, por tanto, que tenemos que entrar.

• Jesús presenta el asunto en términos de un gran esfuerzo que cada persona debe hacer para entrar por la puerta estrecha. "Esforzaos", empeñaos diligentemente en esto. A Jesús le gustaría vernos a todos salvados, pero desgraciadamente no todos se aplican a esto.

• Al dejar la cuestión bajo la responsabilidad de cada quien, Jesús advierte que llegará el momento en que la persona querrá entrar, pero ya no tendrá oportunidad.

• Al entrar por la puerta, creyendo en Jesús como nuestro Salvador, decidimos abandonar nuestros pecados. Esto significa perder para ganar: perder la vida de pecados para ganar la verdadera vida (Mateo 16:24-28).

OBSERVACION

El próximo estudio se basará en Mateo 27:11-56. Mencione que hay numerosas oportunidades de dramatización en este texto. Vea el estudio.

> **Estudio No. 8**
> **La condenación y la muerte de Cristo**
> **Texto: Mateo 27:11-56. El hecho se encuentra también en Marcos 15:1-41; Lucas 23:1-41; y en Juan 18:26-40; 19:1-37.**

Por ser un texto extenso, la lectura deberá ser hecha sólo una vez, con la participación de los personajes, lográndose una buena representación, principalmente con la participación de todo el grupo representando a la multitud.

I. Dramatización

1. La primera oportunidad de dramatización aparece en el versículo 15 y los siguientes, que se refieren al intento de sustituir a Jesús por Barrabás. Vea los versículos 20, 21, 22 y 26. Se podría imaginar a un soldado abriendo la celda de Barrabás, y su sorpresa por la noticia de que un tal Jesús va a morir en su lugar. ¿Qué pudo haber pensado Barrabás en cuanto a esto? ¿Cuál pudo haber sido su comportamiento después del tercer día, cuando comenzó a oír que Jesús había resucitado?

2. Otra dramatización puede hacerse con el versículo 24, en que Pilatos se lava las manos, y su problema de conciencia más tarde, frente a la advertencia que le hace su esposa en el versículo 19. Hay una leyenda que dice que Pilato está en el infierno, lavándose todo el tiempo sus manos sucias de sangre, pero nunca quedan limpias.

3. Una tercera oportunidad de dramatización puede estar en los versículos 45, 51 y 54, donde dice que hubo tinieblas y un terremoto, y también la resurrección de santos que habían muerto. Por el versículo 45 se nota que hubo tres horas de oscuridad. ¿Cuál pudo haber sido la reacción de los espectadores? ¿Cómo estaría toda la ciudad? ¿Cómo habrá sido el terror de los sacerdotes en el templo al ver rasgarse el velo, y quedar expuesto a la vista de todos el lugar santísimo que nunca antes había sido mostrado a alguien? ¿Cómo se sentirían los muertos que resucitaron? ¿Y qué tal pudo haber sido la reacción de los que los vieron? Bien, sabemos que Dios ha dejado que ciertas cosas permanezcan ocultas porque juzgó que no debía revelarlas. Por tanto, no debemos especular mucho sobre este punto. La idea de la dramatización, como ya hemos dicho, es involucrar a las personas con el texto y provocar más curiosidad por descubrir lo que el texto nos quiere decir.

4. Una dramatización más podía basarse en el versículo 54. ¿Qué tal si imaginamos al centurión llegando a su casa y contando a la familia la experiencia que tuvo al pie de la cruz?

II. Comentario

1. Pilato era gobernador de Judea en ese tiempo, en nombre de Roma. El territorio de Israel estaba bajo dominio romano. Judea era gobernada por Pilato, mientras que Galilea estaba bajo el dominio de Herodes Antipas. Según el relato de Mateo, Jesús es hecho preso en el huerto de Getsemaní mientras se encontraba orando (26:35-56), y llevado primero a la casa del sumo sacerdote Caifás (v. 57), quien lo interroga. Allí se encontraban las autoridades judías, pero era de noche y nadie podía ser juzgado durante la noche, según las leyes de aquel tiempo. Desde aquí es llevado a Pilato el día siguiente. En aquella época las autoridades judías, por estar bajo la dominación romana, no podían dictar sentencias de muerte. Por tanto, esto era algo que sólo podía hacer una autoridad romana, lo cual hizo Pilato.

2. Pilato sentía que aquello era una cuestión de envidia religiosa, pero tenía que hacer algo. Por tanto, intentó valerse de una estratagema, condenando a Barrabás y dejando libre a Jesús, pero no le dio resultado. Pilato tenía que tomar una decisión que agradara a la multitud, si no quería perder su posición política.

3. La muerte en la cruz era muy común en ese tiempo y era considerada la pena máxima y la más cruel. El condenado era a veces sujetado por las muñecas, y otras clavado con clavos que le perforaban las manos. La sangre, por lo general, se acumulaba en el estómago, el cerebro se debilitaba y el sufrimiento era muy grande.

4. *El lugar de la Calavera* era una colina en forma de cráneo humano, de allí el nombre de *Calvario*. Juan deja claro en 19:38-42 que ese lugar quedaba fuera de la ciudad de Jerusalén, no dentro, como pretende la Iglesia Católica, la cual coloca la tumba de Cristo dentro de los muros de la ciudad antigua. El lugar más probable de acuerdo con la narración bíblica y con los hechos, es el llamado Calvario de Gordon, donde existe una colina parecida a un cráneo humano, con una gruta en una de sus laderas, y donde se encuentra hasta el día de hoy un huerto. Este lugar es conservado por los protestantes. Yo visité el lugar en 1978 y no tengo ninguna duda de que ese fue el sitio donde el Señor Jesús fue muerto y sepultado, y donde resucitó.

5. *"La hora sexta."* Según el sistema judío de medir el tiempo, se trataba del mediodía.

6. *"¡Elí, Elí! ¿Lama sabactani?"* Son las mismas palabras del Salmo 22:1. A veces el evangelista utiliza *Elí, Elí, lama sabactani*, haciendo una mezcla del hebreo y el arameo. *Elí, Elí* es hebreo, mientras que *lama sabactani* es arameo. Otra veces el evangelista emplea *Eloí, Eloí*, que es esencialmente arameo. La razón por la cual los espectadores pensaban que Jesús estaba llamando a Elías se debe, tal vez, a la mezcla

del arameo con el hebreo en la misma frase, lo que sería algo natural considerando el momento de la agonía. Sea lo que sea, la exclamación de Jesús indica el momento final en que Dios tenía que apartar su rostro para no ver a su divino Hijo pasar por la experiencia terrible de la muerte por causa del pecado de la humanidad.

7. *"El velo del templo."* Este es un hecho importantísimo para la teología. El velo al cual se refiere el texto cubría el lugar santísimo del templo judío, donde Dios se hacía presente. Allí sólo podía entrar el sumo sacerdote, una vez al año, para hacer expiación por el pueblo. Si alguna persona miraba dentro de ese lugar era fulminada. El día de la muerte de Cristo, el velo se rasgó y el lugar quedó abierto, en Jesús, para todos los pecadores. Es por esto que el autor de la epístola a los Hebreos dice que tenemos "plena confianza para entrar al lugar santísimo" (Hebreos 10:19-23).

8. El versículo 45 indica que hubo un fenómeno extraordinario: las tinieblas. No fue un eclipse de sol. Tenía que haber algo para mostrar al mundo que era muy serio lo que estaba ocurriendo. Los versículos 51, 52 y 53 hablan de la resurrección de algunos santos que dormían, es decir, que estaban muertos. Es posible que estos versículos se refirieran a algún profeta famoso. No sabemos quiénes fueron ni qué pasó con ellos después de esto.

9. El centurión era el comandante de cien hombres. Era, por consiguiente, el jefe de los soldados que participaban en la ejecución.

10. Las mujeres. El papel de las mujeres en la vida de Jesús, es muy importante. Juan menciona algunas que estaban al pie de la cruz (Juan 19:25), y también Mateo menciona algunas que estaban a cierta distancia (Mateo 27:55, 56). Si Jesús fue crucificado como los demás malhechores, debió estar completamente desnudo, lo que no habría sido agradable para sus fieles seguidoras. Así se acostumbraba para la más completa vergüenza del condenado. Si esto sucedió también con Jesús, significa que él estaba sufriendo la vergüenza de nuestros pecados.

III. Preguntas y respuestas - Discusión

El texto es extenso y contiene numerosos elementos de interés. El comentario dará al instructor material para responder las principales preguntas de los participantes. Por otra parte, la dramatización proporcionará también mucho material de discusión. Lo que importa es que todos se involucren en el tema, el cual es de fundamental importancia para la salvación del pecador.

IV. Conclusión

1. Para poder comprender adecuadamente la razón de la muerte de Cristo, basta consultar los pasajes de Mateo 16:21, Lucas 24:46, Isaías 53, Hechos 3:13-19; 26:22, 23. Todos estos pasajes hablan de la necesidad de que Cristo padeciera por los pecados del ser humano.

2. A los colosenses, Pablo les dice que *él anuló el acta que había contra nosotros* (Colosenses 2:13, 14). Teníamos una deuda para con Dios (semejante a un pagaré hoy) y el documento de esa deuda fue invalidado, dejado sin efecto y clavado en la cruz. Era así como se procedía en la antigüedad con los documentos de las deudas: eran clavados en una estaca en la plaza pública. Jesús dejó sin efecto el acta en contra nuestra y la clavó en la cruz. El pagó el precio por nosotros. Es por ello que el apóstol Pablo dice que fuimos comprados por precio (ver 1 Corintios 6:20).

3. Como hemos demostrado, el escritor inspirado sólo se refiere a aquello que es esencial para la fe. Al ver este relato sentimos que le faltan detalles. ¿Cómo fue, por ejemplo, el procedimiento jurídico del juicio? ¿Cómo fue la sentencia? Bien, todo ello debe de haber sido de acuerdo con las costumbres de la época, y el escritor concluye que se trata de una información irrelevante.

4. El hecho relevante para nosotros es que Cristo murió realmente. Marcos 15:42-45 aclara que estaba realmente muerto. Juan, por su parte, aporta otras informaciones sobre el hecho (Juan 19:31-37). Esto es importante recalcarlo, para reforzar la verdad de la resurrección.

5. La muerte de Cristo es el punto central de la predicación cristiana. Pablo utilizará este argumento muchas veces (Romanos 5:8). En el sistema judaico del altar, un cordero era sacrificado por los pecados del oferente. Aquí Jesús es llamado el Cordero de Dios que quita el pecado del mundo (Juan 1:29; Isaías 53:7).

V. Aplicación evangelística

• Es maravilloso observar cómo se combinan los pasajes bíblicos. En Juan 3:13-16, leemos acerca de la serpiente de metal que Moisés levantó en el desierto. El evangelio nos dice que de la misma manera era necesario que el Hijo del Hombre (Jesús) fuera levantado. Por otra parte, Jesús había dicho, en otra ocasión: *"Y yo, cuando sea levantado de la tierra, atraeré a todos a mí mismo"* (Ver Juan 12:32, 33). El *y como*, y *así es necesario*, de Juan 3:14, conecta a Génesis con los Evangelios. La muerte del pecado (Génesis 2:17) para dar vida. Y tal como la serpiente está presente tanto en el Génesis como en la mención de Juan 3, recordemos que la vacuna que cura la picadura de la cobra está hecha del mismo veneno de la cobra, es decir, veneno contra veneno para dar vida. Este es un proceso utilizado en medicina, que parece ser el mismo utilizado por Dios para curar el pecado del hombre. Por tanto, no había otra alternativa: Jesús, el segundo Adán (1 Corintios 15:45-59) tenía que morir; tenía que ser levantado en un madero por nuestros pecados.

• Y ya que hablamos de *vacuna*, de *remedio*, sólo logramos la curación de una enfermedad cuando tomamos el remedio recetado. SOLO seremos salvos de nuestros pecados cuando aceptemos a Jesús, como un enfermo que abre su boca para tomar el remedio.